中国历史文化名人传

大道正果

吴承恩传

蔡铁鹰 著

作家出版社

中国历史文化名人传

组委会名单

主任：李　冰
委员：何建明　葛笑政

编委会名单

主任：何建明
委员：郑欣淼　李炳银　何西来　张　陵　张水舟　黄宾堂

文史组专家成员（按姓氏笔划为序）

王春瑜　王家新　王曾瑜　孙　郁　刘彦君　李　浩　何西来
郑欣淼　陶文鹏　党圣元　袁行霈　郭启宏　黄留珠　董乃斌

文学组专家成员（按姓氏笔划为序）

王必胜　白　烨　田珍颖　刘　茵　张　陵　张水舟　李炳银
贺绍俊　黄宾堂　程步涛

出版说明

中华民族五千年文明史中，涌现了一大批杰出的文化巨匠，他们如璀璨的群星，闪耀着思想和智慧的光芒。系统和本正地记录他们的人生轨迹与文化成就，无疑是一件十分有必要的事。为此，中国作家协会于2012年初作出决定，用五年左右时间，集中文学界和文化界的精兵强将，创作出版《中国历史文化名人传》大型丛书。这是一项重大的国家文化出版工程，它对形象化地诠释和反映中华民族文化的基本精神，继承发扬传统文化的精髓，对公民的历史文化普及和建设社会主义文化强国都具有重要而深远的意义。

这项原创的纪实体文学工程，预计出版120部左右。编委会与各方专家反复会商，遴选出在中国文化发展史上产生过重大影响的120余位历史文化名人。在作者选择上，我们采取专家推荐、主动约请及社会选拔的方式，选择有文史功底、有创作实绩并有较大社会影响，能胜任繁重的实地采访、文献查阅及长篇创作任务，擅长传记文学创作的作家。创作的总体要求是，必须在尊重史实基础上进行文学艺术创作，力求生动传神，追求本质的真实，塑造出饱满的人物形象，具有引人入胜的故事性和可读性；反对戏说、颠覆和凭空捏造，严禁抄袭；作家对传主要有客观的价值判断和对人物精神概括与提升的独到心得，要有新颖的艺术表现形式；新传水平应当高于已有同一人物的传记作品。

为了保证丛书的高品质，我们聘请了学有专长、卓有成就的史学和文学专家，对书稿的文史真伪、价值取向、人物刻画和文学表现等方面总体把关，并建立了严格的论证机制，从传主的选择、作者的认定、写作大纲论证、书稿专项审定直至编辑、出版等，层层论证把关，力图使丛书经得起时间的检验，从而达到传承中华文明和弘扬杰出文化人物精神之目的。丛书的封面设计，以中国历史长河为概念，取层层历史文化积淀与源远流长的宏大意象，采用各个历史时期最具代表性的文化符号与雅致温润的色条进行表达，意蕴深厚，庄重大气。内文的版式设计也尽可能做到精致、别具美感。

中华民族文化博大精深，这百位文化名人就是杰出代表。他们的灿烂人生就是中华文明历史的缩影；他们的思想智慧、精神气脉深深融入我们民族的血液中，成为代代相袭的中华魂魄。在实现“中国梦”的历史进程中，必定成为我们再出发的精神动力。

感谢关心、支持我们工作的中央有关部门和各级领导及专家们，更要感谢作者们呕心沥血的创作。由于该丛书工程浩大，人数众多，时间绵延较长，疏漏在所难免，期待各界有识之士提出宝贵的建设性意见，我们会努力做得更好。

《中国历史文化名人传》丛书编委会

2013 年 11 月

吴承恩

目录

前言

四百多年前的某一天，一个叫世德堂的书店不经意间将自己写进了历史：这一天它开始出售墨香沁脾的《西游记》。这是一个标志，从此中国文学的殿堂增加了一座丰碑，世界文化宝库多了一缕光辉。

大明万历二十年（1592），南京夫子庙附近一家叫作“金陵世德堂”的书坊忽然热闹起来，不大的店面已经有点拥挤。书坊主人唐光禄站在台阶上，殷勤招呼着熙熙攘攘的顾客，不时还满脸微笑地帮伙计送送客。天气有点热，脸上汗涔涔的，他也只是很不文雅地用袖子擦一擦。紫砂大提壶就放在柜台的那头，早晨小伙计沏好的雀舌已经见底，但店里忙吵吵的，谁也没想到去续水。好在这个时候谁也不会去计较茶水了。

从这个不大店面里出去的客人，每位都带走了一个用油纸捆扎好的的大包。那是一套书，一套叫作《西游记》的志怪（按：现在称神话小说），厚厚的二十本。此刻，在唐老板眼里，那就不是书，而是定心丸，是开心果，是白花花地扔了出去又回来还下了崽儿的银子。对他来说，煎熬终于结束了。

老板年纪不大，三十来岁，身形单薄，瘦得有点可怜，但眉宇间透出一股精明。这间书坊是他家的祖业，是他的曾祖父从福建建阳带过来的。建阳虽然是闽北山区的一座小城，但向有刻书的传统，从南宋以来家家刻书，也都藏有几套书版，一家人就靠这几套书版谋生；各家的书版并无一定之规，就看你能弄到什么，有四书五经，有科场墨程，也有农书医案，有什么就印什么，市场叫好就行。书在自家的后院印出来，自然有等候的小贩车拉人扛弄走，所以当时建阳在全国的书商同行中很有点名气，都说订书一定要去建阳。他们唐家的堂号叫“世德堂”，主要印一些佛经、道书、宝卷、戏词之类的杂书，销往金陵和苏杭一带比较富庶、佛道信众和读闲书人比较多的地方。后来世道太平了，金陵成了京城，再坐等客商到建阳小地方订书就显得有些不合时宜，于是祖上就变卖了建阳的产业，带了家藏的书版和一块据说是唐家创业时花大价钱请一位进士题写的堂匾，进了已经改称南京的金陵城，在夫子庙开了这家书坊。几十年下来，书坊已经有了点名气，店面虽然不大，但院子却不小，前店后场的格局已经形成。前几年，老店主过世，唐光禄就接下了这份产业。

老店主留下的黄花梨圈椅还没坐热，唐光禄就遇到了一件让他茶饭不思的大事——做老板就是操心的命。

三年前的一天，有位着长衫的老者跨进店门，接了伙计从大茶壶里沏来的盖盅，不声不响地坐了一下午，第二天再来时便拎了个包袱，让伙计们去找老板，说有要事。唐光禄与他拱手见过，凭生意场上练出来的眼力，立马看出来者神色有点诡异但气度却并不猥琐，长衫虽有点褪色却极整洁，那块包袱皮居然还是块明黄的缎料。唐老板知道这是位有故事的主儿，于是赶快让至内室，上好茶伺候。寒暄过后，老者开口道：“在下为唐老板带来件宝货，只不知唐老板眼力如何？”这话说得显然不那么温柔，但唐光禄听得多了，并不介意，只是示意老者打开包袱。

“这是一部时下流行的志怪，实属稀世少有，至少贵号架上的《三国》和《水浒传》不得专美。”老者打开包袱，拿出一摞书稿放在桌上，“在下知道世德堂名头不虚，故而才带来给唐老板过目。”然后很优雅地伸手一指，说了声“请”。唐光禄也很客气地说了一声：“容在下鉴赏，您老慢慢用茶。”

书稿保管得并不好，有点凌乱，但能看出已经做过整理，略有次第顺序。几页看下来，唐老板有点坐不住了，心跳渐渐加快，那一时间他甚至觉得脸上已经开始发烧。他强忍住，尽量表现得非常淡然，慢慢翻看，其实是在拖延时间，给自己多一点盘算的时间。

他瞄了老者一眼。老者似乎正在聚精会神地端详唐光禄的书案——书案上陈列了世德堂刻书的样本和几件附庸风雅的文房用品。但就在他瞄过去的一刹那，老者开口了：“唐掌柜尽可以仔细看，老夫有的是耐心。这书有一百回之巨，但这里只有五回，唐掌柜如果有兴趣，剩下的有机会看到。”

唐光禄忽然发现自己面临着一个必须立刻做出决断的时刻：通常说来，他们书坊人家，书稿是必须吃进的，书稿刻成书版，就是自家的专利和资产，有了一部好的书版，就等于持有了优质资产，就可以子子孙孙地传下去。但寻找一部好的书稿谈何容易，刚才老者提到了架上的《三国》《水浒传》，其实倒是戳到了唐光禄的痛处，那并不是他家的书版而是调剂的串货，也就是用了人家的货来装自己的门面，如果说这种市场畅销书略有薄利，那么利润中的大头并不属于世德堂所有，他唐光禄只是为人做嫁衣裳而已。缺少几套定盘星一级的家藏，尤其是缺一套能占头牌的畅销的志怪传奇，一直是他的心病。眼前的唐僧取经的故事唐光禄并不陌生，各种刻本都是市面上的长销书，但这本有一百回的

《西游记》却是破天荒第一次见到，奇思奇想，幻情幻境，文心文笔俱佳，远非时下林林总总、粗而糙之的取经故事可比。他意识到这是自己的旷世奇遇，顿时便有一种强烈的兴奋。但是他也凭职业的敏感，意识到诱惑的背后可能就有一个大大的陷阱，因为刻书时每一页都得用一块上好的枣木或者梨木的印版——越是准备珍藏的书版越是如此，一本书所需的印版可能会堆满一间库房；印版上的每一个字都得由写手一笔一画按照排版要求反写出来，再由刻工一笔一画地刻出来；再在后场一页一页地印出来，一本一本地订起来，需要的时间得以年计算；而这部书稿的篇幅之巨实属罕见，决定投资这样一本书，需要很大的勇气和绝对的自信，同时对书坊的财力也是极大的考验——必须有足够的钱，这让唐光禄心里直是冒汗。

他本可以继续慢慢地看下去，这事需要仔细盘算一番，但他也知道老者已经看透了他的心思，装下去已经没有意思，现在只能选择放弃或者赌一把，因为老者一旦走出他世德堂的门，这部书稿大概他姓唐的就再也不会见到了，给他留下的很可能就是一辈子的后悔。他用不着再瞄那老者，已经大致猜出了来者的身份和来意，所以狠狠地杀了一把，最后用一百两纹银买下了这部书稿。老者的来从去往，他曾试图探问，但老者只是告诉他自己原在王府供职，在一位过世老王爷的书房里看到了这部已经散乱的书稿，因为喜欢，不忍其在王府湮灭而带了回来，希望借助世德堂使其传世。老者说，其实他已经在夫子庙附近转悠非止一日，只是看唐光禄有几分书卷气，店里的书版也还精致，所以才把书稿送来。至于书稿究竟出于何人之手，他只是淡然一笑，回答了一句："既与在下无关，也与阁下无关，不说也罢。"唐光禄其实也不关心，他知道此书既然出自王府某位官员，那就一定心存忌讳，否则决不会在这个价位出手，所以不必深究。后来他请了位别号华阳洞天主人的书坊写手把书稿整理了一遍，刻上一行“华阳洞天主人校”了事。

三天前，后场的印刷装订全部完成，该上市了，此时的唐光禄已经心力俱疲。倾全力投资于这本面目陌生的《西游记》，何异生死之搏！如今是见分晓的时候了。唐光禄让伙计在东南西北城都贴出大幅告示：

本店新刻出像官版大字《西游记》，百回廿卷，三日后恭迎各路客官。

这幅告示唐光禄颇为得意，足可以让他在同行中大大地出一次风头——“官版”暗示出自正牌文人大手笔，市井小说大多出自坊间写手，文字不堪卒读，仅是表述大意而已，经正牌文人之手者极为少见；“出像”是告知配有插图，是时下最流行的排版方式，也是高档货的特征；“大字”则是印刷精美，高端大气的代名词；二十卷，更是超大规模，这种规格在当时的坊刻本中可不多见；为了吊一吊看客的胃口，他特意把上市的日期定在三日之后。

忙碌，让唐光禄的一切纠结都烟消云散。

唐光禄得到了自己的期待，但是我们还得再次感谢他，他以独到的眼光和判断力，终于做出了让后人庆幸的决定。如果没有他，这部手写书稿的存在就困难得多——哪天有人把它视为废纸，它的末日就到了，那些浸润着吴承恩心血的华彩篇章也就会随着千奇百怪的用法——酒徒包点下酒的花生米、街坊小学童练练毛笔字、老太太搓成火媒子等等——而灰飞烟灭。

四百多年过去了，世德堂早已悄然湮灭，但百回本的《西游记》传了下来——唐光禄这位小老板也没有被忘记。

这本《西游记》似乎天生就有王霸之气，自从世德堂将它推出之后，各种其他形式的《西游记》作品顿时销声匿迹。唐僧取经的故事曾经在民间以各种形式流传，但在大明万历二十年（1592）之后，无论是创作欲望、表现欲望极强的失意文人，还是从来就有随意增删习惯的艺人，都没人再敢心存妄想试图去修改《西游记》了，因为它的每个字、每个章节都让你不敢动手、不能动手。所以我们现在看到的《西游记》，还保持着四百多年前的原貌。

第一章 穷孤家世

穷孤不是问题，将相无种！穷孤状况下的心态才是影响人生的关键。

弃儒经商是一条人生逆行道，它所造成的心理创伤，将会激发对科举仕途无穷的遐想和渴望。

永乐七年（1409）前后，明成祖朱棣的身体已经开始发福。这个时期，他的皇位已经相当稳固，主要的政治隐患都已经被一一清除，剩下的无非是癣疥之疾，不足为虑。他开始考虑把京城从金陵迁往北平的计划，这件事在他心中盘算已久——中原的外患向来都在北方，所以江南的金陵虽然繁华，但却非久恋梁园，他，包括他今后做了皇帝的子子孙孙，都必须坐镇北平，亲守幽燕。

所有准备工作中最重要也最繁难的一项是未来京城的物资供应，这是历代在北方登基的皇帝都必须考虑的，现在也不例外。朝议中反对京城北迁的主要理由也就是将来供应京城的钱粮物资会遇到极大困难，这就需要疏浚运河，当然也要管理运河。为此朱棣在朝廷机构中增设了一个正二品衔的漕运总兵官，全面掌管与漕运相关的事务——这位漕运总兵官就是现在我们习称的漕运总督；漕运总兵官的官衙也就是漕运总督府，总督府由朱棣钦定设置于有运河枢纽之称的淮安。

对于漕运总督府的地点，朝中原本多有争议，但有一份奏折引起了朱棣的注意，其中提出漕运官衙建在淮安最为合适，开列的理由有三条：其一，淮安地处运河的中心，与将来的副都南京也相距不远，可以兼顾南北；其二，淮安位于淮河下游，正是西来淮水冲犯运河的必防之地，官衙设置于此，正是名副其实的镇守；其三，淮安自古繁华，人文传统悠久，足可包容庞大的漕运体系。这三条让朱棣觉得切中肯綮，加之前此帝师姚广孝曾多次在他面前称赞淮安，甚至在一首诗中还称淮安为“壮丽东南第一州”，于是拍板定案。

这一决定，本身只是朝廷的公事之一，但却直接导致了淮安这座城市的百年兴盛，也影响了之后淮安府若干读书士子的命运——其中就包括为世界文学奉献了不朽巨著《西游记》的吴承恩。

漕运重镇

漕运这个名称今天听起来也许有些隔膜，但在唐、宋、元、明、清那几个朝代，却是第一等的军国要务。

由于地缘的原因，中国历代的政治、军事中心都在北方，而经济中心即主要的赋税来源和粮食产地却在南方，因此无论何朝何代，总会有大量的国家税赋钱粮要运向北方，这直接催生了运河，当然也催生了运河的管理体系。依托运河，由国家直接干预的钱粮物资的管理运输，历史上叫漕运，管理漕运的庞大体系就叫漕务。这个与现代社会的组织结构完全没有可比性，让今人很难完全弄懂的漕务包括：国家税赋钱粮的接收、仓储、保管、调运；专营漕粮、漕银运输的船队、船厂以及水手的组织管理；与仓储、船队运输有关和维持运输秩序的护卫军队；与官方漕船相辅相成的民船运输以及与此有关的地方政务，甚至包括对行业里黑道帮派的监视、利用等等。漕务涉及的范围也不仅限于运河沿线，而是通过与运河相接的河流一直延伸到南方的大多数地区，如浙、闽、湖、广等等，号称通衢九省，因为各省要向国家交钱交粮，故得接受漕务的管理，至少是接受业务指导；其管理范围之宽、权力之大，实在不是今天哪一个行业可以包容的，可以毫不夸张地说，它就是朝廷的经济命脉。

从行政建制上讲，明以前历代朝廷的漕运管理部门已经存在，但品级不算太高，每天只是随班上朝，大家一齐跪下起立，喊几声万岁万岁万万岁，即便有关于漕运的事需要朝议，那也有大学士、内阁宰辅代劳，不问起就轮不到漕运官员置喙；所谓的漕务，也不过是在京城签单记账，间或由驿站发几件公文，算是发号施令。这与宋、元时或南北分治，或社会动荡，南北物资交流的压力还不算太大有关。但到永乐时，朱棣已经能够从俯视一统天下的角度去看问题，他曾长期在北方驻守，深知漕运对于新的京城和整个北方安定的重要性，于是便将漕运总兵官升格为二品朝廷要员，而且破天荒地责令将漕运衙门迁出京城，设在了可以管控整个千里长河的淮安，代表朝廷行使着对江南数省漕政的管理。从此运河沿线的一举一动、一呼一吸都受这里控制；运河运输的一线一缕、一钱一粮，都必须得到这里批准。而与漕运相关联，负责淮河治理的南河道、负责淮河盐务的淮北盐运使司等有权有钱，甚至咳嗽感冒就能震动金銮殿的衙门也相继在淮安落户——不要以为这是一种夸张，请设想一下坐在金銮殿上的皇上听到黄河夺淮、淮水溃坝、盐田失收之类消息时的感受——只要他还算是皇上，这些消息哪一条都堪称晴天霹雳。据说，朝廷大臣甚至包括皇上基本没有人敢对河道衙门的经费预算提出异议，殆因为此事实在责任重大，谁都不敢把责任扯到自己的身上。

明清的淮安是一个府级单位，管理着苏北地区的十几个州县，这个规格等级，与运河沿线的大多数城市并无二致，但漕运、河道、盐务三大掌控国家命脉的经济巨头的落地，竟使这座城市一度成了除南、北二京之外，高级官员最多的地方，通常可以颐指气使以一方父母自命的知府大人，在淮安则往往需要扮演小媳妇的角色，因为比他级别高能给他脸色看的官员实在太多了一些。而漕运、河道和盐务也确实给这座城市带来了无尽的繁华，作为一条黄金水道，京杭大运河中常年有一万多条在当时看来极巨大的漕船穿梭往来，有数万兵丁沿河守护，有数十万船工呼号奔忙，有更多的人要依靠为漕船提供服务寄生于漕务而生存，千帆竞渡、百舸争流、高堂曲榭、第宅连云，显然就不仅仅是文人的假想了。

昔日淮安府的西北隅，有一座古镇，叫河下。河下，本是一个很普通的地名，无非是表示靠近运河的意思，扬州城外、西湖岸边、苕溪沿线、临清码头都有叫河下的地名，大概就是旧时对水边小村小镇的随意称呼。但在所有以河下为名的村镇中，淮安城外的这个河下却最为远古，我们可以轻松地将历史追溯到两千五百年前吴王夫差第一次开凿人工运河时，当时那条运河的北端叫末口，就是今天的河下，而且至少在明清两代的最近数百年里，这座古镇是淮安最为繁华富庶的所在。眼下古镇沿街的铺面虽然已经看出破败，但曾经的繁华在挂满蛛网的窗花中仍然可见，那可是古人诗歌中经常赞叹的“危楼”！我们今天所说的灯红酒绿、夜夜笙歌的故事，通常都发生在这些“危楼”上。石板街虽然已经不算平整，但横平竖直看得出经过了粗略的规划。而最引人注目的是，这石板街比较大多数的古镇旧城都算得上宽敞，即使人群熙攘也足够八抬官轿顺畅地来往。这是一种象征，某种需要的象征——就像现在名气足够大的酒楼都必须配备足够大的停车场一样。

河下的鼎盛时期，始自永乐年间，也就是在吴承恩出生大约一百年前朱棣拍板把漕运总督府设在淮安的那个时代。后人都说兴盛源于好风水，其实所谓风水最本质的内容就是地理位置，以及由于地理位置的契合而形成的历史机遇。河下临水靠城——临水就是面对运河，靠城指它背倚府城，这就是它的好风水，当淮安城红透半边天的时候，机遇也就降临到了这座古镇。

机遇有两次。一次就是永乐年间（1403—1424）漕运总兵官衙门的设置和后来河道府及盐运分司等官府衙门地陆续迁来。这时的河下，前面河里有南来北往的大船小船，后面城里有熙熙攘攘的官民人等。船，无论漕船、民船，都需要补给、修理；人，无论官兵、船民还是黑白道上的兄弟，都需要开门七件事。更重要的是无论漕运还是河道、盐务，都有很多公务，当然也会有很多商务，公务可以在衙门里办，商务则要另选地点，河下既近在城下相对僻静，但又消费发达，足可供声色犬马，也是不二之选。就在这个背景下，河下迎来了自己的第一个黄金发展期。作为淮安老城的附属，河下实际上形成了与老城的分工：城里是行政区，是官衙所在地；而河下是商业区，承担服务功能，那些地名如估衣街、竹巷街、摇绳巷、钉铁巷、干鱼巷、白酒巷等等，都明显带有当时专为漕运配套的痕迹；而所谓花巷、茶巷等，则显然是一些消费场所，包括会有事实上的红灯区。

向河下古镇会聚的人流中，有一户稍有积蓄的吴姓人家。当时元明之际无穷无尽的战争算是完结了，幸存下来的人家开始从边远的农村向城市会聚，希望在百废待兴的过程中寻找到自己的机会。吴家大约也就在永乐年间从临近的涟水县乡下搬来了河下，从老宅在打铜巷尾的情况看，这户人家的老主人最初应当也是经商，与运河漕运有关。

第二次机遇来得稍晚一些，在弘治年间（1488—1505），与盐有关。食盐是国家的经济命脉之一，是税赋的重要来源，所以历代朝廷都将盐务列为专营经济项目，设专门机构管理各地盐场。明代江苏沿海一带的盐务管理机构，称两淮盐运使司，驻扬州，管理着天下闻名的淮北、淮南两个盐场。淮北盐运分司驻淮安，属下实际管理淮北盐场大片盐田的主要业务部门掣签所，最初驻扎涟水，更靠近海边的盐田，但由于黄河夺淮，这个极受盐商大户追捧的机构被大水冲毁，于是迁至河下。

这一搬迁本来没什么大不了，但搬迁的时机对河下古镇来说简直妙极了。明初盐务实行的是“开中法”，所谓的“开中法”，即是由于明初时北方外患比较严重，朝廷在华北及西北都驻扎了大量的军队，为了解决这些军队的粮饷问题，朝廷规定：凡经营盐业者，必须向边关输送粮草，粮草入库才可以得到经营的批文，然后才可以凭批文到指定盐场兑盐，再运往指定地点销售。这事实上是将盐的经营权当作了一种奖励，所谓的“中”，大致上就是均衡交换的意思。由于盐业的巨大利润，当时向边关运粮的商人比较踊跃，有些头脑比较活络的人觉得收购粮草到北方交割太麻烦，后来干脆在边地垦荒种粮，收获之后就地缴粮入库，然后换取批文，再往各盐场支盐运出售卖。

弘治年间，时任户部尚书的淮安人叶淇鉴于边关形势已经变化，于是奏请改变政策，要求盐商改向国库直接交纳银两——盐价可是提高了八倍！——国家用这些银两购买粮草自行解决边关军需，而盐商则回归经商本色直接由盐运使司发放盐引支盐销售。这一政策，立即使大批原本分散于边关各地，向边关运粮甚至在边地垦荒的盐商闻风而动，马上携款涌向了为数不多的盐运使司和掣签所的所在地，直接在当地兑出银两换取盐引。以淮北盐场而论，大批盐商瞬间到达河下，用“蜂拥而至”绝不过分，以致稍后朝廷中有人因为淮安受益太多而指责叶淇是因为“(盐)商多其乡人亲故，因奏更旧法”。

可想而知，漕运、河道加上盐务对于河下来说，已经不是平添热闹的问题了——如果了解了古代这三个部门的职权，就会明白这意味着什么。不到一百年的机缘巧合间，河下迅速聚集了大批富商巨贾，面貌大为变化，盖了成片的商铺宅邸，附带修建了精致的园林，一时“高堂曲榭，第宅连云”。成化、弘治年间的朝廷重臣邱浚路过淮安，即兴写过一首诗曰：“十里朱旗两岸舟，夜深歌舞几时休。扬州千载繁华景，移在西湖嘴上头。”西湖嘴，就是河下近运河、近萧湖的一个码头，诗中感慨唐代极盛的扬州，如今也得把第一繁华的位置让给淮安了。而地方文献《淮安河下志》说：“迹其繁富，不啻如《东京梦华录》《武林旧事》之所叙述，猗欤盛哉！”“东京”指北宋首都开封，“武林”指南宋首都杭州，都是极繁富之地，以河下与这些城市相比，也许会有夸张，却不会是弥天大谎；可能会有点差距，但又能差到何处?

盛世心态

当然，河下对于吴承恩，并不仅仅是提供了金钱喧嚣、繁华富庶的生活背景，对吴承恩影响最为深远的是这里形成的地域文化小气候。

中国古代，对商人身份有明确的界定：“士农工商”，商人排在末位。尽管小商小贩成长为富商大贾之后，社会地位会有适当的提高，但是政治地位与仕宦——也就是与业儒做官的人相比，还是有天壤之别。一个人，一个家族，财产再多，富得流油，但只要没有官位，就仍然没有贵可言，在法律上还是个平民，就得遵守许多以平民为对象的规矩。相反，只要有了官职，身份相应就贵，一旦贵了，就成了社会的特权阶层：住宅可以是三间甚至是五间的门面，可以让大门紧闭专候达官贵胄而平时都由旁门进出，上路可以鸣锣开道，可以坐八抬大轿，可以仰头对人说话，可以接受别人跪拜……即使官职不高，至少也可以免缴赋税，可以免受许多无端的欺凌羞辱，这对于许多人家来说，已经是幸福了。上述规定有些后来渐渐形同虚设，尤其是对于富商大贾，他们会用金钱摆平许多规定制度。但一个不争的事实是，你仍然不能得罪官府，否则一个小小的胥吏，就可以使你顷刻间倾家荡产，此即俗谚所说的："穷不与富斗，民不与官斗。"在整个中国的古代社会，富实在还是一种层次不高的社会满足，而官位带来的满足，才是精神层面上的享受。

要想身份尊贵，必须做官；要做官，必须走上仕途；登仕途只有一条路可走，那就是科举，就是这么简单明晰。所以科举的独木桥上，总是熙熙攘攘，而各个社会阶层，都有向官宦汇流的强烈欲望。经商的人在掘得第一桶金以后，必然要以各种形式向士的社会阶层靠拢，有的交结官府，仰他人鼻息；有的附庸风雅，与文士为朋。最普遍的现象就是家族中形成分工，有人读书，争取做官为家人争取地位；有人继续经商，提供经济支持。而这种分工延续到最后，则往往是弃商业儒。所以，凡富商聚集的地方，必定是文化活动频繁的地方，必定也是风流名士流向的地方，将来若干年以后，必定又是科举旺地，学者辈出的地方。

河下的商人也不例外，他们精神上的向往就是富且贵，即家门既有金银如山，又有冠冕出入。举一个典型的例子：河下运河古渡边的牌坊下，曾经有一大片连云宅邸都属姓阎的所有，这个阎氏家族，祖籍山西，经营盐业，弘治年间废"开中法"后，阎家是携巨资来淮安定居的盐商之一。在淮安的前三代，阎家的身份是富商，但子孙已经开始修文；第四代，出了一位进士；第五代，出了一位贡生；第六代的传人，则就是清代顺治、康熙年间大名鼎鼎的学者阎若璩，其出入经史长于考证自不待说，而其子即第七代传人阎咏，仍是继承家学，科举出身。这种官本位的传承，是衡量一个家族是否具有活力的标准，在河下非常具有典型性。

还有一段佳话出在清代侍读衔内阁中书、加正三品的著名经学家丁晏身上。话说河下古镇与淮安府城之间，有一大片蜿蜒开合的水面叫萧湖，乘船由河下和府城两个方向都可以进入萧湖，由此萧湖成了当时淮安大户人家的休闲度假区，沿湖不仅绿柳成荫，而且园林连片，花红草绿中又间杂酒旗风标，甚至还有彩妆龙舟，宛然一派曲江灞桥古风。有一天，丁晏与同年进士高紫峰大人相约，定了一条酒船，邀十几位朋友游湖。船上自然有酒，而淮扬船菜也十分有名，主客欢饮之间，忽然有人扳手指指众人一一点数，然后哈哈狂笑。众人这才看出在场的十几个人竟然全都有进士、举人身份，自然是有人提议“浮一大白”。然后众人按照丁晏的提议，仿唐人王昌龄、高适、王之涣旗亭画壁的旧典，吟诗联句，至月上而归。这就是古代文人十分向往崇尚的所谓“雅集”，前提是所有参与雅集者，必须都是正宗文人。而据《淮安河下志》等统计，明清两朝，河下这一弹丸之地，出过六十七名进士，其中状元、榜眼、探花都有，号称“河下三鼎甲”；有举人一百二十三人；有诸生一百四十多人；有传记入《明史》《清史稿》者十余人。

吴承恩生活的年代，正是河下科甲方盛之时，“河下三鼎甲”中有两位与吴承恩同时代且有直接关系：第一位是探花蔡昂，是吴承恩仰慕的前辈，蔡府飞骑报捷的时候，吴承恩已经九岁，探花郎高中所引起的轰动给他留下了深刻的记忆；第二位是状元沈坤，吴承恩的总角之交，沈府与吴宅近在咫尺，鸡犬相闻，快马一次次送到那里的捷报，绝对是吴承恩不得不闻的窗外事。

命运为吴承恩安排了内蕴如此丰厚的文化环境，如果吴承恩乐意于科举仕途，那他不会缺乏名师诤友——事实也的确如此，在他的周围，有前辈京官蔡昂、潘埙、胡琏、叶荃等等，有同辈新锐沈坤、李春芳、朱曰藩、张侃等等，这些人在《明史》里大多可以查到，也算是名垂史册了。

吴承恩理应成为与他们站在同一舞台上的人，但这一幕却始终没有出现。

另类颉颃

不得不介绍的是，河下还有另一种文化，它也与漕运相伴而来。

因为漕运的关系，河下有几处大小不同的码头，用来汇聚不同的商船。其中湖嘴码头最大，因为靠近萧湖而被称为湖嘴，但实际却是运河上停靠漕船的一个大码头。这个码头长年都有大船停靠，首尾相连，船帮紧贴，樯桅如林，白帆联片。岸上则是酒楼、茶馆、窑子、地摊各占一方，熙熙攘攘，人声鼎沸。

无论旧时还是今天，凡人头杂沓之处，必定又是鱼龙混杂的地方，一个复杂的社会总是由不同的层面构成。河下大街上熙熙攘攘，川流不息，既有官员乘坐的大轿鸣锣而过，也有船民、兵丁和帮派中人穿梭往来，雕梁画柱的“进士坊”“举人第”之类的门楼和人声鼎沸由草根主宰的码头就是两极的象征。

不同的人群奉行完全不同的生活理念，也流行不同的文化准则。

河下的大宅门主要集中在相家湾附近，那里紧靠萧湖，一大片都是高楼深院，以官宦和富商居多。这两种人家在外表上是可以看出的，官宦乡绅的宅第一般都门脸开阔，中规中矩，看不出十分的豪奢但端庄大气，门墙上的砖雕都是些岁寒三友、四季如春之类的图案，或者有一些道德持家、耕读两行之类的对联，门槛的两侧一般会有一对石鼓，那是由拴马桩演变而来的尊贵象征；而富商巨贾的门脸则雕梁画栋，错彩镂金，挂个大红灯笼，或者有一块招财进宝之类的横匾，有时还放两只张牙舞爪的石狮。这两种人家的大门之内其实都差不多，临街的门脸背后往往是一片深宅，会有一条弯弯曲曲的小径串联起沿途点缀的山石花草，直达人家最隐秘的中室和闺房。深宅中的女人们，尤其是那些有点文化修养的女人们，往往会有与自己的当家人完全不同的的娱乐项目：听书。每到下午，小憩之后，各房头的小媳妇和闺娘们儿就会聚到当家太太或者老太太的屋中，听被她们称为女先生的说书人唱弹词宝卷。弹词宝卷的内容并不复杂，或者是讲一些取自佛经，劝人潜心信佛，笃意向善的故事，或者讲一些与道德并不违碍但却缠绵的言情故事，它的形式很受那些深闺中女人的欢迎。我们今天看到的弹词宝卷都是书卷用来阅读的，然而它原本是一种边说边唱的表演：女先生怀抱琵琶或者月琴，间或面前还会安放一架渔鼓，或者一副竹板，乍一拨弦，顷刻间叽叽喳喳的女人们便会安静下来，然后故事就会从前一天中断的地方开始。其间，女人们经常会为故事的主人公唏嘘落泪，甚至会把自己也放到故事里充当一个角色。这正是女先生们乐意看到的，为此她们或者是她们背后的书会先生会挖空心思把故事讲得曲折缠绵、悲情动人，以符合客人的心理需要，使客人们能保持继续听下去的兴趣。把故事不断地讲下去，是女先生们的目的，也是弹词宝卷这类讲唱形式的魅力所在，所以弹词一般都篇幅惊人，清代河下出了一位才女邱心如，她由听弹词而到自己写弹词，一部《笔生花》达百万字之巨，竟然超过了她的前辈吴承恩老先生。

码头左近与有正经门脸的宅院是不同的世界。船上下来的人，不管是船主还是水手，或是官兵，要喝酒，要找女人，要用他们的方式释放长期漂在水上的劳作辛苦和压抑郁闷，因此为他们服务的主体首先是小酒馆、暗门子，还有算命打卦、跑马卖解的，一切都是为了使他们能得以放松，这很合理，而码头也因此而喧嚣吵闹。偶尔有些文气的也会去茶楼听戏听说故事，甚或会有人买几本小书带上船去慢慢消遣。什么戏文和什么故事对他们其实并不很重要，无非是梁山好汉、隋唐英雄、诸葛亮、司马懿之类，当然也包括唐僧取经、目连救母、二郎神、三太子，这些大家早已耳熟能详，重要的是他们喜欢咀嚼参详这些故事，可以打发他们船上的无聊时光，因此码头附近除了会有书场、戏台外，还会有买卖唱本戏文的店铺。淮安大码头的俗文化究竟有多么深厚的传统，只要提两个人物就足以了：王瑶卿、周信芳。这二位都是京剧的一代大师，王瑶卿被誉为“通天教主”，周信芳有开宗立派之功。他们都成名于大都市，但也都是从淮安大码头清江浦走出去的，他们的前辈甚或是前辈的前辈，都曾经在淮安混过码头。

有充分的证据说明吴承恩当年没少在码头附近的书摊上转悠，现在想来，他的家距离码头不算太远，这正是他悄悄混迹于市井小民的便利之处。

一个证据来自吴承恩本人。他在《禹鼎志序》里坦承当年读书并不专心，往往躲开家长和老师的监督，丁丁点点地把零花钱攒起来，买那些闲书杂书；他甚至说自己不仅把兴趣投放在那些闲书上，甚至人生道义也是在其中养成的。他认为，儒家的经典不能仅仅用于装点门面读读而已，要把那些社会理想付诸实现，不仅可以走出将入相的道路，也完全可以借助戏文唱词话本取得话语权和影响草根百姓的力量。这应该是解读吴承恩的一把钥匙。

另一个证据来自《西游记》。《西游记》中经常会被忽略的一段一段、大段大段的所谓“诗词”其实应当注意，那些半文半白的东西虽然押韵，但与诗词并没有什么关系，它们原本只是唱词。当初唐僧取经的故事在民间流传时，唱词会被艺人用演唱方式二次演绎，所以必不可少；今天我们失去了最初的情景环境，会觉得它索然无味，这不奇怪，但我们不能忽略它的意义，尤其是对于吴承恩的意义。

应该说，吴承恩既是一位传统意义上的才子，同时还是一个另类，在遵循家族为其选择的人生道路时，他还接受了另外一种社会文化的熏陶感染，在某种意义上说，还是他主动接受的。而这是他当时的社会、他所处的环境都不被允许的——或者说，这在河下的上流社会或者是期待走入上流社会的家庭里都是不被允许的。聪明，对文学有敏锐的感受，本来应该成为他的优势条件，但转瞬间都成了他的人生压力，使他承受了不能承受的人生之重，使他蒙受了他人不能理解的生活之辱，也使他经历了倾诉无门的心灵煎熬。

这就是他命运的悲剧所在。这么一座古镇河下，是命运为吴承恩的特意安排。它对于吴承恩这位旷世奇才的人生旅途的意义，开始于百年之前，又要用数十年的时间才全部显现。

委巷吴家

古镇的主要街道都是石板铺就的，相当宽敞，直追城里的府衙大街。本地无山，石板都是盐商们运来的，据说盐船从内地空载返回时，都要装上一些石块抗风压浪，商人们稍微用了点心，压船时多少花点钱，买些条石捎回来做了公益，因此河下古镇的街道甚至是河上的石桥都是石板铺就的。石板街两边都是店铺，大致上按行业归类，比如估衣街上的商家主要经营服装布匹和其他一些纺织品小杂货。吴家经营丝绸小饰品的店铺就在这条街上，在打铜巷的拐角处。

通常做生意的都会在大街的街面上占一个门脸，作坊、仓库包括住宅自然就会藏在附近的小巷里，吴家就是这么个格局——店面在估衣街上，住家在打铜巷里。打铜巷也是石板路，但要狭窄得多，显得有些幽暗，深处的院落甚至有点模糊不清，这样的巷子是做不出生意的，所以巷子里都是住家。吴家的宅院就在打铜巷尾，院落不算很大，与周边的那些门口坐了石鼓，院墙里伸出翠竹的大院相比，显得有些寒酸，看得出主人的状况不算得意，但收拾得也还算精致，院内当庭处有一座小小的花台，略有山石点缀，也随意放了几盆花，说明主人也许会有些闲情。

吴承恩就诞生在这座老宅里。很幸运，当年的老宅虽然距现在已经有五百多年，但我们还可以见到。老宅现在称吴承恩故居，是一九八〇年由当地县政府拨款修复的，由于旅游的需要，规模已经陆续扩大了许多，成为一个足够容纳数百人同时徜徉游荡的大园林。事实上以吴承恩当年的经济状况，恐怕不会占有游客所见到的那么大面积。但老宅的位置却是准确的，根据有两条：一是吴承恩的忘年交、当时的淮安知府陈文烛说过，那个打铜巷实在不那么宽敞——他用的一个词是“委巷”，即僻陋的小巷，大约他身为知府的出行仪仗和官轿在小巷里来往确实不那么方便。这件事陈文烛觉得有趣，所以后来在回忆与吴承恩的交往时记了一笔。第二个证据来自一位叫汪继先的乡人。前面说到河下科举的“三鼎甲”，提到了其中的状元和探花，那榜眼呢？榜眼出在清代乾隆年间，叫汪廷珍，此人做过嘉庆皇帝的侍讲，后来又做过道光朝的礼部尚书兼上书房总师傅，具有十分显赫的帝师身份。他的家住在河下，后人除了做官的便都改学了医，医家也是儒学很看得起的职业，出为良相治国、退为良医救人嘛！汪继先就是汪廷珍的后裔，民国晚期人，名医。他曾续写过地方史料《山阳河下园亭记补编》，拾遗补缺搜罗了十八处已经败落不为人知的私家园林，其中就有一处是吴承恩的故居“射阳簃”。他说这处宅院抗战期间依稀还在，为两进院落，有客厅有书房，还有门房，只不过已经废圮；因为汪家与吴家老宅比邻，汪继先打年少时就对老宅客厅悬挂的那块由状元沈坤题写的“射阳簃”匾额饶有兴趣，所以印象深刻。射阳，是吴承恩的号，射阳簃是吴承恩的书房，这一点地方士绅们都知道。

一个做小饰品生意的家庭，在河下实在是太普通了。河下的经济支柱来自三个方面，一是盐商，这些人都是富户，但他们的生意并不在河下，他们在河下的活动只是为了取得盐运分司掣签所的盐引也就是批文，所以除了豪华宅邸之外，其实并不经常看到他们的身影。比如谈《儒林外史》，通常都会说到吴敬梓的好友程晋芳，此人为盐商巨富后裔且好与文人交往，经常出现在扬州、金陵一带，被视为扬州盐商的代表，但其实他的家就在河下。这些不经常露面的人物，不动声色地指挥着运河里大批流动的盐船，他们是河下的真正主人；二是声色犬马、灯红酒绿的消费，这是河下最容易给人留下深刻印象的部分。曾经流行过的很多消费项目今天都已经消亡了，唯有以河下为中心叫响的淮扬菜却盛名远扬，从淮扬菜的美轮美奂与别出心裁，我们大概可以想象出当年那些酒楼的奢华。比如有道菜叫糟鹅掌，要先把鹅关在铁板笼子里，然后在铁板下面慢慢加热，鹅有了感觉就会在笼子里不断地奔跑，据说这个时候的鹅掌血脉流通最为鲜嫩；而最绝的是大厨还会把调好的油盐作料让浑身燥热口渴难耐的鹅自己喝下去，经过这道程序的鹅掌才算入味。除此之外，河下大多数的人家都是为漕运、为运河服务的，也许有点产业，但还是算河下的草根。

吴家的经济状态，用吴承恩自己的话说，就是“穷孤”“不显”，这本不是问题，但老宅的主人吴锐，居身在这个草根院落里，却孜孜追求富商们的盛世心态，这就有了点麻烦。

天之灵光

正德元年，也就是公元一五〇六年，吴承恩在老宅出生了。傍晚时分，小夫人张氏临盆的症状越来越明显，家中所有的女人包括稳婆也就越发显得紧张忙碌，帮不上忙的也满院子转悠。张氏还很年轻，只有十七八岁，因为家贫被送入吴家做妾，去年刚刚过门，想不到这么快就怀孕生子了，这让吴家老小都感到一股意外之喜，尤其是大夫人徐氏。

徐夫人此时就坐在张氏的床边。她抓住张氏发抖的手轻声安慰着。抚慰确实有效，张氏虽然脸上汗涔涔的，但惊恐的神色渐渐褪去，她的亲姐姐虽然代表娘家也来了，就在外边，但她觉得徐氏“姐姐”此刻就像母亲一样值得依靠。徐氏年过四十了，皮肤已经松弛，没有了当年的那种丰满红润，面对张氏，不用多言，年龄的差异已很明显。女人很忌讳这种比较，尤其是近距离对视时，但徐夫人此时已经别无他想，只期待张氏肚里的孩子能顺利落地。她生产过，但是个女儿，这让丈夫吴锐很是失望——其实徐氏也很失望，她知道吴家子嗣艰难，已经三代单传，对男丁的渴望超过任何家庭。而且，这种渴望不仅仅出于单纯的传宗接代，还附加了丈夫自己未能如愿，而今只能寄希望于下一代的功名梦想。现在，女儿已经十来岁了，自己已经不抱生育的期望，只盼这位新来的“妹妹”能争点气。

老宅的主人吴锐正在前厅候着。他今年已经四十五岁，但还看不出发福的模样，他留了一绺山羊胡须，显得有些苍老。桌上加了一盏灯，比平时亮了许多，他本来想找本书来读，因为他觉得最好是让自己像关羽夜读《春秋》那样从容淡定，有那么一点大丈夫的气度。但显然他做不到，焦躁兴奋仍然挂在脸上。他其实和后屋的女人一样，急切地期待婴儿的出生——当然最好是个男丁。他甚至在想，今年的干支是丙寅，生肖属虎，如果子时之前儿子出生，就是个下山饿虎，命定生活艰难；能跨过子时最好，那时儿子就是饱食之后的归山虎了。

终于听到后院传来婴儿的啼叫，也听到女儿一路叫着“弟弟”“弟弟”奔跑而来的脚步声。吴锐腾地站起，他多么想大叫一声：“苍天！”但旋即又坐下，沉住气，轻轻地呵斥了女儿一声：“疯！”

他捋了捋胡子，再一次拿起桌上的纸条，在灯下照了照。照照完全是下意识的动作，纸条上的两个字他早已烂熟于心，只不过此时他在心理上需要确认一下。那是他为儿子起的名字“承恩”。他吴家几代人都以单字取名，高祖吴鼎，祖父吴铭，父亲吴贞，但显然都没有带来好运道。他想，这次宁愿冒犯先祖也要改规矩，为儿子取双字名，就叫“承恩”，本年新皇即位改元正德，大赦了天下，减免了钱粮，也许我们吴家能额外承接点恩泽也未可知，哪怕这个襁褓中的儿子只是像他祖父、曾祖父那样做个府县学官也是好的。学官虽小，但也是官，吴家几代人在仕途上走得最远也就是学官了，知足了。想到这里，吴锐不仅莞尔一笑，甚至还带出点羞涩，“小妹，你也应该有个名了，就叫承嘉吧。”他对女儿说。女儿有点惊讶，瞪大眼睛看着父亲，父亲曾经说过，等弟弟来了就给她起个正式的名字，不叫小妹了，但现在听到自己的名字还是有点陌生。

中国的公私记载中，但凡大人物降生于世，总会有诸如祥云、红光、惊雷等祥瑞或奇异天象伴随——比如在本书稍后将要作为吴承恩仕途搭档出现的著名文士归有光，就是因为降生时家人“数见祯瑞，有虹起于庭，其光属天，故名先生有光”——但这一天，当人类的智慧之光再一次轰然乍现，照耀于这条小巷时，小巷却一如往常，只多了点婴儿的呱呱声和其家人的欢笑声。所谓祥瑞其实是编造的，为的是显示注定要成为大人物的这个孩儿与生俱来的与众不同，或者是为了替已经成功的大人物补办一份权威的出生证明，如果降生的人物并不承载人们对生活的太多奢望，祥瑞便无须发生了。此时此刻，无论是吴锐还是徐氏，都根本想不到这个在宁静中诞生的孩儿，在若干年后走完自己的人生旅途时，会将惊世骇俗的《西游记》留给世界，所以压根没有人去注意身边发生了哪些祥瑞。

吴家祖籍涟水，那是淮安府属下的一个县城。在元末明初的政权更迭中，地处江淮腹地的淮安是遭受严重破坏的重灾区，红巾军和元兵在此一带多次争夺，形成反复往来的拉锯局面，据方志和地方史料记载，当时已经是赤地千里，居民死散殆尽，甚至有“淮人存者止七家”一说。战争结束后，明朝政府曾经向淮安组织大规模的移民和大量驻军以恢复这个交通重镇的元气，而周遭的破产农民也陆续向城市流迁重新落籍。推算起来，吴家应该就是在这个时期迁入河下的。那时吴家的生活状况我们不太清楚，但看起来不太像赤贫流民，或许有点手艺有点积蓄，进城的最初可能是凭手艺从事附庸于漕运的服务业，也许就是铜匠、铁匠之类，附带经营一些小生意，这点没有任何疑问，河下的草根都是这样。

吴氏这一支的第一代高祖名吴鼎。这位老祖宗到河下落户，首先捕捉到的是当地的盛世心态，也就是崇尚习儒为官的家族发展道路，他做的第一件事是让儿子吴铭读书，做一个登记了学籍的童生，开蒙读书，这其实也就是向社会和家族公示，这孩子从此将专注于科举而不再考虑其他职业。旧时的生意和手艺都是要从小就学的，十来岁的孩子就要住进师傅家，从起火做饭甚至是为师娘倒马桶、抱孩子这类杂事做起，慢慢融入师傅的家庭，才有可能接触到一些实质性的操作，比如上柜、送货、收款等等；在这个基础上，才有可能靠自己的眼勤手快“偷”来一些诸如进货、储存、配方和利润加成、结算方式一类的技巧，这就是通常所说的学艺了；再过若干年，学成满师，才有权利选择是继续留在师傅家做大伙计还是自立门户。这是旧时青年人都会经历的人生路径，它与科举不兼容。从这个意义上说，吴家为孩子开蒙读书也就是一次提前进行的职业选择。

这种选择当然也是有风险的。明代前期科举的出路相当好，但考试也相当严格，没有家学传统的熏陶，试图通过考试登堂入室的可能性非常小；而一旦不能进入仕途，就会出现读书不成且又身无一技的尴尬，所以选择这一途也是要掂量明白的。而正是这一点，充分显示了老祖宗的精明，他知道风险，并且做了两手准备——他注意到朝廷已经发布了允许纳捐的政策和价码，盘算一下，虽然所需不菲（按，据查约为一百石粟米），但仍是他们家可以承受的，只要舍得一笔积蓄，人生的路就还不至于一步走绝。正如预计，吴铭的学业后来确实没有走得太远，于是吴鼎拿出一笔积蓄奉献给朝廷，朝廷赏赐了一个官衔，吴铭便被分配到浙江余姚去做了一名县学训导。若干年后，吴铭的儿子吴贞即吴锐的父亲也走了这条路，出任浙江仁和县县学的教谕——职位要高一点点。

吴家的这笔投资非常符合河下的文化传统，也非常合算。纳捐就是国家卖官，这项制度历朝历代都有，只是出发点和执行规范有所不同。与我们熟知的清代的卖官鬻爵而导致吏治不堪入目的情形不太一样，明初的纳捐一般都和具体的军国大事联系在一起，其宗旨除了充盈国库之外，还有补充基层官员的意图，因为当时科举选拔的人才仍然匮乏，因此朝议说与其从社会闲散人员中录取基层吏员，那就不如放宽条件从读书人中挑选，于是纳捐应运而生。

吴铭任的训导，吴贞任的教谕，都是县级儒学的学官，大致相当于现在的教育局的教员和局长，《明史·职官志四》：“（儒学）县，教谕一人，训导二人，……教谕，掌教诲所属生员，训导佐之。”无论教谕、训导，品级都不高，历史上大部分时期都在九品之外，最高时也就是从八品。旧时九品之外的不称官，称吏，吏的选用由地方政府就地解决，但学官例外，学官的职位由朝廷直接任命，与官员一样要接受铨选，然后异地任职，其行使职权又不受县太爷的领导而直接对省里的学政负责。这无形中使得学官的地位要高了许多。

吴贞的纳捐大约发生在景泰年间（1450—1456），其时朝廷为了筹集边关所需的粮草，曾经出卖了一千名例贡生和例监生的名额，显然吴贞拿到了那些名额中的一个。但吴贞的实际任职是在天顺八年（1464），这也就意味着他取得做官的资格后，又等候了大约十年。

人生逆行

这段时间吴家比较兴旺，吴铭、吴贞父子二人都是朝廷官员——一在职，一候任，用吴承恩自己的话叙述就是“两世相继为学官”。麻雀虽小，五脏俱全，学官也是官，一样要在吏部挂名，一样要走赴京铨选的程序，选出官来一样有快马喜报，邻里一样要放鞭庆贺。试想在幽深的打铜巷弄一阵噼里啪啦的动静，应该会有骚动的效果。一个学官虽然还不至于让县太爷觉得需要牵挂，但至少会解决许多胥吏青皮随意骚扰之类的麻烦。

交出钱粮，等了漫长的十年之后，已年过四十的吴贞终于拿到了仁和教谕的任命。这时父母均已过世，家中并无牵挂，于是吴贞带上妻子梁夫人和刚刚四岁的儿子吴锐，买船南下。

但有时头顶上真的会落下晴天霹雳。吴贞到任仅数月，便突然染急症归西。一阵可以想象的痛泣之后，梁夫人处理了吴贞的后事，带着儿子重又回到河下老宅。

虽然去而复返之间仅仅相隔数月，街面上一切依旧，但梁夫人此时却感觉恍如隔世。自从上一辈吴铭走入仕途之后，祖上原有的经营便渐渐凋零直至被放弃，俸禄成为了主要生活来源。做官是可以致富的，但需要时间积累，此时吴家宦囊未丰，却突然失去了地方政府的一切政策优待，梁夫人和小公子吴锐瞬间变得无依无靠，只有一座空荡荡的老宅在等着他们母子。

孤儿寡母的生活当然会很艰难，但也许能找到维持的办法。而最重要的是，吴家的生活轨迹需要做出调整了。在经历了两三代人的艰苦创业之后，吴家此前曾经弃商业儒，期待使家族由富而贵兴盛起来，但这条路显然已经走不通。

人过中年的梁夫人精明强干，凭借过去的人脉，她在一些盐商的宅院里进进出出，带出一些需要浆洗熨烫的衣物，过几天整理好再送进去；碰上人家娶亲嫁女，她会把窗帘、被套、枕巾、帐围的刺绣活都领下来，因为曾经有过的身份，使得她比较容易得到大户女眷们的信任，因此尚能保持有活计做。

梁夫人忙碌之时，吴锐并不吵闹啼哭，只是自己摆弄已经废弃不用的笔墨纸砚，但一旦梁夫人静下来，他就会要读书识字。这让梁夫人很是心酸，这个家族刻意培养的那种习儒的自觉意识似乎已经显现，但她却无力再继续下去。通常说来，准备走科举之路的孩子七岁左右就得考虑启蒙，也就是开始读书识字。孩子读书的方式有多种，一是家学聘馆，家族里三五个孩子请一个先生，辟一个院子，就是家学了。家学当然好，但不是每家都能具备条件；一种是送孩子去开办在先生家里的私塾，也有可能会让孩子受到较好的教育，但显然是要收费的；再一种就是读公众集资的社学，这种学校门槛低，不收取费用，在年节时对先生有所表示即可。大约在吴锐十岁以后，梁夫人才将他送入社学，这个年龄，算起来已经是很晚了。

每到年节，往学校去的路上就会看到小学童搭伙结伴一路嬉闹着给先生送礼去——古代称束修。社学的孩子大多是穷人子弟，别看孩子们高高兴兴，说是要拜先生，但其实也都是一些不起眼的东西。有的拎一块肉，拎一只鸡，那算是家境相当好的学生；有时孩子带去的可能就是地里的果蔬，或者就是一点米面粮油，甚至是米饭馒头。而这个时候就是梁夫人难受的日子，按说给先生带点孝敬的礼品不算过分，社学先生的薪水很低，生活基本上就靠学生的孝敬维持，有时候还会被分派到学生家搭伙吃饭；先生的要求也不高，基本上是有什么收什么，决不挑剔。但即使这样，梁夫人筹措起来仍是困难，虽然至圣先师孔夫子提倡“有教无类”，社学也有公学的意思，但实际上不向先生献点束修，白读书是不可能的，先生最简单的办法就是冷落你，让你做一个可有可无、自生自灭的旁听生。吴承恩后来描述过父亲的这段经历：

> 以贫故，逾数岁，始遣就社学先生。社中诸学生，率岁时节朔，持钱物献社学先生，吴氏不能也，社学先生则勤勤教诸学生书，不教先君书。先君辄从旁听窥，尽得诸学生所业者，于是通《小学》《论语》《孝经》矣。社学先生反以为奇，欲遣就乡学。梁夫人闻之叹曰：“嗟乎！吴氏修文二世矣，若此耳，斯孤弱奈何？”于是泣，先公亦泣。弱冠，昏于徐氏。

徐氏世卖采缕文縠，先君遂袭徐氏业，坐肆中。

这段话重新描述一下就是：吴锐已经过了通常的启蒙年龄好几年才被送去社学，因为无法孝敬先生，先生就经常把吴锐搁在一边不予理睬。吴锐要强，在一旁偷听偷看，结果把其他学生读的书都能背出来讲出来，这倒使先生觉得奇怪，要把吴锐推荐到乡学继续读书。吴承恩对他父亲聪明好学的描述“尽得诸学生所业者”，可能稍有点夸张，这是可以理解的感情。事实上尽管吴锐可能对读书真的很认真很有兴趣，但仰长脑袋旁听偷窥只能学点片言只语，真正做到通《小学》《论语》《孝经》是不太可能的，最终只能辍学。

在做出这个决定的那个晚上，梁夫人与吴锐母子二人曾经抱头痛哭一场，因为梁夫人很清楚，吴氏的“修文”之路已经走不通了。在人生道路上，由经商而读书业儒并逐渐提高自己的社会地位是合理的趋势，无数的草根小民都把这样的结果作为家庭的期盼，但吴家现在完全走反了方向，历经了若干年的努力之后，还是得放弃期望回到下层社会的肮脏泥涂上。这不仅是经济问题，而是社会地位的问题，是一种步步下走的人生逆行。梁夫人知道这一点，长大后的吴锐也知道这一点，但无可奈何。

辍学后，吴锐进入一家经营彩缕文縠的徐记杂货店学徒——店面就在打铜巷口，后来归了吴家。小伙子不多言语，但很实在，显得很有教养，而且一表人才——这是根据吴承恩的相貌推测的，并不完全是文学性的描述，所以很得老板欢心。在他忙碌时，隔板后面时时会有一双秀气的大眼睛在偷窥，那是老板的独生女，通常她都在后院，但有时也借口帮忙跑到店面上转悠一阵。徐氏老板经营丝绸小饰品小杂货已经有了年头，生意也有了点基础，但他的心病是人丁孤单，与吴家数代单传的情况一样，他只生了这个女儿。开始他还蒙在鼓里，后来经门旁大婶点破，老板也看出女儿有意，于是便把女儿许给了这个伙计。这样，大约二十岁左右时，吴锐成了徐家女婿，坐在店堂里成了一个小小老板。目前习惯于将吴承恩提到的其父“昏于徐氏”“袭徐氏业”，解释为吴锐做了徐家倒插门的女婿入赘于妻家，以此说明吴锐当年生活的艰难。但这里有误解存在。倒插门在当地从古到今都是非常丢脸的事，不到万般无奈不会走上这条路，而且绝大多数都发生在男孩成群但却没有条件撑门立户的人家；吴家数代单传，因此入赘的可能微乎其微，无论如何吴锐他都必须保住吴家的香火，这是不可推卸的责任。而且，一旦做了人家的上门女婿，就必须改承女家的姓，以续女家的香火，而在吴锐身上这种情况并未发生。因此最大的可能是吴锐“昏于徐氏”，仍然是传统意义上的娶妻，但婚后以女婿的身份去人丁同样不旺的徐家继承了家业，或者在岳父的帮助下也做起了这行生意。

悲情老父

吴锐，字廷器，号菊翁。清瘦，留一绺山羊胡须，头扎一顶方巾，身上罩一件青灰色竹布长衫，着一双平底卷口黑布鞋。这身打扮，几乎是当时读书人的标准着装，不管是秀才还是童生，街上走的读书人都是这样。这看起来与他店老板的身份很有点不符，徐夫人为此已经唠叨多年，说人家骂你痴也是活该，看你弄得个穷酸样子，你跟街坊同行看齐又何妨。但终是无奈。徐夫人的意思就是，家里也不算很穷，未必弄不出一件锦袍。这倒是实话，小店由于有了岳父的底子，经营得还算顺溜，摆一点生意人小老板的谱也是可以的。

吴锐在街坊中公认有痴病，无非也就是因为他的那些怪癖。比如，他向来与街坊不太搭理，眼光似乎永远都是直的，充满迷茫。不大的院子，不养鸡不养狗，倒是要弄点花草，尤其是秋后会摆上几盆菊花，说是赏菊，要人家对他以“菊翁”相称。杂货店照例是要去的，但每天卸下门板，他就在柜台里捧上一本书，客人进门，多是小伙计招呼，只有乡下来批货的老客到了，他才会起身迎接。大街上经常有哐哐敲锣的官轿经过，每每惹来一拨拨看热闹的人，但从来不见他探身抬头。店里经营花边、滚条、小饰品和针头线脑之类，本都是些百姓用品，总有妇道人家要还个价饶个零头，但他都会一本正经地指指自己写的那块小招牌“本店童叟无欺，不二价不赊欠”，就相当于拒绝了。这难免会与一干同样是生意人的邻里格格不入，惹来些很恶毒刻薄的讥讽，后来时间长了，大家习惯了，知道这人其实不坏，也就剩一个字了：痴！

痴，其实是一种态度，是一种由心结滋生出来的生活态度，理解这种生活态度，只能从解开心结开始。若干年后，吴承恩为老父的故去写了那篇著名的《先府宾墓志铭》，其中详细解释了老父种种痴状的由来以及隐藏在其背后的压抑和痛苦。

他说，父亲其实完全不适应生意场上的一些明规则、潜规则，他从来不与那些同行们联谊来往，当然更谈不上与之联手霸市、哄抬物价等等。旧时街道上也有组织，牵头人就是里甲一类的人物。这些整天晃荡在各家店铺门口小而又小的官，都是一些难惹的主儿，人称滑吏。他们会担任收税或者起议筹钱凑份子的角色，衙门里哪位捕快老爷喜得贵子，哪位师爷要为父母庆寿，都是他们最乐意的事情，有一点风声就写帖子凑钱。凑份子的理由很简单很充分：衙门里的人得罪不起！至于每户收多少则没有定数，全在他们兴趣。老实人他们一定是欺负的，比如到了吴锐的门上，他们就会敲敲柜台，找个根本不相干的理由随口呵斥一声：你的钱要增加一倍！见吴锐不声不响地如数缴上，便再加倍。对这些事，吴锐向来不去计较，或者说是懒得与这些人打交道，缴上就是了。有邻居看不下去，劝吴锐投诉维权，吴锐却说："已经惹得胥吏不高兴了，我又何苦再去惹县太爷不高兴？还是等我家里的官长大再说吧。"这话说得黏黏糊糊、不明不白，于是大家更认为他脑子有病。

有一次，少年承恩上街，又碰到有人指着说："这就是那老痴的儿子，倒是清爽，插了牛粪呢。"这种羞辱远非偶然，气不过，呸一口以示厌恶，但惹来更多的哄笑。回家后，小承恩不吃不喝，吴锐问明白了，只是摸摸他的脑袋，淡淡一笑："你爹痴，你还不就是老痴的儿子小痴么！"

吴锐唯一喜欢做的一件事就是读书，"性一无所好，独爱玩群籍，不问寒暑雨旸，日把一编坐户内"。这种对读书的挚爱已经可以用如痴如醉来形容，远不是一个生意人应有的行为，用今天的心理分析原则去看，吴锐的身份与行为有严重的相悖，难怪当时"一市中哄然以为痴也"。如何看待吴锐人格的分裂，是一件很重要的事，因为我们需要为以后吴承恩的行为寻找解释。

吴承恩说他老父亲对于诸子百家都有浏览，最喜爱的是《尚书》《春秋》。《尚书》《春秋》都是两三千年前经典的史书，以吴锐的文化程度，读这两部书显然是有困难的，他关注的其实是史书中的故事，是酷爱祖国却被流放的屈原、立了大功却被装入革囊投入江中的伍子胥、以《出师表》传世鞠躬尽瘁的诸葛亮、因奸臣构陷而冤死狱中的岳武穆等等，一句话，都是历史上的忠烈人物。老人家不但读书，而且喜欢谈书，还喜欢联系时政来谈。平时与人交往，吴锐显得木讷甚至可能有些口吃，经常会出现无话可说急于逃避的现象，但一旦店里来了对味的顾客——或许会有一批专门来做听众的顾客，这也是小店特有景观——谈到史传的话题，他就格外亢奋，滔滔不绝，绘声绘色，“竟日不休”。说到激动处，意气慷慨，扼腕，痛惜，流泪，完全判若两人。

他还痴吗？他真痴吗？所谓老人家的痴，其实是他身份与行为的错位。吴锐对时政的关心，对社会的不平以及对屈原、岳飞、诸葛亮、伍子胥等人物的敬意，显然源自儒家思想的熏陶。尽管他只读了很少的书，但他出生在“两世相继为学官”的家庭里，人生的道义事实上是由儒家铸造的。如果他能够走入仕途，他一定会秉持仁政的理念，去做爱民如子的父母官；但可惜他成了需要精心算计锱铢必较的生意人。这让他终生难以释怀，对于内心道义的坚守和对环境行为的不认同，最终使他成为了街坊心目中的痴人。

这对吴承恩有着必然的影响。若干年后，这位痴老汉终于以自己的道德力量赢得了人们的尊重，当年欺负他的人现在都变得非常恭敬。通常街坊有争斗较量的事，骂一通打一阵不解决问题，双方就会找人评理。找谁？公认杂货店老板吴大痴最是公平，双方认可。而经他当面调解之后，大家都会高高兴兴、心悦诚服地离去。有些人自己有难对人言的事情，也会找他老人家倾诉，无赖儿童如果做什么恶作剧的事，一旦被他老人家碰上，便会面红耳赤自行散去。

这些变化，吴承恩都看到了，有一天他问父亲：“乡邻们如此尊重您，就是因为您痴吧？痴也有好处耶！”老父亲正在吃饭，听到这话，把筷子往桌上重重地一拍，十分不高兴地说：“那你以为我是装疯弄傻作秀吧？”吴承恩当然会为这句少不更事的问话后悔，父亲的不悦也一定会引导吴承恩去思考这个问题，他将这样的事情记录下来作为对父亲的回忆，更是表示他已经感悟到自己其实是在父亲这样的人格和道义的熏陶下长大成人的。

最后说一下吴家的家族构成。吴锐与发妻徐氏，也就是当年店里那位大眼睛的姑娘，可算青梅竹马，感情生活比较美满，徐氏生了一个女孩即吴承恩的姐姐，叫吴承嘉，长吴承恩十岁左右，后来嫁了本地一位叫沈山的人，生一女沈氏，沈氏便是吴承恩的甥女；沈氏嫁本地人丘岚，生一子，取名丘度，丘度即吴承恩的表外孙。丘度小吴承恩三十一岁，在吴承恩的培育下，万历四年（1576）中举，次年进士及第，也算圆了吴家和吴承恩本人的科举梦。丘度后来官至光禄寺正卿，三品。在吴承恩逝世后纠合了吴国荣等一批后辈，整理刻印了吴承恩的诗文集《射阳先生存稿》，以古代文人最尊重也最实用的方式回报了他的舅公。

由于没有男孩，吴锐于壮年——四十多岁时又娶了侧室张氏。张氏就是吴承恩的生母。张氏夫人很长寿，到吴承恩六十多岁时尚健在。

吴家其他前辈亲戚，包括梁家、徐家、张家看来都是普通市民，没有更多记录。用吴承恩自己的话说，他的整个家族就是“穷孤”“不显”。

吴承恩自己后来娶了位叶氏夫人。这位叶氏夫人倒是出自淮安的望族，出于前面提到的提倡改变盐法的户部尚书叶淇门下。攀上这么一门高亲，与年轻时吴承恩的才华出众有关，也许在当时被称为一段佳话。叶夫人生一子，取名凤毛，童子时即聘了吴承恩发小儿沈坤的女儿，但可惜凤毛年寿不永，约十五六岁时夭亡。在后来发掘的吴承恩墓冢中，发现另有一年轻女子的骨骸，显然吴承恩后来也娶了侧室。这位侧室的面貌比较模糊，没有更多的资料可为佐证，有研究者认为是淮安本地女子，姓牛；也有人怀疑可能是吴承恩晚年赴任荆府纪善时从湖北带回的。我们这里取后者之说。

吴家谱系大致如下：

先世涟水，约在明前期迁来淮安。家孤穷且数代单传，三世以上谱牒不能详。

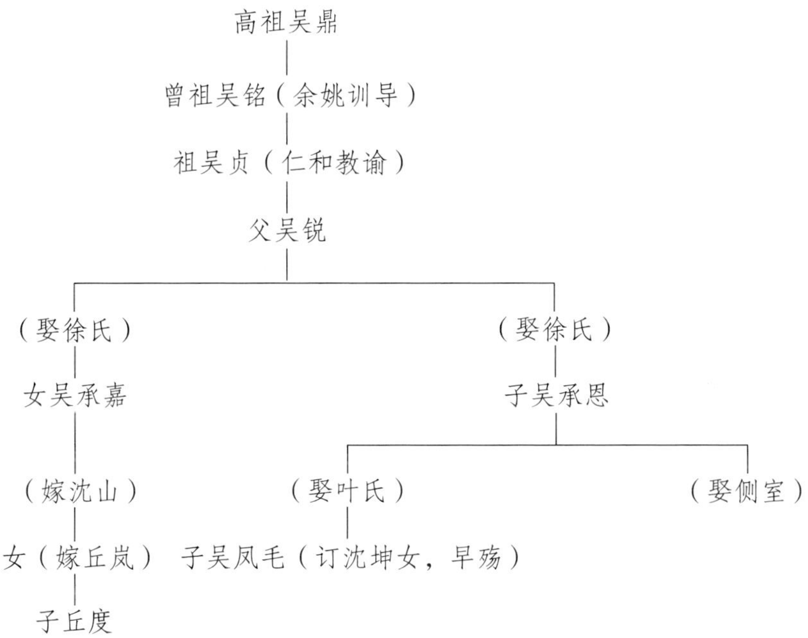

叶氏夫人除凤毛外，没有其他子女；而侧室似乎也没有生育，所以吴承恩身后便被形容为“家无炊火”“绝世无继”。老先生晚年未必很穷，但孤独难免。

第二章 聪慧少年

才艺的实际意义，必须以功名为支撑，功成名就之后，才艺才值得夸耀。否则，一切所谓的随身长技都是人生之病。喜爱稗官野史、奇闻杂说，更属病入膏肓。

巷尾有几个小孩在涂鸦，其中最小的也就两三岁大小，但画鸡画鸭挺有点模样。一位老者弯下腰逗他说："画只鹅看看，怎么样？"小孩于是捡起瓦片在墙上涂抹了几笔，老者端详了一下，想想，说："不像吧，鹅怎么会飞？"谁知那孩子竟然大笑起来："这是天鹅，你知道不？"老者这才领悟，墙上三五笔勾画的不是那种"白毛浮绿水，红掌拨清波"的凡间之鹅，而是一只能在天空翱翔的天鹅，于是咋舌，感到十分惊异。

从此街坊都知道这小孩聪慧。小孩就是吴承恩。

这是一个真实的故事。吴承恩过世之后，他的表外孙丘度为了编印他的诗文集，特意找到吴承恩晚年归乡时任淮安知府并与吴承恩结为忘年翰墨交的陈文烛，约写了一篇序文，陈文烛在序中讲了这件事。

陈文烛与吴承恩相识是在隆庆五年（1571）任职淮安之后，其时吴承恩已经六十五岁退职回乡，这个发生在六十多年前的小故事又是如何被陈文烛所知的呢？陈文烛的回忆中有一点线索可供参考。

陈文烛是位仕途顺畅的官员，三十左右中了进士，没几年便升任淮安知府。到任淮安知府不久，有衙役报说有位天目山人徐中行到访，徐中行与陈文烛的父亲是同一科进士，称同年，当然也是陈文烛的长辈，此时赴任途中路过淮安，下帖子拜访。陈文烛岂敢怠慢，连忙摆出仪仗赶往码头，按照官方礼节把徐中行迎进淮安府衙，自然有接风洗尘之类的安排。但徐中行很坦率地告诉陈文烛，此行见他固然是题中应有之义，但还想见一见另外一位老朋友吴承恩。他端起几上的茶盏呷了一口，大致向陈文烛介绍了自己与吴承恩相交的经过。原来吴承恩前几年在长兴任县丞时，身为知府的徐中行正因母亲去世守孝在家，二人因文学上的志趣相投而相识，又因归有光搅和出的一场狱案而交深。现在距二人交往的当时已经有五六个年头了，吴承恩长兴卸任后经过湖北荆府纪善一任已经回乡，但徐中行对这位当年廉洁淡泊、才华过人但却蒙受了不白之冤的老友还是不能忘怀，所以路过淮安时特意停船上岸。最后他感慨地说："这是一位真正的高士，当年与我相交甚洽。我想你身为本地父母官，也应该结识一下，不可错过。"徐中行，是当时天下称道的著名诗人，浙江长兴人，陈文烛与吴承恩此刻并不熟悉，只是略有耳闻，但既有老前辈盛赞，接风宴上自然要邀请吴承恩相陪，于是赶快安排轿子去河下打铜巷接人。

宾主煮酒夜话，谈古论今，十分相得，其间于酒酣耳热之时，吴承恩忽然袖子一卷，说了几句今天给大家献个丑，万勿见笑等等的客套话，然后便唤来书童准备笔墨，随意挥洒之间，即刻画了若干人物山水。掷笔之后，他犹有余兴地说："这都是几十年前的玩意儿了，自从投身科考，就再也没有动过笔，今日放浪形骸，故伎重演，惭愧，惭愧！"这件事可以见于陈文烛的记载。画的水平很高，让陈文烛十分吃惊，叹为"通神佳手"。大约以此为契机，狂态勃发的吴承恩对这几位投机文友说了他童年的往事，算是一点交代。

由于徐中行的到来，陈文烛与吴承恩结交，成为热心照顾吴承恩晚年生活的一位挚友，我们今天对吴承恩的了解，很多都出自他的回忆。

探花府的不速之客

岁月荏苒，一晃多年，小承恩已经渐渐长成学童。孩提时代的吴承恩一定给家人带来了很多快乐，不仅是笨拙的逗笑，而更多是发自内心的骄傲。因为这小孩太聪明，足以使吴家上下在邻里亲朋面前骄傲一回。

正德九年（1514）是春闱大比之年，这年皇上钦点的探花是淮安府的考生蔡昂。淮安历史上进士中式者堪称世代不绝，但进入三鼎甲却是第一次。消息传来，府县官员都有庆贺仪式，蔡家在所有人的口中顿时都升级为蔡府，而且确实在不久之后，原本算不上富庶的蔡家重新翻盖了门厅，摆上了石鼓，站上了门房，很有点高门大院的模样了。

蔡府也在河下，与吴承恩家住的打铜巷有一段不太长的距离。蔡府所有的活动吴承恩都参加了——当然只是混在看热闹的人群中。孩子们都喜欢捡鞭炮噼里啪啦响过之后的哑火，他们会把哑火掰开，倒出火药，等天黑透了用火媒子去点，也能弄一场小小的焰火晚会。吴承恩虽然手痒，但不会去捡，因为父亲向来不许他干这种事，说鞭炮要响给自己才有意思；主家吩咐下人给这些邻居的小孩送点糕点糖果和新科探花用过的文房用具之类的小礼品，让孩子们也讨个喜气，这些他都去拿了，他尤其喜欢人家送的旧笔，笔虽然秃了毛尖，但还是比他自己那些用得柔顺。当年他九岁，已经启蒙，进了一家私塾，吴家小店的生意不错，吴锐不欺行不霸市，童叟无欺不二价的经营理念从一开始的不被理解已经逐渐转换为良好的商业信誉，因此吴承恩读书再也不会出现当年父亲经历的窘困。塾师是个很严格的老夫子，平时对孩儿们看管很严，现在他们这伙小小读书郎，能够一趟又一趟跟着锣鼓声跑蔡府，实在是例外，显而易见，吴锐这样的家长们都已经向塾师打了关照，大家心照不宣，让孩子们见识见识这样的场面当然是件好事。

晚上，查完了例行功课，吴锐问："今天看热闹了？""是，先生放假的。"回答有点忐忑。"看出点门道没有？""他们家是探花了。""晓得就好。知道什么是探花吗？""……"

吴锐虽然没有机会读书，但对于科举中的典章制度仍有了解。他告诉坐在膝下小凳上的承恩，探花就是进士中的第三名，读书人中进士了，皇上要请他们吃饭，叫琼林宴；为了表示春风得意的意思，新进士都要到御花园里折花，去之前呢，要派一位年轻英俊的领路，叫探花。现在这一科，蔡家的大公子就做了这探花郎，现在说不定就在接受皇上的赐宴呢，再然后呢，大公子就要进翰林院了。说着说着，眉飞色舞的吴锐眼里有了晶莹的闪光，没人知道他此时的思绪飞到了何处，坐在他对面的小承恩对于探花会给蔡家带来什么样的变化，此刻并不十分了解，就连蔡府门口新制的石鼓他都不十分关心，但是"探花"的荣耀和父亲一本正经的古怪给他留下了不可磨灭的印象，他已经知道这就是他将来要争取的目标。

再六年，蔡昂回乡探亲了，他此时的身份是翰林院编修充侍讲学士，也就是说已经成为皇上的顾问班子成员和备选的授课老师了。门庭若市、迎来送往照例会有，但这时大家的见面已经没有了当年那般的浮华，而成为了官员们交流联络或者地方乡耆名流的聚会。令人意想不到的是，某天的聚会上来了位不速之客。

吴承恩本年十五岁，已经是一个风度文雅的青年后生，在乡学中已经把书读得有点名气了。听说蔡昂前辈回乡，便有心约几位学伴登门拜访，但他把想法一说，就遭到了七嘴八舌的怀疑：“那是翰林府啊！”“不是异想天开吧？”去蔡府的路并不遥远，但心理上的差距却足够大。

蔡府的台阶比别人高一截是事实，自己没有半点功名也是事实，学伴们议了一阵，都退却了。但吴承恩还是决定闯一闯。

蔡家的黑漆大门紧闭着，但耳房虚掩可以进出，吴承恩有点犹豫。大门只在接待客人时才会打开，从这扇门走过，他就是客人；耳房的门供居家日用，从那儿经过，他就是邻居，他要从哪扇门走过？他想了想，觉得自己今天是专诚来拜访的，所以应该算客人。敲门的一刹那，他的心几乎蹦了出来，然而当门房走出来问询的时候，他定了定神，很礼貌地躬身一揖，异常镇定地自报了家门：“在下是贵府近邻吴承恩，字汝忠……”

关于后来在蔡府发生的情况，我们还是看吴承恩自己的记载。若干年后，蔡昂去世，吴承恩写了一篇长文《鹤江先生诔》，纪念这位他心目中最早的偶像，其中提到当年冒昧闯蔡府的事，用了“登龙识李”典故并说“即以斯文见赏”，看来当年在蔡府确实发生了非常精彩的一幕。“登龙识李”说的是后汉时孔子的二十代孙孔融拜访河南尹李膺的故事。孔融以早慧著称，十岁时随父亲赴京师。当时的一方诸侯李膺十分注意自己的身份，不轻易接待宾客，如果来访者不是当世名人或者通家世交，门人根本都不予通报。这倒引起了孔融的好奇，他想看看这位李膺到底是何许样人。他到了李府门上，对门人自称是李府通家子弟。李膺将他请入堂上后，看来者只是十岁的童子，不禁有些奇怪，问道：“莫非你的祖父与我有旧日情谊？”孔融回答说：“我的祖上孔子与阁下的祖上老子当年共同切磋互为师友，我与阁下自然也是世代通家了。”一席话使得在座宾客大为叹息，惊为奇才。叙谈间有一位宾客迟到，座中人将刚才的一幕告诉他，他不以为然地说：“少小聪明，长大未必出奇。”一边孔融随口答道：“听阁下的话，想必您就是早慧了！”以这个典故为参考，当时蔡府的座上有哪些名流？谁又是那位满脸不屑者？不得而知，但很明确的是，少年吴承恩跨进蔡府时，应当也有一段卓异的表现，足以让蔡昂等前辈乡贤觉得眼前不请自来的这位年轻人“孺子可教”，也足以使吴承恩使用“登龙识李”的典故而不觉得惭愧。

但是，也有件事要澄清一下。有人喜欢说吴承恩幼年时拜访名人储巏的故事，大意说吴承恩幼童时，淮安名人储巏回乡省亲，他是南京吏部左侍郎，春闱会试第一名，人称会元。吴承恩一本正经地去拜访他，并当众泼墨挥毫，在扇面上画了一张《扁舟泊江图》，图上一人正坐在舟上吹笛，江流浩荡，明月如钩，仿佛真有阵阵笛声悠悠飘来。储巏大喜，随即在画上题了一首诗“扁舟不用楫，万里流空明。江风供短笛，吹作裂云声”，以夸奖眼前少年，预示将来一定会名声大振。这个故事很有韵味，但细究起来甚为荒唐，包含了诸多误会。储巏实有其人，确是会元、正德年间任南京吏部左侍郎，但他是泰州人，与淮安无关；而且正德八年（1513）即卒于任上，其时吴承恩仅八岁。所谓作画云云，可能是由储巏《柴墟文集》中的《汝忠扇次韵》诗附会而来，而彼汝忠未必是此汝忠。

小童生的科举之始

就在蔡府闯关的第二年，也就是吴承恩十六岁时，他进了学——被本府的儒学录取为正式学员，用民间的话说就是中了秀才。

这次的鞭炮声真是冲他而来，在吴家门口铺了一地红红的碎屑。小承恩有点腼腆，但内心其实很享受。他把当年为他启蒙的塾师和社学的先生都请来，恭恭敬敬地磕了头。这是规矩。他也把父亲扶上正位，磕了头，这也是规矩。其实所谓的正位就是父亲平时坐的圈椅，不过背后条几上的香炉里上了高香；所谓的扶，也不过是姿势，他刚一托父亲的手臂，他老人家就习惯性地捋一捋胡须，嘿嘿一笑，自己坐了上去。那时候，吴锐的脸上有了灿烂的笑意，坐在那儿非常的心安理得。很显然，与上辈相比，小承恩要幸福得多，至少他有一位望子成龙、殷切关怀的父亲，他不至于因贫辍学，因而可以凭借自己的努力一步步走下去。

进学中秀才是吴承恩的第一个重要成就，前面的路还很长。但万事开头难，既然头已经开了，而且开得很漂亮，“前程似锦”应该不只是恭维话吧？

古人如果选择了儒业，也就是决定走读书求仕的道路，那就必须从社学、县学、府学开始一级级地读过考过，依次成为童生、秀才、举人、进士，然后走上官途。孩子们通常是六七岁启蒙识字，读《三字经》《百家姓》和《千字文》，稍长大后再读《四书》《五经》，在地方上正式登记学籍了就称童生。童生是一种身份，不论年龄，只要没有考入官办的府县儒学，就永远只能是童生，因此对童生而言，进县学、府学是第一道门槛，称进学。进学的途径就是考试，府学、县学都有固定的名额，一般说府学限四十名，县学只有十名二十名，而且是走一个补一个，竞争很是激烈。跨出这一步的年龄，因人而异，有人可能在行冠礼之前也就是十几岁时便完成了，就像现在的吴承恩；有人可能一辈子都走不进府县学的大门，成为被嘲笑的“八十老童生”。

进学之后称生员，俗称秀才，也算是一种初级功名，就有了一些象征性的待遇，比如可以参加府县的一些文化活动，可以去政府领一些口粮和零花钱；若有错或犯罪，衙役不能直接抓捕，需要先申请在学中革去功名，然后才能哗啦啦把铁链子锁上去。但秀才的名头给穷苦人家、草根小民带来的变化，远远不止这些，最大的得益其实在于这户人家从此可以稍稍挺一下腰板，毕竟有心欺凌的人会稍稍考虑一下：那个孩儿潜力究竟有多大？最后的结论一般都是：不结这个冤家为好。

在河下小巷里的吴家，发生的变化更为显眼一些。因为有人传出话来，说省里来主持考试的督学使者特别喜欢吴家那小子，看完他的卷子后，专门让人把这位小小年纪的生员找来，让他坐在自己身边，絮絮叨叨问了许多，最后还摸了摸他的脑袋说："好好读书，将来一定会有大出息！"——原话是"得一第如拾芥耳"，意思是得一个官位就像弯腰捡草籽那样容易。最引人注目的变化是吴家小店门口热闹起来。有些人来道贺，有些人看热闹，还有些邻居会来向这位小秀才问个事，毕竟人家是读书人嘛！还有人乘车骑马从大老远的地方来求篇文章或者请写几个字。那都是内行人，知道这个小秀才文章写得好，省里官员都夸奖过；知道他的书法好，绘画好，弄个条幅挂在墙上也挺有风范。无论是求字还是求文，都会有一些用不同形式表现出来的报酬——古人称润笔或笔资，银子铜钱算，鸡鸭果品也算。

吴锐老先生很开心，整天乐得颠颠的，当然不是为了钱财，而是因为老人家看到了自己的梦想在儿子身上实现的希望，看到了家族复兴重新走上业儒正道的光明。而让他意外、惊喜的事才刚刚开始。

有一天，有人送来了一封帖子，这使吴锐很意外，因为在他的交往范围里，帖子基本上没有意义，大家都是小本生意，用不着那么礼貌客气，有事招呼一声就是了。帖子是沈家送来的，邀请小承恩赴宴。沈家也是经商的，但他们是行商，就是搞长途贩运经营批发的大商人，家里有几条大船，从江南把货直接弄来，再辐射到淮安周边的县乡，是当地有名的殷实人家，与吴家这样说好听点叫坐贾，其实就是小坐地摊儿的杂货店不是同一回事，因此两家相距虽不远，有时也有点生意上的往来，但却谈不上交往。现在沈家送了帖子，吴锐奇怪，看热闹的街坊也奇怪，竟然都跟着来人拥进吴家的院子。原来沈家也有个与吴承恩年龄相仿名叫沈坤的孩子在读书，也是今年进的学，两个孩子在看榜的时候认识了，很投机，沈家主人卓亭公希望两个孩子走动走动，因此特意备了一张非常正规的请帖。

这位卓亭公，同样秉承河下文化的盛世心态，期待儿子能使家族由富裕而至尊贵，平时对儿子管束甚为严格，由门房开始就谢绝一切闲杂人等，只为保证儿子专心，但对小承恩网开一面，允许吴承恩在沈家自由出入。有一次货船落岸，卓亭公交代完了生意上的杂务回家，正好看到小承恩与沈坤都在书房，不由得兴致勃发，转身让人从食盒里拿出从江南甪直带来的叫花鸡和当时非常流行的金华酒，大声嚷嚷要陪两个青年小伙喝酒。两个小伙开始直是面面相觑，但沈坤很快明白父亲真是高兴了，于是也装模作样地拱拱手，说声："承邀承邀，先行谢过。"酒渐次饮多了，卓亭公兴致盎然地问吴承恩："汝忠，我这儿子，将来一定是公侯卿相，信不？"沈坤不好意思，红着脸阻止父亲，卓亭公却用更大的声音说，"有什么遮掩！汝忠又不是外人，你们将来还不一路走吗！"

又一天，有人在街上打听吴府，也是送帖子的，话说得更客气："宝应朱家凌溪公到了城里，落脚在秦大户家，有心来看看新生员吴汝忠，不知贵府能否赏脸？"这次吴家的脸上更有光彩了。凌溪公就是邻县宝应的前朝才子朱应登，朱家是周近百里有名的书香世家，朱应登比吴承恩大一个年辈，中过进士，曾任陕西提学副使、云南布政使参政，比知府又高了一级。此公不仅官位高，文章写得也好，当时称为才子，有相当高的声誉。他有个儿子叫朱曰藩，此时也在读书，也进了学，年龄较吴承恩略大。大约是为了给儿子寻找学伴，朱应登托人找到了吴家，表示愿意邀请承恩去宝应他们家读书，因为他们家以藏书丰富而在当地著称。巧的是，当时吴承恩已经有了个别号叫“射阳居士”，因为远古时期淮安以东有个大湖叫射阳湖，汉代时因此设了一个射阳郡，后来射阳郡虽然取消了，但文人好古，取别号往往用古地名，因此吴承恩便以射阳为号了。朱应登知道后，大笑不止，连说：“缘分、缘分！”原来朱曰藩的别号恰恰也与射阳湖有关，称“射陂”。一号射阳，一号射陂，二位少年的才名一时鹊起，算得上响彻周边，因此有“射湖之上，双璧竞爽”之说。

最让吴锐高兴的事，还得算儿子的婚事有了眉目。淮安大户中有一家姓叶，祖上叶淇做过弘治朝的户部尚书，也就是前面提到主持盐政改革的那一位。叶氏家族中有位小姐尚未婚配，因仰慕少年吴承恩的才名，叶家有意联姻。这在当时是典型的下嫁，因此当媒人上门，提到女方是叶家时，吴锐老先生几乎不敢相信。这位叶小姐是不是当年尚书的直系后裔，吴家没好意思问，但哪怕她是旁支，只要姓叶，就足够有面子了。这事认真地说起来，吴家当然乐意接受，而叶家也申明不讲究聘金彩礼，只要吴家象征性地表示就可以，有这样的态度，婚事当然就算顺得不能再顺了。

叶氏小姐有位族叔叫叶筌，比吴承恩只年长五六岁，身上有荫袭的职务但并不实际到任，只在社会上晃荡，典型的一位锦衣玉食的公子哥儿。他在乡里的名声不算太好，但与吴承恩似乎很有缘，很愿意拉着这位很秀气又很腼腆的侄女婿四处走动，在他说来这也是一种炫耀。

有天，他让人把吴承恩叫到茶楼，一本正经地说：“找件事给你干干，你可得给我长脸。”见吴承恩有点惊讶，接着说：“动笔的事，你别发怵。其他事还轮不到我找你办。”

“府衙西面的陈家高门楼知道不？那是你婶的娘家。老爷子马上就八十大寿，你好好地弄个贺辞。”怕承恩不明白，又说，“现在我们不是亲戚么？他是我的岳父大人，就是你的爷爷辈。到正日那天，你也去贺贺，我备一份寿礼，厚点；你呢，礼金就算了，把贺辞弄好，我们一起送去。什么诗词歌赋，我不管你，让老爷子高兴就行。”又叮咛一句，“老爷子号拙翁。”

后来吴承恩交出的贺辞是一首骚体诗歌《寿陈拙翁》，立意遣词拿捏得恰到好处，老寿星非常满意，让人挂在了堂屋。这是一种奖赏，少年吴承恩很有面子。

这位陈拙翁是淮安城内最大的富商之一，名望甚高，为他作贺的机会伴随着与叶氏的联姻而来，这意味着吴承恩此时已经可以凭借叶家的影响而在淮安城的上流社会里走动了。这年他十七岁。

朱曰藩、沈坤都成了吴承恩的终身好友。他们一起读书，一起享受少年才名，但后来却走了不同的人生道路。三十多岁时，朱曰藩、沈坤都中了进士，朱曰藩最后官至九江知府，应当是五品左右；沈坤殿试第一成了淮安历史上首位状元，官至南京国子监祭酒，品级还要高一些，已经跨入六部九卿高官的行列。当他们威风八面的时候，他们的那位童年学友，却还困顿于“泥途”中。他们和吴承恩在人生轨迹上形成的差异，非常值得仔细推敲，我们了解吴承恩，得以他们为映照。但这是后话。

非主流的才艺之病

还有很多事情让吴锐心情很愉快，因为儿子太有才了，前面说到的老先生在街坊邻居中地位的变化与此都有关系，老先生当然会觉得有了扬眉吐气的感觉。

这孩子是个文人胚子，小小年纪，就有了才子的气度，几乎没有他学不会的，比老子强多了。吴锐经常这么想。

吴承恩童年时的绘画天才前面已经有了介绍，陈文烛说他“弱冠以后，绝不落笔”，显然有点夸张，吴老夫子与挚友谈到心花怒放时，不也狂态勃发露了那么一手吗！我们迄今没有见到吴承恩的任何绘画作品，但从他的诗文中却可见到频繁的艺术活动和相当高的艺术修养。在吴承恩现存的诗文中，与绘画收藏鉴赏有直接关系的有十多篇，其中有题画诗如《画松》、《桃源图》、《二郎搜山图歌》、《海鹤蟠桃篇》等；也有题跋如《范宽溪山霁雪图跋》、《云湖画菊跋》、《石鼎联句图题词》等。比如在见到明前期著名画家李在的《二郎搜山图》以后，便写了一篇《二郎搜山图歌》，开篇就是一句疑问，说“李在唯闻画山水，不谓兼能貌神鬼”，强调李在最擅长的是山水，而在人物上稍微欠缺。他的这个评价是可以印证的，李在现在存世作品确实以山水居多。

其中《范宽溪山霁雪图跋》本身就为我们讲了一个精彩的故事。他说，朋友约他去看一幅新近得到的古画，当时主人十分兴奋，把卷轴捧出来时，特意对聚了一屋子的淮安名流卖了个关子——既不告诉大家画从何来，也不说出自谁手，只是一迭声地说：来看，来看！看了就知道！当卷轴慢慢打开，露出约有一尺的幅面时，吴承恩脱口而出：“此范宽《溪山霁雪图》也！”——画卷尚未完全展开，他已经道出作者与名称，十分自信。主人顿时呆住了，慢慢展开，视其题识，果然如此。范宽，北宋著名画家也，善于描绘云烟惨淡、风月阴霁的景色，以境界阔大雄莽著称，曾被稍晚的明代大家董其昌评为“宋画第一”，传世的《溪山行旅图》《关山雪渡图》《万里江山图》《雪景寒林图》《临流独坐图》等都是国宝级的藏品。惊讶过后，有人回过味来，扭头问吴承恩：

“你是怎么知道的？看过？”吴承恩不疾不徐地回答：“范公已是四百年前人，传世之作虽然难得过目，但论画评画的不在少数，只要仔细揣摩过前人之评语，得范公真趣又有何难！”而后，他受座中名流公推和主人的盛邀，为这幅画作一篇跋文，因为其中韵味实在不适宜用现代语文表述，所以我们还是引原文如下：

> 雪一也，而其景有三：故天同水玄，群木僵立，飘瞥林岫，归渔罢樵，索然而如闷者为初雪；林际深黯，山形模糊，桥彴藩篱，遮盖灭没，浑然而如睡者为密雪；山挥豁以呈露，水通融而怒流，楼观洞明，原野映带，欣然而如笑者为霁雪。若但见其皓然一白，即以雪景慨之，失真趣矣。

他说，天下的雪都是一样的，但雪景有不同，初雪、密雪、霁雪，各展其姿，能够区别出“索然而如闷者”“浑然而如睡者”“欣然而如笑者”各式不同的雪景，才得真趣。这样的见解在中国传统画评中算是非常到位的，后来吴承恩与江南才子文徵明父子等当时著名的画家过从甚密，应当也是以绘画、赏画为桥梁的。文徵明老爷子于嘉靖二十四年（1545）七十五岁时，忽然心血来潮画了一幅《兰花图》寄给吴承恩，并赠以诗，表示对吴承恩“千里思悠悠”。当时大家都弄不懂文老爷子哪根神经兴奋得过了头，要知道，文徵明较吴承恩要高一个年辈，吴承恩后来与文徵明之子文彭、文嘉相交，也还是一个小弟；文老爷子名声播遍大江南北，且以脾气怪倔著称，想要求一幅老爷子的字画，有钱没钱关系不大，但得看他老人家是否入眼顺气。老爷子为何与吴承恩有那种忘年的、异地的深情交往？说来简单，他看得上吴承恩这个小辈，但这其中如果没有艺术的共鸣为基础，反倒就有点奇怪了。

在《西游记》中，吴承恩的绘画修养也有痕迹，其笔涉书画均是行家口吻，显示出对绘画的理解与熟悉。第十四回，孙悟空下狠手鲁莽打死叫作眼见喜、耳听怒、鼻嗅爱、舌尝思、意见欲、身本忧的六个蟊贼，遭到唐僧的谴责，一气之下离开唐僧回家，途经东海时到龙宫游了一趟，也是散散心的意思。他在龙宫看到悬挂在那儿的一幅《圯桥进履》画，便问是何画意，龙王于是讲了汉代黄石公考验张良的故事，劝他别生一丝倨傲怠慢之心，只有保唐僧取得真经，方算是修成正果，脱离妖仙行列。这幅《圯桥进履》在这里是个道具，难得的是安置在情节里讲解切题，合适得体。第四十八回，唐僧师徒过通天河的时候，住在陈家庄陈澄的家中。当时外面漫天大雪，师徒四人在陈家堂屋取暖，这时书中说到陈家四壁挂了几幅名公古画，有《七贤过关》——说晋代阮籍嵇康竹林七贤的故事，《寒江钓雪》——说唐代柳宗元《江雪》诗意，《苏武餐毡》——说汉苏武被匈奴困于极北苦寒的故事，《折梅逢使》——写南北朝时陆凯《赠范晔》的诗意。这几幅画都是雪景，与故事里通天河上大雪飞舞的情景非常切题，似乎是不经意中涂抹的一笔，但细细考究起来，却有深厚的艺术内蕴，那些走江湖跑码头的说书人岂能有这等才情？

其次是善书，这不是简单的字写得好。旧时科举考试对书写的速度和形式有一定的要求，功力不够者也就是字写得太慢、太丑是摆不上台面的，很可能在第一关就被淘汰，输在了起跑线上，主考官会有兴趣有耐心去看你的蝌蚪文吗？因此应试者大多在书法上下过一定功夫，能写出颜、柳、欧、赵的模样都是比较普遍的现象。但吴承恩的书法已经远远超出了摹写的范围。清代淮安籍朴学家、曾参加过修撰地方志的吴玉搢在《山阳志遗》称“淮之工书者，嘉靖时则有吴射阳承恩”，已经将吴承恩的书法作为一个时代的代表来评价，绝非浪得虚名者所能充任。

《山阳志遗》的记载有多件实物可以印证：淮安的吴承恩故居现存吴承恩书写的两合墓志铭——为其父所撰《先府宾墓志铭》、为好友沈坤父母撰写的《赠翰院修撰儒林郎沈公合葬墓志铭》，撰文、篆盖、书丹上石，皆出自吴承恩一人之手；在长兴任职期间，也留下了当时县令归有光撰文、吴承恩手书的碑刻《圣井铭并叙》和《梦鼎堂记》。据行家所见，他的书法“取法于虞世南、欧阳询，上追二王，尤得力于虞体，并掺以黄山谷的笔意”；也有人说吴承恩的书法得力于米芾，又受王羲之的影响较深，融合了两家之长，创造了自己的书法风格。字体则有楷书、篆书、行楷、草书种种；形式除碑刻外，还有扇面、题跋等等。

吴承恩还是位围棋高手，善弈，能与当时的国手对局交往，也就是相当于今日可以与陈祖德、聂卫平、常昊之流过招。这绝非等闲可办的事，因为向来有“棋高一着，缩手缩脚”的民谚。在《射阳先生存稿》中，现在尚保存着两首围棋歌《围棋歌赠鲍景远》《后围棋歌赠小李》，非常生动地描写了棋手们相见手谈的热闹场面，其中“鲍景远”和“小李”都是有名可稽的一代国手。在《西游记》中，有若干处提到围棋，第一回孙悟空求仙访道在灵台方寸山遇见一个樵夫，其歌词中有“观棋柯烂”；第九回长安城外渔樵对话，樵夫诗中有“无事训儿开卷读，有时对客把棋围”；二十六回蓬莱岛福禄寿三星闲来无事，围棋消遣，福星、禄星对局，寿星作壁上观。第十回写唐太宗与魏徵对弈，引了一篇专门谈棋的《烂柯经》，这《烂柯经》实为宋代张靖所撰的《棋经十三篇》之第四《合战篇》，吴承恩在引用的过程中略有改动，这几处改动，既非笔误，也非文字调整，更非不懂博弈者所妄为，完全是围棋高手以心得为基础的修正。

最后就是善诗文。我们相信，吴承恩一定是位高产诗人，现存《射阳先生存稿》大约有三百余首（篇）诗词文赋曲，但这远不是全部，因为编订者已经明说是“庶几存十一于千百”，也就是能保留下来的只有十分之一二。在明末清初吴承恩过世后不算太久的时间里，当时的学者对吴承恩的诗文给了很不错的评价。天启《淮安府志》说：“吴承恩性敏而多慧，博极群书，为诗文下笔立成，清雅流丽，有秦少游之风。”陈文烛对吴承恩的评价，则可以简明地概括为一句话：从宋到明这三五百年间，吴承恩在淮安文人中位列第一。另一位在当时文坛具有领袖地位的诗人李维桢则表示：吴承恩的诗可以与唐人元稹、白居易相较，文可与宋人欧阳修、曾巩同行，至于作曲填词更是其特有长技。这些评价也许稍有夸张，但陈文烛、李维桢之流都是文坛的成名人物，面对前辈有点恭维可以理解，但不会把话说到无耻。《西游记》中雅俗不等的词曲、韵语和唱词、打油诗，五花八门的顶针诗、回文诗、数字诗、药名诗，也是佐证，哪一种都看似信手涂鸦其实大不易，非聪明绝顶者不能为。

把画涂抹到通神佳手，把棋下到国手一级，把诗作到无所不通，该要什么样的才情和训练才能做到？但是——

很可惜，这些才艺都是非主流的。这也许会引出一些不解，所谓的善画、善书、善弈、善诗文不都是旧式文人的随身长技吗？无此数技岂可妄称文人？然而我们更应当明白，这些同时也是闲技，对那些功成名就的文人，闲技才是值得夸耀的；而与科举比起来，这些所谓的随身长技都是可有可无甚至是可恶的，因为这些会消耗大量的时间，而且会使人变得狂放不羁，最终影响到科举的前程。明清的读书人其实分为两类：做名士的和做举业的。做名士的会琴棋书画，会吟诗作对，没事时可以弄条小船，随风飘荡到湖荡里，然后大家边饮酒边吟诗联句，甚至还可以叫几位歌姬助兴，看似风流倜傥，但骨子里这些人如果没有科举的成就支撑，他还是会被社会瞧不起，在某种意义上，做名士就是科举失败的代名词，会被当作败家子、子弟戒，写《儒林外史》的吴敬梓本人就受过这种待遇。而做举业的也就是将全部精力放在科举上的人，取得功名才算走上人生正途。那位中举后高兴得发疯的范进，虽然不懂风流二字为何物，甚至连苏东坡是何许人都不明白，却能一路升官做到管一省教育的督学。这看似笑话，但却就是社会的主流意识。这种社会意识当然不是清代才出现，而是从宋代开始就伴随着科举制度的成熟而渐渐渗入了社会的精髓，成为一种为所有人共同认可的社会意识。

对于吴承恩来说，由于还没能在科举上有所建树，所以这些琴棋书画都是非主流的、另类的才艺，甚至是祸害。我们从《西游记》艺术因素构成的角度去欣赏，没有这些林林总总的才艺，没有这些漫无边际的杂货，哪会有神奇浪漫的《西游记》？但对于这些带给吴家生活以及对吴承恩个人未来命运的影响，显然得谨慎思考以后再做评价。

银杏树下的净发店

吴锐老先生为儿子创造了习学才艺的条件，但老先生也有点疏忽，他没有预见到儿子有可能走一条“聪明反被聪明误”的道路，从后来吴承恩悲剧命运的酿成来看，老先生有不可推卸的责任。此为后话。

到目前为止，我们称吴承恩为少年才子，完全没有超出传统概念，主要的衡量标准也就是书读得好，制义八股做得好。但其实他身上的非主流的才艺，对他后来前途的影响似乎更大，而且用传统观念衡量，由他个人的前途考虑，这些影响都是负面的。另类才艺之尤，则是吴承恩对稗官野史、奇闻杂说的喜爱，从社会主流意识的角度去看，这是吴承恩最不能被原谅的膏肓之病。前面说过，我们不知道吴承恩的那些才艺来自何处，因为我们没有找到他拜师学艺的记录；而如果要追寻他对稗官野史、奇闻杂说的喜爱，就更难，因为这些更不可能有文字的明确记录。只有一个办法，还原吴承恩生活的环境。

尽管少小吴承恩有时候会打扮成一本正经的读书郎，但那只是因为会客或者应考，大部分时间他就是一个街巷里的小皮猴，只不过稍微自爱一点，文气一点，不那么邋遢罢了。从学堂散学之后，他就会在自家的小店里晃荡，说是帮父亲照料生意，其实也就是在柜台后面转悠几圈，然后趁人不备，就消失在大银杏树后面。

银杏树在打铜巷口吴家小店的斜对面，树下总是有人，做生意看闲的都有。打铜巷的住户原本都是些手艺人，后来渐渐有了吴家这样地位稍微高一点的生意人，但大体说来，周边仍然以市井草根为多——如果出入这条小巷的都是穿长衫摇扇子的，那还叫什么打铜巷？打铜是手艺，做考究的餐具酒壶，做家具的包角挂件，做船用的铆钉榫扣，又脏又累，只比号称世上最苦的打铁行当略微轻松一些。古今通例，市井小民都爱扎堆，因此到处都有嘈杂的公共场所——其实官员、商贾、文人也扎堆，不过他们扎堆叫小聚，叫幸会，他们小聚幸会的地点在茶馆酒楼，所以不那么扎眼，小百姓都聚在街头巷尾那些不用花钱又能站住人的地方，也不讲究那些繁文缛节，看起来就有点嘈杂粗俗。

打铜巷口符合聚集人气的一切条件，靠近巷口有一口古井，井栏上已经被绳索拉出一道又一道深深的槽沟，就如老人脸上的皱纹，虽说那是女人们儿居多的地方，但收工回来冲个凉洗个脚顺便打情骂俏争取受点精神虐待的爷们儿也不少。吴家小店对面，出巷口的街面上有座废圮的三官殿，已经没了多少香火，但大殿还在，有几位上了年纪的老道长守着。殿门口有两棵大树，一棵洋槐，有合抱粗，另一棵是银杏，更大，原来被圈在院子里，现在院墙废得只剩尺把高的断垣，也就无所谓墙里墙外了，大树下自然就成了一座那个时代的街心广场，断垣无形中也就成了各种小贩的摊位。

面对三官殿，吴家小店在生意上自是沾光不少，吴锐老爷子也喜欢搬张藤椅在树下纳凉或者晒太阳。老爷子在周边算是读书识字的人，自然就有众星捧月的待遇，只要他老人家有兴趣开讲，不管是伍子胥还是岳武穆，都少不了听众，最可靠的听众是三官殿的老道长，场场不缺，有时还会插上一两句；尤其多的是与小承恩年岁相仿的伢子，一式的葫芦头，他们背后称吴锐叫老痴子，但当面不敢，因为他们要听故事，其实挺崇拜这老爷子。吴承恩并不经常出现在这群人里，他对老爷子的陈谷子烂芝麻不感兴趣。也是，那些事他不知道听过了多少遍。他更经常出入的是东边银杏树更东边一点的班家净发行。在他看来，班家的位置十分理想，由于银杏树的遮挡，他的行踪可以认为不在老父亲的视线之内；但距离又不太远，如果老爷子真的想找，吼一声他也能听见。

净发行就是今天的理发店。古人信奉“身体发肤，受之父母，不可毁伤”的旧训，通常都留发留须，但虽然不如今日一般经常大修大剪，清洗整理却还是要的，通常包括洗头、篦头、剪头、盘头等环节，统称理发或者净发，至于俗称剃头匠，那是清代以后的事。一般的净发匠，也是个很辛苦的行当，通常就是一副挑子，前头是一个木箱，放点简单的工具，有生意时充当客人的板凳；后头是炭火炉子和一只铜盆，也就算随身自带热水，走街串巷，沐风栉雨。只有技艺很好弄出点名堂的师傅，才可以有固定的门脸，让客人自己找上门来，这样的店称净发行。班家属于后者，门口常常会加放几张小茶几，那是让等候的客人弄壶茶落脚的地方；门口的银杏树上挂了一串又一串的皂角，那是从乡下收购来的，所有的净发匠都会收购皂角，那东西用水一泡，就是洗发精，班家门口的皂角特别多，这是业务兴旺的象征，叮里咣当简直就是班家的招牌。

老班是当地有名的净发师傅，三个儿子，有两个跟随在身边，一起撑起这个净发行的门脸。班家招人聚气，是因为他家的手艺与别人确实有点不同，洗头、盘头、掏耳朵这些常见活计都能做得更出彩，比如在洗头的水里会兑上点百部、半夏，杀虫去虱；盘头时也会在发髻的包巾上来点花样，光鲜时尚；掏耳朵更是把你弄得龇牙咧嘴，彻骨地爽；绝活则是捶背推拿，肩背有点不舒服比如落枕脱臼什么的，经老班师傅噼里啪啦一阵有节奏的敲打，立马就嘛事都没了，这就比那些走街串巷的净发师傅要高明了。还有个原因也不可忽视，那就是老班师傅这个人。老班身形干瘦，脸色枯黄，一点不起眼，但很利索，说话利索，穿着利索，干事也极利索，而且浑身故事。据说他是行医世家的底子，家道原本殷实，后来上一辈有意在名医之外再弄个名宦，于是安排聪明机灵的老班读书求仕，结果老班求学无成，倒把文人所有的坏习惯都学上了，借口广交游，在江南混了七八个年头，把分在他名下的家产都败光了，最后落魄回乡，只带回了一名跟他从良的妓女老婆。既然回家了，就要谋生，老班此时似乎也有点醒迷了，夫妻一商量，从前的妓女懂点美容化妆的技巧，老班也耳濡目染学了点医家的皮毛，治病救人做不到，疏筋通骨也还能凑合，于是就入了净发行。由于老班读过书，又走南闯北见过世面，肚里货色杂，扯哪条他都能顺杆子应上，所以不管经商的，读书的，还是衙门里的那些爷，隔三差五都会来这里坐坐，无非是觉得班家理发高端大气上档次，愿意来凑个热闹。有时还有人专门寻来，宁愿等，等候的时候就让老道士拿出棋盘弄一局。

老班的小儿子叫宝荣，比吴承恩要大一些，也读过两年书，与吴承恩算是曾经的同学，但现在已经不是了。他跟老班学艺多年，手上功夫其实也很不错了，但没有几个有身份的会让一个孩子摆弄脑袋，所以他更多的还是打下手，烧水、端茶，或者篦头、打镜子。清理完了，他还负责把客人的头发胡须用毛边纸小袋袋包起来，让客人带回去自行处理。这孩子传他老子的代，嘴上一份，手上一份，五花八门，七十二个郎当，什么都会，只要是话题，似乎他都能插一嘴；而客人说的讲的，转眼就会被他贩出来，还多了一份指手画脚，眉飞色舞。因此他是周边街区孩子们公认的头领，往往大槐树下老班、吴锐和老道士们一拨人拉呱，银杏树下就是宝荣为首的一伙小孩。

吴承恩溜进班家，并不和忙活的宝荣打招呼，也不在店堂逗留，而是直奔后面披间宝荣的卧室。他会转身关上门，然后从那狗窝一样的床席下面摸出发黄卷边的什么话本、唱本，这是宝荣看在同学份儿上给他的特权，他把吴承恩视为知己，班家人都知道，也不过问。这黑咕隆咚的小屋在吴承恩眼里简直就是天堂，宝荣不知哪来这许多的牛黄狗宝，春秋战国、隋唐英雄、宣和遗事，还有天下三分，都有。既然进来，那就不走了，他会趴在小窗户上静静地待上一两个时辰，往往都是吴锐让伙计来找才把他拎出去。

在这个小黑屋里，吴承恩还真是度过了许多宁静的幸福时光，许多关于童年的记忆也都开始于这里。

记得那年秋天淮河起汛，河下镇北面的古淮河决口，形成大片的水患，河下地势高，并未进水，但惊吓总是有的。事后有人说在河里看见了龙，老班嘿嘿一笑："哪来的龙呢，那是无支祁，是猴！"他手皮下的客人抬杠，说："自古只有龙戏水，哪见猴子作怪的？"那老班兴奋地在客人肩上拍了一巴掌，说："嘿！你还不服气？好，今天就让你长个见识。宝荣，把《太平广记》拿来！"然后就一页一页地找，找到《李汤》，直戳到客人的眼前，"看看，看看！这不是？"一时大人小孩都很惊讶，河里还有猴子?！吴承恩当时也就大约十岁，听了故事直觉得不可思议，他让宝荣悄悄把那本《太平广记》拿出来，自己仔细查过，没错，书上说淮河的水怪无支祁就是一只大青猴，还是古代圣贤大禹降服后锁在这里的，说的有根有源，比老班的故事更过瘾。这是他第一次知道有这么一本奇怪的《太平广记》，也是第一次知道了自己住的这座镇子还和猴子精魅有关系。

还有一次，吴承恩在街上的书坊里看到了一套崭新的《水浒传》，一百二十回二十四卷，摆在书架上，厚厚的两函。老板逗他："这可是真正的好书哦，《武都头》看过吧？《花和尚》看过吧？都在这里。还有《宋公明》《石头孙立》，你没看过的，也在这里，找你家老痴掏银子吧。"吴承恩翻了翻，确实如此，可比那些小话本精彩多了，但书价不菲，他只有咽口水的份儿。但过了几天，宝荣神秘兮兮地，套在他耳朵上悄悄地叫他去屋里看看，进屋他就赫然见到一册《水浒传》躺在了宝荣的床上。后来他就在这小屋里看完了《水浒传》。虽然只能在这屋里不能带走，只能一本一本地轮换看，有时还前一本后一本地错开弄得前言不搭后语，但那些都计较不得了。

直到中秀才成为正式的生员，吴承恩才与这大银杏树下班家净发行里的小书屋告别。有了身份，自己并未觉得有什么特别，但别人不那么看，吴锐老先生看管得更紧，宝荣他们似乎也变得拘谨起来。既然大家都不方便，那不去也罢，但这段时光留给吴承恩的记忆，却难以抹去。

第三章 落拓举业

一切不合逻辑的现象都必然有合理的原因。显然，吴承恩身上出了点问题，一定有一只无形之手冥冥中操纵着他的命运。

对于旧时的读书人来说，“英敏博洽”“山河所钟”之类的美誉并不实在，真正决定命运的还是科举。只要你选择了以儒为业，就免不了要以一场又一场残酷的考试为敲门砖，去砸开通往未来宦途的命运之门。哪天有一匹快马“嘚儿”“嘚儿”地跑来，到你家门口长嘶一声停下，然后马上的衙役大喊一声“贵府老爷高中”，那时你的命运才有转折。

有些人成功了，登科及第，在朝则出将入相，称重臣；在野则衣锦还乡，称缙绅。而更多的人尽管须发皆白，却还得佝偻身躯，委琐地在考棚里挣扎。真的到了挣挫不得的那一天，才会仰天大叫一声：罢了！然后蹒跚而去，再设法寻一份书记或坐馆之类的生计糊口。

吴承恩属于后者，是一个失败的读书人。但他与科举的感情纠葛，却要比一般人复杂得多，他的科举失败，并非所谓的才智低下读书无成，也没有明确的理由归结于考官品德水平低劣，其原因，可用十个字概括：受天赋所累，为文学所困。

初入考场

吴承恩进的是府学，府学门口的红榜一公布，这事就算定了。进学以后，吴承恩就可以正式着儒生的穿戴了，通常说来都是着一身灰色或者藏青的竹布长衫，头顶扎一抹方巾。这身装束不如锦袍炫目，但显得儒雅富贵，自有一番风标，所以孔乙已已经落拓到地，却打死也不肯脱去长衫。有个故事说，某位成衣匠做衣服总是很合体，名声极好。有人问他有何诀窍，他说其实也很简单：“我只要问一下客人的年龄和他进学中举的时间。少年得志或者刚刚升迁的，就得把前襟做长点，因为他会昂首挺胸；那一把年纪还穿长衫的，就得把后襟加点尺寸，因为他一定不敢抬头做人。”这几句算是把读书人的人生百态吃得透透。

现在，吴承恩经常要去城里的府学，听取学正、教谕的教诲指导。河下进淮城有车有船，车船都是专门的交通工具，还算干净宽敞，力资也就不多的几文。一般说来，他喜欢坐船，小船要经过萧湖，贴着那些富户自家的园林码头穿行，自然可以观赏观赏；即使是风雨天气，也可以在船舱里安安静静地把功课温习一下，回忆一下准备向老师提出的问题。

去府学要经过淮安城里最壮观的建筑——漕运总督部院，这个最大的衙门端端正正占据在淮城中心，南北东西四条大街就从这里伸展出去；府衙就在漕运部院背后的北门大街上，是一个大大的院落，正堂高大巍峨，正与漕运衙门呼应。但这两处地方并不热闹，因为进出的都是官轿，虽然有兵丁有衙役，有时还鸣锣开道，过去也就过去了，没有熙熙攘攘的百姓，怎么可能热闹？吴承恩从不在这里逗留，这个年龄的他，只关心两件事，一是热闹，二是学业，这里暂时还不是他的舞台。

他要去的府学坐落在南门大街上，也是一个不小的院子，这算是旧时朝廷在府县设置的又一个正式机关，一般府县比它再大的单位恐怕是找不到了。这似乎很能显示儒学的地位，而这地位形成的基础，就是这里每过三年就会走出一批未来前途难以限量的准官员。

府县儒学的建筑有一定的布局和规格，依礼而建。所谓的礼，就是规矩。儒学的门前，一定会有一座水池，称泮池。据说古代礼制规定，国家建设的学校，叫太学，其中有一座四面环水的学宫，叫辟雍；而诸侯开办的学校，就只能南面临水，叫泮宫。天下读书人的至圣先师孔夫子曾经被封为文宣王，享受诸侯的待遇，所以后世的儒学不管是在县还是在府，都得在正门外设一座泮池，大小因地制宜讲究不得，但一定要有。每当举行祭祀大典的时候，生员们要从泮池里捞一些野芹菜挂在头上做装饰，表示自己是儒学的读书人，对自己意见表示谦虚的“野芹之献”就典出于此。

儒学的前厅往往是祭奠至圣先师孔夫子的殿堂，往后走则是吴承恩这类生员们读书的场所。儒学并不要求学生每天到校，生员只是定期集中，或者听取学正例行公事般的训示，或者由府县官员莅临讲学，更多的是教谕带领生员们自行切磋，大约也就像讨论会一样。这里的条件显然比私塾或者家学要好多了，不仅仅是生活环境，更重要的是学业的条件。

儒学的官员承担着对生员的指导责任。但通常并不能有很多深刻的指导，他们大多数是获得相当于举人身份的贡生或者监生，有的甚至像吴承恩祖上一样只是个纳捐的例贡，某种意义上说，他们本身就是科举的失败者，因此他们只是做一些刻板例行的管理事务。倒是府县父母官如果真的关心地方的长远利益，就会开办一些具有民办性质的书院，在比较自由开放的氛围里与生员探讨一些治理国家的理论问题，以开阔视野拓展心胸；或者还会重点关注一些有潜力的生员加以培养。这些父母官自身一般都有进士功名，有过比较成功的科场经历且将来还有较大的发展空间，因此视野也较那些儒学的老学究们开阔。吴承恩入儒学后，正逢先后两任知府创龙溪书院并亲自讲课，因此可以说在这个阶段他才真正受到了政治的、哲学的启蒙。

乡试是省一级的科举考试，叫乡闱；因考期在秋季八月，故又称秋闱；由于放榜之时，正值桂花飘香，通常又美称桂榜。乡试中式的称举人，中举即有了做官实仕或者进一步深造的资格。

对于业儒的士子，乡试是至为重要的一关。他们中的绝大多数，终极目标都是参加京城的会试，但首先需要认真准备过乡试这一关；因为只要有举人的功名在身，以后不管是否能撞上大运，毕竟成败已经没有了那么大的压力，名落孙山的，也可以在吏部选个小官小吏糊口，即使家境优裕不在乎那一点俸禄，那么此时也可以算是一位乡绅了。所以这是一个进则腾身龙门，退则衣食无忧的人生关口。这太像今日的高考了，每一个考生都得全力以赴，每一次都是机会，每一次都有期待——科举是所有选择业儒者的不归路，一旦踏上，只有继续走下去，直到跳过龙门或者跌得遍体鳞伤。吴承恩亦然。乡试每三年举办一次，从十七岁进学开始，到四十五岁宣布放弃为止，吴承恩的这一生理论上有九次参加乡试的机会，据考查他实际上参加了大约六次或者七次。这已经是很高的频率了，因此府县学参加乡试是限额的，儒学的官员在上一年的年底要结合诸生的岁考进行选拔，而且要由省里来的督学使者主持。对这样的考试，吴承恩的通过率较高，一方面是驾轻就熟，另一方面，少年新锐的名气也有作用，聪明的督学和学正对有更大希望的年轻人往往暗中照顾。但很可惜，这六七次机会，他都没有抓住。

嘉靖四年（1525），吴承恩二十岁，这一年是乡试之年，吴承恩参加了。老父吴锐早早就张罗为儿子寻找一路同伴。这其实是典型的瞎操心，儿子对学中哪些人会一路同行比老父亲知道得更清楚。吴承恩也很兴奋，自进学以来加倍用功，期冀一举成名——试想，十六岁进学在本府已经引起轰动，如果再来个二十岁中举会出现什么场面？年轻人内心充满憧憬，尽管他也知道梦想并不会每次都能成真，但是那种冲动是压制不了的。还让他比较高兴的是，沈坤也取得了参加乡试的资格，这次将与他同场竞技，小兄弟们攒足了劲，要在贡院里一较高低。听说朱曰藩也会到场，那更好！

乡试规定在八月初举行，但一般应试的生员都要早做准备，吴承恩他们淮安这一帮老老少少的应试者，提前一个多月就选吉日搭船出发了。但是有个小小的波折。原定出发的那天刮起了狂风，而且是顶头风，启程的时间只能推迟。吴锐认为是不祥之兆，但他把隐隐的不安压在了内心。

到了南京，安顿下来之后，大家一起去考试地点应天贡院绕圈子看了看算是熟悉环境，这对于吴承恩一类的新手尤其显得迫切。贡院的大门紧闭，那是进不去的，考生们聚在门外也只是听听那些自称前辈的考生指着围墙说说而已，不时也会有人掏点银子与门子套套近乎，听几句不咸不淡的介绍，诸如上一科哪个号的考生如何如何幸运高中、次年春闱如何如何连捷等等。然后就是大家分头拜访贤达或者走亲访友，大体上也还是围绕考试活动活动，看是否有关节可通，哪怕有一点关于考官兴趣爱好的消息也好。

虽说吴承恩在府学已经经历了若干场大大小小的考试，但还是被贡院的气势镇住了。应天贡院距离秦淮河很近，而且是靠近秦淮河最为繁华的那一段，从贡院门前的泮池稍稍向前一点，沿河的楼台就都挂满了各式彩灯和招子，不用问，那就是令人向往垂涎的秦淮风月，灯光桨影中，清歌飘忽不定，如画的美人不仅在两岸的酒楼里若隐若现，而且会坐在花船里从身边一掠而过。笙歌艳舞与贡院如此相生相伴，真的令许多考生大开眼界，他们仿佛都在那一刹那有了一种醍醐灌顶般的醒悟：只要跨过那道门槛，自己就会成为风花雪月的故事。

在稍微偏僻的街巷里，则是一座又一座的旅舍，条件稍显简陋，门帘上幌子也不那么鲜艳，但走进去倒是更为温馨自如，不仅当门厅堂备下笔墨纸砚，墙上又刷了那么多白壁，与书房相差也就不多了，如果哪位客官有兴致，人可以一展诗才，而且可以酣畅淋漓地用大号狼毫挥洒在墙上。如果客人欣赏，主人乐意，这些大作都可以很长期地保留；当然，更多的是很快就被铲掉，然后重新刷上石灰。起初吴承恩还真是感慨大都市民风的不一样，连个小旅舍都有墨香，待到后来黑压压的一大群考生，迅速把这些小旅舍挤满，吴承恩才弄明白，原来他们落脚的旅舍都是专为考生服务的，他回忆进店时大赞帝京文明开化的情景，不禁暗中觉得惭愧。各地考生陆续进住后，或灯下苦思，或高谈阔论，也让他觉得十分有趣。

闲暇时光，尤其是晚上掌灯之后，很多考生都会到那些著名的青楼“嫣红楼”“桃叶轩”门口去转转，一来欣赏一下什么叫灯火优奚，二来探究一下帝都的妹子究竟比自己家乡的那些挂牌姑娘高明在何处。当然，真正有胆量有底气跨上大红灯笼底下高高台阶的人不多，布衣的书生不过在门口晃荡晃荡看看而已，偶尔有人怂恿同伙闯关，或者有人放出大言比如三场连捷就把她娶回去之类，都会引起一阵大笑。

吴承恩也随同伴把秦淮河附近逛了个遍，这无伤大雅。更让他感兴趣的是夫子庙门前的庙会，除了各式跑马卖解的杂耍之外，书坊也是出奇的多，家家相连，所售大多与科场有关，比如《朱子集注》之类的教材和《科举必备》《墨程文选》之类的参考书工具书，甚至还堂而皇之陈列着专供考生夹带的小抄，整本书比巴掌心还小一圈，但十三经齐全，至于如何带进考场，那就看考生个人的本领和造化了，有人将小抄裱糊在鞋底的夹层里，有人缝在帽子的边沿里，鲜有成功者但毕竟还是有，因此就形成了一个专卖小抄的市场。还有众多的书场茶社，说唱名目之繁多，远非河下码头的那些先生们可比，除了传统的宝卷、弹词之外，还有正经的说书家数比如“讲史”“烟粉”“杠棒”等等。他甚至还夹在人群中听了几场《忠义传》，故事其实出自《大宋宣和遗事》，又叫《水浒传》，说梁山宋江三十六人的故事，这书他在班宝荣的小屋里看过。但读书与听讲的韵味不同，他听的那几场，正说到行者武松景阳冈打虎，说书人绘声绘色，不仅把武松的魁梧、英武、刚毅描绘得栩栩如生，单就模仿武松小酒店里十八碗入口痛痛快快的一声大喝，即使得全场嗡嗡，如临其境如闻其声。其中讲到武松拄着哨棒上山，遇见猛虎的那一场，客人一落座，说书人就接前场故事道：“端的是好大一只猛虎，长啸一声，屁股往后一捺，前爪伏地。只见好汉武松‘啊呀’一声，举起哨棒——”但这棒就是迟迟不能落下，那说书人扭头往这边说武松，内心如何惊讶，如何胆怯，如何后悔，如何无奈；又扭头往那边，说猛虎如何奇怪，如何恼火，如何藐视，如何蓄势，絮絮叨叨，绘声绘色。一个时辰后散场，武二爷的哨棒还没有落下，那老虎也耐心地等在一边没有吼一声扑上前来，最后说书人俏皮的一声“欲知后事如何，请且听下回分解”，免不了引来一阵哄笑。走出书场，吴承恩不禁又是莞尔一笑，如此这般，再听下去已是不太可能了，虽然喜爱，时间上他可陪不起。

在这里第一次看到了《大唐三藏取经诗话》，他觉得有兴趣。在河下大码头他看过《西游记平话》，勾栏瓦肆里也有专门的场子。说的是唐僧取经的故事，他特别喜欢，那翻江倒海的孙猴甚至是他的偶像，冥想时他总是期待能像孙猴那样随心所欲，能做一回弼马温不也挺有意思吗？现在手头的这本《大唐三藏取经诗话》并不精彩，文字稀疏几乎不能成篇，但显然古拙得多，据书店老板介绍，这书是根据南宋临安著名书坊中瓦子张家的旧本翻刻的，张家的原本据说又得之唐五代的寺院，乃是寺院的俗讲。这让吴承恩特别感兴趣，大唐法师玄奘赴印度求学取经确为史实，记述此事的《西域记》和《慈恩传》向来被视为正史，但不知何时何故竟然演绎成神魔妖怪之说，弄得天下汹汹妇孺皆知，看来这本取经诗话里有点线索，他得看看。

八月初九考试的日子很快就在嘈杂的等待中到来。贡院入场的搜检，则让他陡觉气氛的紧张。开考那天，天未亮一众考生就到了贡院大门外，先是验明正身，然后脱衣搜检。搜检是为了防止夹带，府学也要过此一关，但贡院搜检的严格真是出乎意料，不仅外罩要脱尽只剩小衣，甚至发髻也要解开。搜检的士兵毫无顾忌，动辄呵斥，直让人有一股受屈辱后的冲动。

进入考场面对的就是黑压压一片数千个考棚，层层排列组成无数狭窄的难以分辨的小巷，每个考生都要在这些小巷中寻找到属于自己的考棚。考棚由竹篱笆分隔，每间也就大约三五尺见方，所谓桌椅及文房用品，都是零落粗粝之物，其中种种不便，全在意料之外，甚至比前辈生员的提醒更为触目惊心。

好在他还年轻，耳聪目明，不至于看错题听错指令，总算顺利写满了考卷。发榜的那天，他随着一波一波的人流挤到号板前，但始终没有找到自己的大名。他落榜了。

面纱背后

嘉靖七年（1528），吴承恩再次赴考，这次是与朱曰藩同行——在去南京之前，随朱曰藩去了一趟苏州。朱曰藩长吴承恩五岁。二人自相交以来，十分投合，朱曰藩完全以手足情感对待吴承恩，而吴承恩也发自内心地把朱曰藩看作兄长。凌溪先生朱应登两年多前已经去世，老先生用自己宦途与文坛上多年积累的人脉，已经为朱曰藩走入社交圈提供了诸多方便，其中包括安排朱曰藩跟随当时号称“江南才子”的著名书法家王宠学书，此次苏州之行，就是朱曰藩在完成守制后去拜访他的老师王宠。由于尽孝，朱曰藩未能参加今年的选拔，乡试就不用参加了，但拜访老师倒确实是除孝之后最应当做的一件事。为了让小兄弟见见世面，朱曰藩的船捎上了吴承恩。

王宠（1494—1533），号雅宜，苏州吴县人，工篆刻，善山水，尤其擅长书法，当时虽然年仅三十余岁，但已经名噪一时，所以朱应登在世时，以隆重的仪式让朱曰藩拜在了他的门下。师生见面，免不了为朱应登英年早逝唏嘘一番，然后就是谈说技艺。他们说话之间，吴承恩一直安坐一旁聆听，只是偶尔对在座的宾客一笑。王宠对这位随行的青年书生看得很顺眼，于是随手写了一幅字送给了这二十出头的小朋友；吴承恩很谦恭地接了过来，然后走到书案前提笔赋诗一首答谢。王宠的书法作品今天已经不知去向，但吴承恩的诗保存了下来，这首题为《赠雅宜王丈》的诗说：

仙子乘凤车，飘然下庭除。

吐气若芳兰，流光比神珠。
殷勤启玉检，授我三缄书。
丹绨绣绿字，宛宛龙盘纡。
读之苦茫然，但惊辞旨殊。
经营动精魄，无由报区区。
永言宝中笥，感激当何如！

先是把王宠恭维一番，说他仙风道骨，吐气若兰，送给自己的狂草如腾龙盘纡，然后表示惊叹，称虽然一时不能领会辞旨，但一定宝笥收藏，永为珍宝。这番话不仅文采飞扬，而且用意得体，比喻恰当，健康阳光，把王宠高兴得直呼“岂敢、岂敢”。

会见时在座的还有一位名气更大的苏州名人，就是与唐伯虎、祝枝山、徐祯卿并称“江南四大才子”，与唐伯虎、沈周、仇英并称“明四家”的文徵明。文徵明（1470—1559），因其号而世称文衡山，当时年近六十，是久已成名的人物。除了以诗书画著名之外，文徵明还以脾气怪出名——所谓的怪，就是耿直率真，不苟权贵。这非常不符合科举文章的要求，因为科举的硬性规定就是代圣人立言，不能有自己的意见表达，他这样的狂人如何做得到？所以这位老先生在江湖声名极大，但科举却极其不顺，三十年间的乡试一次不落连考十场，但始终未能中得一名举人，最后连官府都觉得有点看不下去了，在他五十四岁时让他以岁贡生的名义出任翰林院待诏。翰林院待诏是个荣誉性很强的闲职，只用以安置身怀绝技且有名声的文人名人，但就是这个位置，文徵明也只待了三年，然后就拂袖而归，在家乡青山翠水的石湖畔安了家。

长髯飘飘、清癯而矍铄的文徵明当年刚从翰林院待诏的任上归来。他与王宠有极好的私人关系，所以王宠师生见面时，他也在座。他觉得朱曰藩太过老成持重，只是一个仕途中人而已，他倒是对吴承恩十分感兴趣，看出这个年轻人机敏过人，学识驳杂，在谦恭中其实暗藏些许狂放。他见王宠很高兴，便站起来说："我也为老弟助一场雅兴。今天云头似乎有点太重，未必有好月色，就算了，明天老夫邀你们游一趟石湖如何？"

石湖就是文徵明隐居的地方，不大，但很清幽，风光极好，老爷子邀请游湖，当然是难得的机会。第二天晚上，月白风清，天还没黑透，文徵明安排的一只小游船便由码头轻轻漾出。船上安排了苏州著名的船菜和当地的桃花庵陈酿，气氛较之昨日轻松得多——当然是对二位年轻人而言。酒酣耳热之际，座中有人持箫起歌，文徵明即兴填了一阕《风入松》词，而渐失矜持的吴承恩沉思片刻，随即用原词牌步韵和了一阕。朱曰藩本以为此举未免有些张扬，谁知文徵明大笑不已，原来词中有一句"狂杀老东坡"，暗中配合有客吹箫，正合苏轼当年作《前赤壁赋》的旧典意境，把文徵明比作苏轼，而且还戏用了一个"狂"字。王宠接过去看了，也称赞极好：说和词意境极好，紧贴原作、原景、原韵；典故用得极好，切题；词的文字又极好，入韵，风雅幽默而顿生野趣。这个"狂"字，正是文徵明性格的真切写照，也是他最喜欢的评价。这两阕词无论情趣、意境还是文采都堪称精品。以下我们录来欣赏：

> 轻风骤雨卷新荷，湖上晚凉多。行春桥外山如画，缘山去，十里松萝。满眼绿阴芳草，无边白鸟沧波。　　夕阳还听竹枝歌，天远奈愁何？渔舟隐映垂杨渡，都无系，来往如梭。为问玉堂金马，何如短棹轻蓑。
>
> （文徵明《石湖闲泛·调风入松》）

洞箫一曲倚声歌，狂杀老东坡。画船占断湖心月，杯中绿，先酌嫦娥。试问沧州宝镜，何如鸩鹊金波。　　笔端万象困搜罗，无奈此翁何？玉堂回首惊残梦，无心记，往日南柯。想见年来江上，桃花乱点渔蓑。

（吴承恩《风入松·和文衡山石湖夜泛》）

词自然值得欣赏，但在欣赏之外，我们还得注意一个隐蔽在背后的问题，就是吴承恩与文徵明性格的契合。实际上，在吴承恩苦读的进程中，我们看到的是若干次重复的神童佳话，是千篇一律的聪慧少年，但其实只有在性格的自由碰撞中，我们才能窥测到一个人的真实秉性，这次相见和这阕词，实际上是吴承恩初显真面目的一次契机，让我们在羞涩、乖巧的面纱背后，看到了一丝这位年轻人对于人格自由的追求以及文学的敏锐和幽默。

前面说过，若干年后，七十五岁的文徵明忽然心血来潮，画了一幅他最擅长的，通常也象征高洁品格的兰花寄给吴承恩；而吴承恩后来与文家两位公子文嘉、文彭及文徵明的学生何良俊等相处甚洽，都并非无因。

命中克星

嘉靖七年（1528）的乡试又以失败告终。落榜毫不奇怪，甚至是业儒者的必经之劫，即使是幸运者，没有三五次落榜的磨难，大概也无法走完这条漫长而艰难的人生旅途。处理落榜的办法也只有一个：继续苦读。

无论古今，家长谆谆教导孩子时都会说几句“吃得苦中苦”“十年寒窗苦”之类的训勉。读书其实很苦，所谓“头悬梁，锥刺股”并不罕见，而且伴随了相当大的精神压力，在一些戏曲、唱本中会看到穷酸的书生、有钱的才子都很有闲，或狂傲，或放荡，或偷春，或拈酸，似乎学中读书是一种很愉快的生活。比如江南一带流行风流才子唐伯虎的故事，说他一表人才，行为倜傥，痴情多爱，不仅挥金如土，且身边美女如云，甚至还潜入相府，把老妇人身边一个叫秋香的贴身丫环也勾引了出来。其实那是非常文学化、世俗化的描写，查查唐伯虎的真实身世，恐怕孤独、抑郁、失意、落拓的日子更多些。

考试也很难，而且充满了未知的意外和不可预见的不公，但很少有人知道究竟难到何种程度。据一份资料介绍：明清时期，童生考取生员也就是成为秀才的通过率，不会超过百分之二；秀才考取举人的通过率不会超过百分之五，举人考取进士的也不会超过百分之五。按照这个比例推算，即每两万名童生才可能考出四百名秀才；才可能考出二十名举人；才可能考出一名进士。除了吴承恩之外，中国文学史上很多名垂青史的人物，如汤显祖、归有光、吴敬梓、蒲松龄等等，包括前面提到的文徵明、王宠和后面将要出场的何良俊、何良傅、文氏兄弟等，都曾是这条路上的失意者。

失意很正常，谁都难免，但嘉靖十年（1531）乡试的落榜却值得一说。这年吴承恩二十六岁。这次落榜对吴承恩的打击异乎寻常，因为一行赴省城的士子中，有沈坤和朱曰藩，他俩与吴承恩一起跨进了南京的江南贡院，而后双双上榜，留下了暗自伤心的吴承恩。

更重要的是，在与好友的地位瞬间形成落差的同时，甚至可能发生过更残酷的人生恶谑。有史料记录了沈坤的一则小故事，说沈坤向来信奉关帝，家里特意在他书房外的门厅里安置了一尊关帝像，每有大事，必先祈关帝庇佑。说本年参加乡试之前，沈坤一如既往地在关帝像前焚香礼祝，跪求显灵。这时正好有位好友前来拜访，听到沈坤的祝词，不禁掩口暗笑，然后绕入沈坤的书房，恶作剧地按照乡试的规则，拟了七道考题，悄悄地放在沈坤家供奉关帝的香炉底座下，然后扬长而去。第二天，沈坤见到大喜，以为是关帝所赐，随即模拟作文，熟记在心。等到中秋进场时，看主考所出示之考题，竟然与前日模拟的作文不谋而合。放榜之日，沈坤如愿中式，成了举人，而他的那位朋友，也同时进场，但看来他完全没有把自己所拟的七道试题放在心上，反而名落孙山。

这则故事本意是褒奖沈坤敬奉关帝而关帝显灵，说虽然试题出自同学，不过是假其手而已，所以那位同学自己却落了榜。研究者一般都认为那位开玩笑的同学就是吴承恩，因为前面说过，沈坤的父亲卓亭公对儿子期待很高，管束甚严，能直接进入沈坤书房的人不多，吴承恩是其一；而吴承恩“善谐谑”，生性幽默，开这样的玩笑当是他常有之举；最重要的是，他确实与沈坤一起参加了这次乡试且确实落了榜。

假如——姑且先用上这个词，这件事是真实的，对于吴承恩该是多大的讽刺！这比落榜本身要残酷得多。而这件事万一是真的，哪怕有一点真实的成分，对我们前面解读过的那位老人吴锐，又会是何等残酷的打击！就如一把刀子。

第二年，也就是吴承恩二十七岁时，他的父亲吴锐老先生去世了。春上，这位向来健康鲜有疾病的老人，一日雇了艘小船，往城西大湖中散心。老人家出门时“意欣欣”，但归来却一病不起，随即驾鹤归西。

“意欣欣”是吴承恩说的话，但这实在是一个让人怀疑的用语，难道老人家真的那么高兴？

设了灵堂，等亲友们吊唁完毕，将吴老先生入殓之后，就要考虑安葬的问题，这其中有一系列需要料理的事情，比如看风水、定日期、买地、立碑等等。在提到为老先生作墓志铭时，姐姐承嘉和弟弟的意见有了分歧。墓志铭未必每位过世者都要有，但有身份的人一定要有，而且一般都要请更有身份的人来写。承嘉认为弟弟已经有了一点社会地位，所以要一篇墓志铭不应有任何疑问，现任知府葛木大人对弟弟尤为器重，因此可以劳烦葛大人，哪怕借个名义也行。但向来对姐姐非常尊重的吴承恩这次却执拗地要自己动笔。

这是一个非常举动，其动机颇可关注。

按照惯例，墓志铭的撰写者一般有两种角色：一是当世名公达贵，请出这类人物无非为炫耀或抬高墓主身份，后人也可以从中分享一份荣耀，但这类人撰写的铭文大多有固定的格式，行文比较老套，往往对逝者的家世交代一通，对逝者本人的事迹品德称颂一通，自然不可能有多少真情流露。过去的文人尤其是名人，在自己的别集里都会收入若干墓志铭，那都是应人之邀而作，这类作品绝大部分都只有一些史料价值而与文学无关。另一类是墓主家族的亲朋好友——出自他们笔下的墓志铭则可以比较真切地反映逝者家人的心情，有些甚至是相当不错的文学作品。如韩愈为侄儿写的《祭十二郎文》，为挚友柳宗元写的《柳子厚墓志铭》，都是当今大学文学课本的保留篇目。但无论如何，由儿子一类的直系亲人为死者撰写墓志铭，世所罕见。这应当与子孙能否动笔没有太大的关系，只是因为从常理上说，墓志铭对逝者的称颂都会有一些夸张，也就是会有“虚美”，如果是他人所写，虚美是撰写人的意思或者是代表公众的意见，家人不必承担责任，只要大致表示一下谦虚便可；而如果由直系家人来虚美，这也许就会成为一种自抬身价的诟病，因此由直系子孙为前辈撰写墓志而铭刻上石者，罕见。吴承恩选定自己撰写这种形式，当然会考虑所谓的影响问题，但他有太多的话要说，所以就顾不上许多了：

> 孤小子又何忍怀世俗之情嫌，不执笔，俾先美旷队，不昭于世焉。乌乎！孤小子又何敢陵驾润色，不模放事实，使后世览予文辞者，闷然不信予父。

一般而言，墓志铭往往用比较冷静的史笔，比较关注家族世系和逝者生平的记录，但往往缺少生活细节的描述，也就是有骨架而无血肉。然而吴承恩最后完成的这篇《先府宾墓志铭》完全不同，不仅篇幅在墓志铭中算得上长篇，而且笔墨都花在了对逝者人格和性格的刻画上，写出了一个非常真实的、活生生的忠厚木讷老人家，在哭诉失去亲人的沉痛之外还尽情地倾诉了内心的惭愧。墓志铭的开头一句是：

> 乌乎！孤小子承恩不惠于天，天降严罚，乃夺予父。然又游荡不学问，不自奋庸，使予父奄然没于布衣，天乎？痛何言哉！天乎？痛何言哉！乌乎！有父生不能养，今没矣！

这是一种非常少见的开端，大致上可以说已经抛开一切格式，直接跪在乃父的灵前，扇自己的耳光。老父逝世时虽然已七十二岁高寿，而且晚年衣食不愁且有了一定的社会名望，说来已经不算太委屈，但吴承恩仍然不能原谅自己，因为父亲去世时仍是布衣——仍是一个做生意的小店主。吴承恩本来有可能改变他家族的寒门形象，这是他的父亲及周遭的亲朋故旧絮絮叨叨、念念不忘的事情，但到当时为止他数赴乡试又数次失望而归。本来这还可以用来日方长告慰，然而就在前一年，可以作为他参照对象的沈坤、朱曰藩都已经中了举人，这给吴承恩造成了极大的精神压力，毋庸讳言对他的老父也是无法回避的极大打击，因此吴承恩认为老父亲的去世肯定与此有关系，故而不能原谅自己——他要哭诉自己内心的惭愧，痛斥自己的“游荡不学问”。这就是他坚持要自己动手写墓志铭的原因。

由此看来，“意欣欣”实在只是一种粉饰。对于父亲去世的原因，吴承恩不能不说；但对于真实的原因，他却又难以启齿，所以他畅酣笔墨，写他父亲一生的压抑、一生的期望；写他自己因愧对父亲而形成的刻骨铭心的苦痛。他的《先府宾墓志铭》，与其说是一个孝子的祭奠，不若说是他们父子的对话，是吴承恩对他父亲的道歉。

我们感兴趣的是，“游荡不学问”究竟何指？是什么让吴承恩觉得如此歉疚？

愧对恩师

三年之后，他还有一次沉痛的道歉，对象是他的恩师、嘉靖八年至十一年（1529—1532）期间任淮安知府的葛木。

葛木，号卮山，浙江上虞人，无论《淮安府志》还是《上虞县志》都说他是一位比较亲民和关注教育的官员，在淮安府任上的一项重要政绩是创办了龙溪书院，亲自给学员讲课；并且对吴承恩曾表示过特别的关注，与吴承恩建立了非同寻常的感情。嘉靖十一年葛木调任山东副使，十三年（1534）转任山西布政司参政，十四年（1535）死于山西任上。葛木灵柩回家乡浙江上虞时途经淮安，在淮安做了停留，因为他当年在淮安的善政，淮安士绅为葛木举行了公祭，吴承恩痛哭流涕地写了一篇以个人名义宣读的祭文《祭卮山先生文》。这篇祭文，其实就是吴承恩对恩师的公开道歉，也是吴承恩面临人生道路选择，内心非常纠结的写照。

事情是这样的。

葛木创办龙溪书院是在嘉靖八年（1529）到任淮安知府之后，当时吴承恩已经两次乡试落榜。这虽不算什么耻辱，但毕竟会对吴承恩的声名产生影响，至少神童的光环不会再那么耀眼。此时的吴承恩对聪慧的名头已未必那么看重，但面对他人异样的眼光和必定会有的冷嘲热讽，心理反应总是难免的。而且，想来大约因为出身于小生意人家庭，又因为父亲的痴名，当时的吴承恩可能有相当强的自卑心理，而自卑往往会以孤傲的形式表现出来，也许还出现了一些自暴自弃的迹象，这反过来又会加重与社会的隔阂。在《祭卮山先生文》中，吴承恩对自己当时状况的归纳是："泥涂困穷，笑骂沓至""迂疏漫浪，不比数于时人"，就是说自己家庭贫穷，科举蹭蹬且性格迂疏，生活中承受了各种讥笑谩骂和风言风语。

这时候的吴承恩一定有点怪，对社会有很强的不合作意识，也许可以称为青春期烦躁。而知府葛木看到了这位年轻人与众不同的"迂疏漫浪"背后，有一种天生才华在闪光。他不仅把吴承恩招进了自己开办的龙溪书院，而且以细致的关心体恤，治愈了吴承恩的心病，所以吴承恩对葛木的感情不仅仅局限于一般意义上的感恩，他甚至说，葛木对自己的未来的信心，甚至超过了自己本人。

首先是龙溪书院的学习内容对于吴承恩有深刻的影响。说来话长且枯燥，但事关吴承恩安身立命的思想基础，所以还是得说一说。

种种迹象表明，这个龙溪书院与王阳明的心学有关。王阳明即明代著名的学者、思想家王守仁，字伯安，号阳明子，因此人称王阳明，他的思想学说对中国明代后期以来的社会有非常重要的影响。蒋介石很崇拜这个人，到台湾后特意将自己落脚的草山改名为阳明山，将自己的官邸称为阳明书屋，以示纪念。

中国的儒学以孔孟学说为核心，而孔、孟之说，仔细分解其实是有差别的。到宋代，大儒程颐、朱熹以孔子学说为骨干，发展出一种“理学”，即认为天下至理就是“礼”，就是秩序，忠孝节义、三纲五常都是，必须执行。这些后来成为中国国家统治思想的主体，朝廷规定科举考试对四书五经的解读都要以朱熹的解读为标准答案，不容讨论，因此儒学从此时开始便被称为儒教。而同样在宋代，另一位大儒陆九渊则以孟子的思想为主，提出“心即理”，认为孟子说的“良知”更重要。这一说在明代被王阳明发展为“心学”，形成可与朱熹理学分庭抗礼的又一儒学分支。阳明心学的最直接通俗的表述就是所谓的王阳明的“四句教”：“无善无恶心之体，有善有恶意之动，知善知恶是良知，为善去恶是格物。”就是说，人的本体最初无善无恶；当人们产生意念活动的时候，就有了善恶的差别；人们应该把社会道德规范转化为自觉的意识和行为，明明德，修自身，这就是知善知恶的良知；有了良知还要努力去实践，为善去恶，以良知为标准，约束和检验自己的行为。阳明心学产生和流行的背景是明朝中后期朝政的混乱，当时之世，紫禁城中皇帝昏聩，朝堂之上奸佞当道，市井百姓不思进取，可谓“风雨如晦，鸡鸣不已”。在这个时候，王阳明提出“致良知”之说，实在有点拯救末世的意味，而比较开明的知识分子中对理学的枯燥僵化了无生气不满者，接受和传播阳明心学也就是可以理解的事了。

在吴承恩身边，有好几位都受过阳明心学的影响，包括他的老师胡琏，从后来他的同学张侃、倪润、汪自安等都曾研讨过阳明心学的情况看，葛木应当正是出于传播阳明心学的动机开办了龙溪书院。至于“龙溪”二字，则是王阳明学生王畿的号。王畿在嘉靖五年（1526）曾经乡试中式，但他放弃参加会试而专心协助阳明讲学，是王阳明最赏识的弟子之一，在王阳明嘉靖八年（1529）去世后，便成为了阳明心学主要代表。从这个角度去了解、理解吴承恩，应该也是一条途径。吴承恩因为他的文学性思维模式，未必会专心于研究阳明心学，但在观念上受其影响则完全可能。

还有几件事也是吴承恩终生难忘的。

第一是葛木邀请吴锐作为嘉宾参加乡饮，府衙专人送来请帖时。当几名衙役走进店堂的刹那间，吴锐真的大吃一惊，衙役连问了几声“哪位是吴老先生”，他都没有作答，他甚至把衙役手中的大红信封当成了拘捕的公文，头脑里直是盘算“哪桩公干与我家有关”？从书房闻讯赶到前厅的吴承恩虽然不至于慌张，但也有点意外。乡饮是一种古老的政治礼仪，据说起自于周代，然后沿袭一直至明，洪武年间朝廷还特意下诏明确了乡饮的具体仪式和内容。具体说，就是州府县官要在正月十五和十月初一这两天，在儒学里举行一次隆重的官民沟通的仪式。仪式以州府县官员为主人，邀请退休致仕的乡绅和德高望重的宿耆为宾，共同祭拜天地并宣传学习政府的政策法令，最后由现任官员与被邀的嘉宾相互敬酒并一起祈福。这种地位象征十分强烈的官办仪式，做小生意的吴锐何曾有机会亲历？而这种地位的抬升尽管是象征性的，但十分明确是出于知府大人的抬举，是知府确定了他“年高有德”的地位。从吴承恩写的《先府宾墓志铭》中显然可以感受到这在相当程度上改善了吴家的生存环境。而葛木对吴锐的尊重，则毫无疑问是出于对学中才俊吴承恩的器重和期待。

第二是葛木宣布将由他代知府大人作告示文时。前面提到，儒学或靠近文庙，或用大门前厅供奉孔夫子。孔夫子历史上有很多称号，明前期是沿用元代形成的“大成至圣文宣王”，到嘉靖九年（1530），朝廷颁旨，说孔子本身并不是诸侯，用“王”的号并不合适，要求各地即刻改称“至圣先师”，并不得在祭祀时用泥塑的或者木刻的雕像。旨意一到，各地遵照执行，这在礼仪上也算大事，按理得由知府出面宣示一个告示文。葛木让学正把这个任务转交给了吴承恩。吴承恩听到这个安排时，当即哽咽落泪。知府因为公务繁忙，委托他人起草文告也是常有的事，但衙门里有师爷，儒学里有教授，根本不需要一般的生员代笔，葛木此举显然有抬举之意。

第三是葛木的使者去年出现在自己病床前时。葛木离开淮安去山东任职已经三年，上一年调任山西布政司参政，上任之前，曾先回浙江省亲，途经淮安。在淮安自有新任知府和地方士绅迎送，免不了一番觥筹交错，席间葛木曾问起吴承恩情况，意下是很想见一见，但当时正值金秋八月，吴承恩在南京参加他的第四次或者第五次乡试，只得作罢。两个月后，葛木从浙江走旱路直接去山西上任不再绕道淮安，但他已经知道吴承恩再次名落孙山的消息，十分放心不下，于是在途经扬州时，又停留了几天，让人快马奔淮安去接吴承恩，名义上是邀请吴承恩作为幕僚跟随他去上任，其实他要让自己这位已到而立之年但屡经挫折的学生到山西放松放松，换换环境。但万般不巧，吴承恩此时正躺在病榻上。从南京回来后，他的一口郁结之气转为燥热之症，面为之赤，眼为之红。在看了葛木要他随行任职的邀请后，他大哭一场，几至昏死。

所以前数日听说葛木因病已经告假，官船经运河南下将经淮安时，吴承恩有了一种莫名的兴奋。官船预计到达的那天，他鸡鸣即梳洗，特意换了一件刚刚浆洗过的长衫，把自己整理得清清爽爽，因为他知道恩师喜欢他的这种气质，也要让恩师这次船到淮安，第一个见到的就是他。

当一艘挂上了白幡的船慢慢地靠上了码头，吴承恩完全没有想到，葛木已在前一天病逝。此时的他已经完全顾不上礼仪，直接扑向尚未装殓的葛木遗体，泪水很快滴满恩师冰冷的面庞，但恩师已经永远不能再回答他了。

在《祭卮山先生文》中吴承恩用了这样一句话：“会晤参差，尔时不以为恨，意以为他日可酬”，这是指之前两次失去了与葛木见面的机会，当时觉得时日方长，后会可期，但时过境迁，葛木逝矣。他确实有许多话要向恩师倾诉：一方面，他不能回避深深的自责。来自葛木的关心、期许、提携让他在荣誉和自尊、自信中度过了一段充满畅想的青年时光，但这是需要以功名作为回报的。他确确实实辜负了葛木的一片苦心，在让父亲失望而去之后，他又一次让最亲近的人失望而去。另一方面，他需要以在恩师面前的泣诉来缓解自己承受的压力。此时他已进入而立之年，即使像他的朋友沈坤、朱曰藩那样有个举人身份，也不再值得炫耀，何况他曾经顶过神童的光环如今却还是布衣之身！也许，他感觉得到周围怪异的目光。他必须承受这些目光的鞭挞而无法将自己的内心世界展示出来，唯一可以期待的，就是恩师的理解与原谅。但面对葛木的灵柩，他又从何说起呢？他说：

今与公辞矣。碌碌人中，尘土如旧，我实负公，其又何言？自今以往，亦愿努力自饬，以求无忝于我公知人之明，庶他日少有所树立，亦卮山公门下士也，持此以报公而已。

“我实负公，其又何言”，不知包含了多少欲说还休的惭愧。此时他只有期待有朝一日有所建树，可以自豪地称出自葛公门下，以此报答葛公。这是他公开的、庄严的宣誓。

当时的吴承恩，尽管已经经受了一次又一次的打击，但毕竟只有三十岁左右，尚可以将来为筹码，向自己的恩师许诺。

龃龉已起

嘉靖十六年（1537）又是一个乡试年。吴承恩仍旧要走船行高邮扬州，再入长江抵南京这条老路。

这次他一人从淮安出发。本年他三十二岁，虽然孔夫子说三十而立，认为人到此时才比较成熟，才能真正确立自己对待生活的态度和原则，但对于一名老秀才来说，这已经是一个尴尬年龄，是一个会经常直面讥讽嘲笑的年龄，所以吴承恩宁愿忍受旅途的寂寞而不再与其他考生尤其是那些意气正盛的后生们同行。

他在宝应逗留了几天，为的是见一见朱曰藩。朱曰藩六年前已经中举了，不需要再跑南京，他要准备的是京城的会试，那是明年春上的事。所以这次吴承恩探访他，并不是约他同行，而是因为前不久朱曰藩在淮安时，兄弟俩发生了一些龃龉，不欢而散，他想找个机会兄弟俩再聊聊，这次选择独行也包括了这个目的。

朱家是世宦人家，经济条件要好得多，不仅在宝应城内有宽敞的宅院，有号称半天下的藏书，而且在郊外还有一座庄园，朱家完全按照文人的喜好把庄园收拾得犹如世外桃源，有暗合王维“莲动下渔舟”诗意的荷塘，有根据温庭筠“鸡声茅店月”诗意设置的板桥，有可以体验韦应物“野渡无人舟自横”诗意的古渡口……城内读书修身，城外休憩养性，朱家颇为自豪，所以当年朱曰藩的父亲凌溪老先生要邀请吴承恩来他家读书，而吴承恩对这里也很熟悉了。

朱曰藩明白吴承恩的意思，但却似乎不愿去接他的话题。每当吴承恩表现出欲言又止的状态时，朱曰藩都会故意岔开，只说一些轻松有趣的有关科考的风闻传言，也就相当于“只谈风月”了。

两天后，吴承恩该走了，朱曰藩已经让人把客船安排好了。到了码头，吴承恩还是忍不住说：“射陂兄，你的苦心我明白，我们还是先赴考吧。明年春闱之后，我会不请而来，‘从今若许闲趁月，拄杖无时夜敲门’，如果能榜上有名，我们就彼此都有交代了。”朱曰藩拉住他的手，轻轻一拍说：“这就对了。”然后跳上船，“我再送你一程吧，现今正是盛夏，露筋祠应有一番好景。”

露筋祠只是宝应县以南临近运河的一处小祠堂，除了野趣，并没什么好景致，但有典故，所以也经常有人观赏凭吊，算是当地一处名胜。据说很久之前，有一对姑嫂赶路经过这里，嫂子找了一户农家借住，但小姑却认为有失节之嫌宁愿野宿，结果被蚊虫活活咬死，皮肉全无，只剩骨筋，后当地百姓建祠纪念，以露筋为祠名。

船到露筋祠已是傍晚，兄弟二人略饮了几杯船上备的醪酒，便上岸寻访露筋祠。此时正是七月中旬，月色亮透绿荫掩映的乡间小径，空中飘荡着淡淡的荷香，确实是让人心旷神怡。后来二人各作了一首七言绝句，看得出心情都很宁静清爽，其中吴承恩的诗有“门前杨柳树，唯有独栖乌”句，略见出些许伤感：好友都已高飞择良木另栖，杨柳树上也就只剩我了，而朱曰藩的诗则隐隐约约地包含了对他的勉励。

这对兄弟究竟有什么心结？这得把话说得远些。

原来朱曰藩与吴承恩虽然情同手足，但二人的性格却有差异。朱曰藩沉稳敦厚，中规中矩，虽然天赋不如吴承恩，但做举业很是用功，所以在仕途上以更稳的姿态步步前行，用朋友们的话说叫“秀才进得不早，举人中得不迟，进士终归有望，京城再跑几趟”；吴承恩才华外露，学识驳杂，爱好广泛但易分神易冲动，反应敏捷有时喜欢要点小聪明，所以远不如朱曰藩精纯心静。这点朱曰藩其实早就看出来了，他也知道吴承恩有看俗书也就是那些传奇、话本以及平话之类的习惯，但他认为这是缺乏家学传统熏陶造成的，在打铜巷三官殿门口长大的街巷儿童，难免会有些市井习气，假以时日也许会有改变，所以每每都是委婉提醒，不把话说得太白。

不久前，朱曰藩去了淮城一趟，淮安城是当时周边十几个县的中心，官宦人家都会在淮城安家置业，所以像朱曰藩他们这样的世家，在淮城勾连网罗都会有很多亲戚。恰好在鼓楼下巧遇吴承恩，拉住他死活不放，兄弟二人在一处小酒馆里畅饮了半夜。道别时，吴承恩突然俏皮而又故作尊重地说："请射陂兄明日一定往舍下一趟，小弟将有惊世之宝献上。万望拨冗。"朱曰藩问："什么牛黄狗宝，不早说，还卖关子？"吴承恩笑而不答，只说明日便知。

第二天，朱曰藩如约到了打铜巷吴家老宅，与叶氏夫人寒暄几句，递上几包宝应特产红莲藕粉作为贽见，便被让进了吴承恩的书房射阳簃。簃，是一个古字，指大房子旁边的小屋，吴承恩的书房正在堂屋的西侧，所以便被命名为射阳簃，倒是显得别致古雅。

坐定，啜茶。吴承恩似乎有点兴奋，迫不及待地捧出一个锦匣，从里面拿出一叠八行笺手稿放在朱曰藩的面前，说："小弟十年的心愿，最近克成，特请兄长教正。"然后退一步站在一边，恭敬就如学中送上课稿等老师批改一样，所不同的是，此刻他的眼神告诉了朱曰藩，他等待的是一番大大的夸奖。

书稿名《禹鼎志》，很像科举中策论的篇名，所以一眼瞥见封面的朱曰藩最初以为是吴承恩的功课集。但翻开之后，他真的是大吃一惊，万万没有想到，其中竟然是一篇篇仿唐人传奇志怪，所以十分惊讶；约略翻检几篇，故事出人意料而又有耐咀嚼之回味，所以十分欣赏；但最终脸色还是慢慢地沉下来，表现出十分的不快。

“这就是你说的惊世之宝？”

“是啊。仿段成式的《酉阳杂俎》和牛僧孺的《玄怪录》，有点意思吧？”吴承恩似乎并未注意到朱曰藩脸色的变化，仍是动情地自述，“早就想了，但懒哪，最近才写成。古人说有奇文就当共欣赏，昨日巧逢兄长，不是快事一桩吗！”

朱曰藩其实也是传奇志怪的爱好者——读书人偶尔翻检也不算大错，好奇之心人皆有之，所以一眼就能判断出眼前的这十数篇，更像《海内十洲记》《汉武故事》，较之《玄怪录》之类，绝不逊色。但他现在不能说。他现在只是警觉地觉得眼下有点麻烦，对这位老弟而言，这些玩意儿是多么的不合时宜，眼前的这一叠手稿，已经表明了问题的严重性。他沉吟了片刻，思考用什么语气开口，最后还是决定正面表态，他认为，宁愿让这位小老弟失望，自己绝不能在此刻失威。

“汝忠，子不语怪力神乱，你应该知道吧？”

“这不是给兄长你看的嘛！”吴承恩何等聪明之人，他当然明白话中显然有指责的意思。但有点委屈，弄这类传奇志怪当然是应该密室把玩，拿出来展示，本是出于信任，尽管他知道朱曰藩未必赞成，但什么叫同道？能欣赏自己的不就是那几个人吗？

“不对，你记住了我的身份，但忘了自己的身份。”朱曰藩一反常态，一点不留情面，“我等已过而立之年，但立在何处？玩物必丧志，你难道不懂吗？”

这话吴承恩并不接受。他说：“儒学行仁政王道，讲究修身、齐家、治国、平天下，我以《禹贡》为前鉴，寄寓世道人生，也未尝不可，何必拘于俗见厚此薄彼？”

一番争辩，最后以朱曰藩一句话结束：“你别忘了，为天子牧民，才是正道，眼下秋榜方是要务，其余都是狂悖之言，你怎么如此糊涂！”

遂拂袖而去。

叶氏夫人已经准备了酒菜，正待招呼兄弟二人小酌，恰遇这一幕，一时目瞪口呆竟不知如何是好。后来兄弟俩都用诗歌记录了这场完全出乎意料的约会，他们都觉得，内心最隐秘处被深深地刻了一刀。

朱曰藩的诗题为《赠吴汝忠》：

眼前时态日纷纷，物外心期独有君。
最喜相思无远道，即从欣赏得奇文。
春归学圃经芳草，雪压淮涛滚暮云。
珍重大才行瑞世，少年人谩比终军。

其中很坦率地说，我对你这位兄弟期许甚高，但希望不要太轻狂太张扬。终军，是汉武帝时的一位少年英雄，刻苦好学，以博闻强记、能言善辩闻名，十八岁被举荐为博士弟子，赴京师任职，曾主动申请出使匈奴、南越，最后折戟于南越。朱曰藩用这个典故，是要告诫吴承恩，尽管你也很聪慧，但还是不能随意自比终军，有那么好高骛远的冲动，应该珍惜大好时光，把眼前该做的事也就是让学圃春归，芳草满园。

吴承恩的诗题为《赠子价》，子价是朱曰藩的字：

我爱朱郎龙凤种，即今诗思逼刘曹。
玉鞭紫气瞻风骨，金殿春云照羽毛。
绝世飞扬人未识，致身儒雅道何高。
投君海上三山赋，报我花间五色袍。

诗看似对朱曰藩颂扬有加，说你风姿高雅，玉鞭紫气，登上金殿只是指日可待的事，但其实句句都是挖苦，讽刺朱曰藩迂腐、官迷。而如此刻薄的原因，则是因为“投君海上三山赋，报我花间五色袍”，言下之意，简直岂有此理，我把十多年的心血拿出来与你共赏，但你却回报我那么一顿功名事业的陈词滥调。其中的“三山赋”，指传说中的东海仙境，代表殊方异域一类的神话故事；“五色袍”指官员的锦绣官服，代表的当然是仕途前程和荣华富贵。

虽然后来吴承恩与朱曰藩还是保持了良好的友谊，还有一段诗文唱和的好时光，但在内心深处，其实他们都有了一块封闭的角落，皆因道不同也。

身在迷局

就是这一科，南京应天贡院的考场发生了一场不大不小的舞弊案。

事情发生在乡试结束录取榜单公布之后。当时考场外熙熙攘攘的人群已陆续散尽，悲喜冷热各有几家。这在考场的门子看来，毫无意外，年年如此，哪次这门口不哭死几个？门子也就象征性地劝几句，无非“留得青山在”之类的老话，实在不听劝，也不勉强，你爱哭爱闹，悉听尊便吧。

似乎一切与往常无异，但其实此时一场阴谋已经在悄悄地酝酿中。不久有人上书朝廷，说这场考试组织草率，屡有错乱，既有考生在答案中语含讥讽涉及时政，也有考官批改草率品评失误。这种举报属于重大事件，因此奏章到北京后，嘉靖皇帝亲自主持朝议，时任礼部尚书的严嵩首先表态说：“考卷批改不落款不署名，是对皇上对朝廷的大不敬，属于严重失职行为，当予追查。”时任内阁宰辅的夏言接着说：“考官出题不当，考生讥刺时政，应交由大理寺严惩。”于是有旨捉拿主考官江汝璧及南京知府一干相关的责任人下狱，并限定已经录取的举人来年春上一律不得进京参加会试。

有人因为有确切的证据说明吴承恩参加了这一科的乡试，便怀疑他与此案可能有些牵连，说所谓“多讥时政”的考生可能就是吴承恩；更有人想象出吴承恩已经被录为举人但因此被革职的故事。但事实不支持这样的猜想。从后来并无进一步惩罚而被捉拿的南京知府等各路涉事人员不久便陆续复职的情况看，这场科举案是典型的雷声大雨点小，本质上是刚刚担任朝廷要职的严嵩勾连夏言造出此案排斥异己，项庄之剑，所指非常明确，沛公就是主考官江汝璧，而异己一旦被清除，事情也就不了了之了；对于已经被录取的举人也就仅限于不得参加会试这一项象征性的处理，当然也就不存在吴承恩举人身份得而复失的悲情经历。

吴承恩再次落榜，这倒是真正值得关注的事情。

这大约是他的第五次赴考，这时他的学伴基本上都已经通过了人生的这一重要关口，正在养精蓄锐，谋划自己最精彩的人生一跃。而他，经历了六年前对老父泣不成声的道歉，经历了三年前对恩师撕心裂肺的愧疚，该说的都说了，但所有公开的、私下的承诺都没有兑现；该做的都做了，但所有的努力都像院子里仍然为老父保留的菊花一样有花而无果；甚至连街坊邻居的风言风语都听不见了——酸溜溜的风言风语其实也是一种关注，关注的价值一旦失去，自然就会风平浪静，老秀才多了去啦，他们都与邻居街坊一样为生活而忙碌，只不过他们谋生的手段是卖文或者坐馆而已。

虽然吴承恩本人并没有就此结束科举生涯，但有效挣扎到本年基本上可以认为已经结束。别人，也许属于后知后觉的那一类人还有后劲，还可以谈一点后发制人的策略，但对于他却是一而再、再而三，三鼓而竭——他对葛木的承诺就是声嘶力竭的最后一通鼓声——此后的一切表现犹如演戏，演给他人看，也演给自己看。

少年神童，学中翘楚，却屡屡失利，硬生生地被拒绝于仕途之外，究竟是什么在冥冥中操控着他的命运？无论是在应天贡院的大门外，还是在自己的书斋射阳簃里，饱受煎熬的吴承恩肯定会思考这个问题，但他找不到真正的原因，因为他身在迷局之中。

说起来，吴承恩身处的环境并不坏，甚至还称得上比较优越。

他的祖上虽不是什么要员也称不上世家，但“两世修文”也算有一点传统；他的父亲终身布衣，但却让他无衣食之忧冻饿之馁；从小几乎都是在关怀下长大，享受了很多乡前辈对他的青睐提携，甚至场面上有知府直接关照，这些对他的期待都建立在以科举为衡量标准、以仕进为终极目标的传统社会意识基础上，与少小聪慧的他形成了非常良好的互动，他还缺什么呢？

科举会有许多不可预见的偶然因素造成落榜，比如某些文字上格式上的疏忽——卷面不整洁、空格不规范、申报身份不完整等等；比如触犯某项忌讳——皇上列祖列宗的名字、自己父祖上大人的讳号等等，都可能成为被黜落的原因，所以历来都有落第士子以“文齐福不齐”作为自嘲。但毕竟这些在科场老手那儿不应该频频出现。其实考场也是讲实力的，不管八股文如何呆板枯燥，但你得承认它是一种技巧，你得把指定的圣贤书和参考资料读好，把考卷按规矩写好，否则怨天尤人统统无效。那些高唱“文齐福不齐”的落第士子中，很多人的“文”其实并不“齐”，落第本是必然之事；而对于吴承恩来说，“文齐”根本不成问题，偶然绝不是他屡屡落第的主要原因。

科举也有许多人为的不公平因素，常见的说法是科举有黑幕。但明代科举的黑幕未必黑到不给别人一点机会的程度。我们关于科举黑幕的印象，很多来自晚清，而实际情况是明代比清代干净，清前期比后期干净。因愤于清初风气大坏，顺治、康熙都多次对作弊的考官大开杀戒：顺治十四年（1657）顺天科场案，杀！杀主考，杀同考；同年江南科场案，还是杀，杀了主考官二人及全部同考官十七人，杀了本人还不解恨，还将全家九族流放边远地区。康熙五十年（1711）江南科场案中，除相关考官受到惩处之外，两江总督、江苏巡抚都被革职，敢以这样的代价舞弊，恐怕不会每场、每时、每人都有可能。黑幕说对于吴承恩而言，也不具备说服力。

答案就在《禹鼎志序》中。它向我们证明了吴承恩其实并不是应该走在科举道路上的人，他只为文学而生。

第四章 道义初萌

社会和家族交给吴承恩的历史使命是由科举而走入仕途，但琴、棋、书、画这些闲技夺去了吴承恩的时间；摹写情状摄人心魄的野官稗史，夺去了吴承恩的情趣；纪人间变异而寄寓监戒的文学精神，则夺去了吴承恩的灵魂。

嘉靖十六年（1537）至二十年（1541）前后的倏忽之间，吴承恩已经匆匆跨过了而立之年。古人云："三十而立"，这三十是划分人生阶段的年龄标准，立什么？所谓"立德、立功、立言"，是圣人贤人的理想，对于一众士子而言，最基本的就是立功名。

吴敬梓《儒林外史》开篇讲的第一个重要人物叫周进，此公出场时年已六十多，戴一顶破毡帽，穿一件袖口和屁股打了补丁的黑布长衫，在山东汶上县薛家集的一座破旧观音庵里教几个学童糊口。为了保住饭碗，不得不撇掉读书人的清高，小心侍候集上的各路神仙，然而终究丢掉了差事。后来跟几个做生意的亲戚去了南京，帮人家记记账也算尽其所长。在参观贡院时想起自己一生苦读，连学都没有进过，须发皆白还是个老童生，更谈不上进贡院考试的资格，不由心酸，一头撞在贡院的号版上，昏死过去，醒来直哭到口吐鲜血。后来几个生意人看他屈得可怜，凑二百两银子为他买了个入场考试的名额。想不到这位居然中了，而且次年春上连捷，进了三甲，几年以后便官拜广东省学道。在广东，看了台阶下衣衫褴褛、冻得瑟瑟发抖、五十四岁仍是童生的范进，不觉可怜，遂把他取了个秀才的案首，也就是第一名，算是给了他一条生路。不承想，这位范进也是奇才，二十多年考二十多次没考上一个秀才，而一旦发科便不可收拾，第二年乡试中了举人，第三年会试便中了进士。这二位都可以作为至死不作他想而又梦想成真的榜样，但事实上很少有人能获得这种幸运，切莫当真。要看，得看奇迹发生之前的周进和范进，也就是看在薛家集观音庙里低声下气为里甲扫鸡骨头瓜子壳的周进，看十几年吃不上三两回猪油、老母亲饿得眼睛看不见的范进——通过他们，看大量没有机会继续把科举之路走下去的那些读书人的凄凉景况。

对于一名府县学的生员来说，三十多岁已经是个危险年龄，如果已经有了屡试不中的经历，那就更需要在夜深人静时扪心自问把事情想个明白。

吴承恩属于那种没把自己、没把前程想清楚的人。这数年间，他连续经历了几次科举的滑铁卢，他也苦恼，但并没有找到失败的原因。事实上，他在科举上运数已尽。此后也就是在此刻至四十五岁之间，大约还有两到三次的应试，但这一切我称之为挣扎，只是一种没有太大意义的表演。但换一个角度看，这几年却又是他的社会意识，也就是人生道义初步成形的时刻，也是他的文学才华初展绚丽的时刻。这几年，表面上看没有任何值得记录的大事，但实际上吴承恩正在经历一场蜕变。

不是乖孩子

自从进学之后，吴承恩就告别了班家小店和童年的玩伴，因为他已经是一个有身份的人了——他不能再骑在那圮塌的矮墙上听净发的客人神侃，也不能再进宝荣那间阴暗的小披间，老父亲不允许，班家也不允许，宝荣他们见到他都会恭恭敬敬地作揖鞠躬，这让他实在有点不舒服，但又无可奈何。

从那时候起，吴承恩手上经常握一把折扇，扇面上有他自己作的诗，“啪”一声打开扇页，然后轻轻地摇一摇，那叫儒雅，再加上骨子里透出的内秀，他看上去还是一个头悬梁锥刺股刻苦读书的“乖孩子”。因此，尽管他已经在一次次的落选中簪上了发髻，蓄起了胡须，慢慢走进了中年，但许多人仍然相信，这孩子还是有出息。

但其实未必。

吴家老宅正屋的西山头有一间小披间，里面有一张书案和高低不等的书架，不高的门楣上有块小小的牌匾，那是吴承恩自己手书的“射阳簃”三个字，这就是吴承恩的书屋。书案上自然有文房用品，也有《朱子集注》之类的科场必读。每天清晨，照例吴承恩会去射阳簃，那是他的天地。射阳簃在西偏院，当地风俗，在西侧的房子一般都会前移一尺，所以这间披屋虽小，却不受正房的遮挡，打开窗子，阳光便会照上书桌，窗下就是一个小小的荷池，一股清香也会飘然而至。

吴承恩一天的书斋生活就此开始。如果这一天的功课是读经，不管从架上抽出的是四书五经中的哪一书哪一经，他都会琅琅有声，因为这是读给别人听的，必须让别人能听见。这个时候，吴家的杂货铺是否还在经营不得而知，但我们知道吴承恩此时已经是淮安社交圈子里不可或缺的人物，他的一支笔也足够维持一家还算体面的生活，不用为家计发愁，然而他的正式身份毕竟还只是一名在府学深造的生员，所以他得继续读书，至少要对老母亲和叶氏夫人有所交代——这种伎俩，古今相通。

更多的时候他会轻轻地掩上门，向全家老小发出请勿打扰的信号，然后把《禹鼎志》或者《花草新编》或者《二郎搜山图歌》摊上桌面。这些是他的心血与最爱，原来不敢放在书案上，怕老父亲看到，但现在已经无所谓了。

他躲在射阳簃的那些勾当，叶氏夫人清楚吗？未必。在功名事业这个问题上，女人其实是比较容易哄骗的，她们渴望夫婿的功名但却不懂，她们只要确认丈夫不进妓院，不入赌场，有几个高谈阔论的学中朋友，有点像读书的姿态就可以了，至于最后的任何结果，她们都会接受，因为男人们有各种办法使她们相信理应如此。

但如果叶氏夫人稍稍细致一些，也许会发现夫婿的眼角已经有了些许愁容。这个时候的吴承恩看似淡定，但却经历着许多辗转反侧、难以入眠的时刻，他已经感觉到自己面临的绝大危机。是的，他的心理和行为已经出现分裂，他实际上遇上了一道难以逾越的命运之坎，只是他自己未必能想得那么透彻明白。

在府学之中，他得应付各种各样的考试，那是为了自尊，他必须要始终保持位列前茅的成绩，这样才有可能继续参加乡试；

在社交场合，他得应付各种各样难以接受的关心，那是为了面子，如果哪一天这些关心消失了，他也就应该选择退出了；

在家里，他得听各种各样的唠叨，那是为了责任，尤其是老母亲，她老人家只认一个理，你必须做官，让老父亲在地下安心；

在街坊，他得听身后飘来的各种各样的风言风语，那是一种无奈，他无法责备别人的势利，只能摇摇头叹一句“唯女子与小人难养也”。

这时候他的处境，已经可以用“风刀霜剑严相逼”来形容。也许他在夜深人静的时候会无声无泪地哭泣，为什么科举功名对我就这么难呢？

从来都有一句古话，“当局者迷”，其实一切的根源都在他自己。

科举是什么？科举看似是一种人才选拔制度，但说到底却是一种政治制度。今人对科举多有误解，认为科举不就是考文才吗？文才不就是诗词歌赋吗？错！诗词歌赋那叫文学，在明清的社会发展进程中，科举与文学事实上已经形成社会性的分割，科举根本就不容许文学存在，如果此时还是执着于文学，就意味着与社会的主流走上了不同的轨道。在这个社会环境里，小儿最初的文学反应比如爱听故事等等可能会被当作聪慧征兆，但当学童成长到读圣贤书的年龄，家长和塾师将会设法把他的兴趣转移到《四书》《五经》上来，此时家长对于孩子表现出的对文学的留恋，如偷读一些闲书等等即会表现出明显的反感。而孩子“弱冠”“进学”之后，文学与科举的对立就会表现得非常充分，对文学的爱好不会得到尊重，他所要做的就是集中精力，精研八股，迎接一次又一次跨越台阶的考试，直到功成名就以后，文学对于他才是自由的爱好。

科举又是一种完全不同的评判标准。通常说好诗“言志”，好词“言情”，好歌“绵长”，好文“铿锵”，但用到科举上，这又错。到吴承恩时代，科举制度以《四书》《五经》为法定标准加以完善已经一百多年，对文学的排斥不仅形诸于制度规定，而且深入了每一个环节、每一处程序、每一点方式，无可救药。比如科举的要义是“代圣人立言”，即按照试题给出的圣人语义，模拟圣人的语气加以发挥，这似乎给了考生表达政治诉求的空间，但这种发挥其实不能真正地触及政治，而且必须写成八股文，什么诗词，什么歌赋，都是“死路”一条。

科举又恰恰不需要任何形象思维。从内容上讲，科举考试的出题范围都在《四书》《五经》，阐述发挥的范围也还在儒家经典，答题的性质就是政论，需要雄辩、犀利、精确、清晰，在科举特定范畴里，要能把空话、废话都讲得头头是道。无论是内容和形式，科举考试都没有任何神游四海、心骛八极的需要，也没有任何写形鬼魅、笔走龙蛇的可能。在府县学的小考、会课、岁考中，惯例用小题，小题琐细具体，比较容易做得圆融，即使有些技巧性高的险、难、怪题，有时靠机智急变也可以应付，这大概就是吴承恩为何在府县学中负有“工制义”盛名，也就是公认特会考试的原因。但是在乡试、会试之类的国家大型考试中，则一般用立意比较正大的大题，要求有一定的政治意识，尤其是要会讲看似条理清晰但模棱两可、不着边际的空话、废话。

可是，书房里的吴承恩却在关心他的《禹鼎志》、《花草新编》或者《二郎搜山图歌》，他的心底充满描摹情态的文学情愫，充满拯救世风的政治梦想，无时不在幻想着自己的传奇业绩。用时代的观念去审视，这种心态完全不可思议，不可理喻，在这种精神世界里谈举业，简直就像关公战秦琼一样可笑滑稽。

自从读了吴承恩的《禹鼎志序》之后，我们从根本上就不相信吴承恩能考出什么好成绩，他的内心深处自始至终存在着对举业的抵触，当然也会受到科举的无情排斥。

何为禹鼎

吴承恩当年秘藏于射阳簃最里层书柜的《禹鼎志》究竟是什么书，竟能成为吴承恩与朱曰藩这对情同手足的学中挚友在社会意识上分道扬镳的标志？

一九二九年，北京故宫博物院在一次例行的整理时，发现了不知哪朝哪代皇上欣赏过的一本诗文集，由于故宫保存条件好，集子的品相还不错，封面上《射阳先生存稿》赫然在目。对于“射阳先生”大家本来都没有什么印象，但略作翻检知道这是吴承恩的号之后，这集子就成了当时的一件拱璧之宝。因为到了这个时代，过去那些为了写小说而声名狼藉、景况悲惨的文人如罗贯中、施耐庵、曹雪芹、吴敬梓之流，倏忽之间都被冠以文学巨匠的称号，成了文化名人，而此前不久，大名赫赫的新时代学者鲁迅和胡适考出了《西游记》的作者是明代淮安府的读书人吴承恩，《射阳先生存稿》正是他失传已久的诗文作品集。

由《射阳先生存稿》中的一篇《禹鼎志序》，我们知道在《西游记》之前，吴承恩还有过另外一部神话短篇小说集《禹鼎志》。《禹鼎志》已经亡佚，据说民国初年有人见到过这部书，但无法证实，现在又已经过去了一百年，我们仍未看到它露面，看来凶多吉少——或者本来就是传说，或者难逃这百年间的种种劫难已经毁了。值得庆幸的是，根据《禹鼎志序》我们可以大约了解这部书的轮廓。序言本身就是一段故事，引如下：

余幼年即好奇闻。在童子社学时，每偷市野言稗史，惧为父师诃夺，私求隐处读之。比长，好益甚，闻益奇。迨于既壮，旁求曲致，几贮满胸中矣。尝爱唐人如牛奇章、段柯古辈所著传记，善模写物情，每欲作一书对之，懒未暇也。转懒转忘，胸中之贮者消尽，独此十数事，磊块尚存。日与懒战，幸而胜焉，于是吾书始成。因窃自笑，斯盖怪求余，非余求怪也。彼老洪竭泽而渔，积为工课，亦奚取奇情哉？虽然吾书名为志怪，盖不专明鬼，时纪人间变异，亦微有鉴戒寓焉。昔禹受贡金，写形魑魅，欲使民违弗若。读兹编者，傥悚然易虑，庶几哉有夏氏之遗乎？国史非余敢议，野史氏其何让焉。

吴承恩说，他自己从童年起就喜欢读那些为仕途中人所不屑的“野言稗史”，而且尤其喜爱神话志怪，经常刻意躲起来偷看以躲避家长和老师的责骂——也就是当年在大银杏树下、三官殿门口、班家净发行披间里的那一幕。成年后不仅爱读而且想自己也写一部，这个愿望虽然遭受了强烈的压制，但终于在进入中年后实现云云。

这部书以唐人段成式《酉阳杂俎》和牛僧孺的《玄怪录》为范本，大体说来应属于文言的短篇笔记；就题材而言，取材于禹贡旧典，应当属于神话志怪一类。鉴于《西游记》的名头和霸气，很多人对印象中的《禹鼎志》寄予了很高的期望，然而我觉得它未必会像《西游记》那么精彩。因为它是文言小说，这决定了它至少不会像《西游记》那样汪洋恣肆，独辟一方天地而榜样后世。但《禹鼎志》存在的意义显然也并不那么单一，换个角度看，它是吴承恩跨入纷繁世界并承诺担起道义责任的一个阶段性节点，犹如打开吴承恩内心世界的一把钥匙。

何为禹鼎？大禹治水的故事，最初的启蒙课本上都会有。老师告诉我们的大禹故事大致说来有两种：

一种是歌颂大禹的智慧。说在尧舜时代，天下洪水为患，于是舜委派大禹的父亲鲧负责治理洪水。鲧逢洪筑坝，遇水建堤，采用堵和填的办法，虽然也很辛苦但九年而水不息。鲧被追责杀头后，禹继续治水，他踏遍九州实地考察，采用因势疏导洪水的办法，历时十三年之久，终于把洪渊填平，河道疏通，使洪水经湖泊河流汇入海洋而不再肆虐。

一种是歌颂大禹的公而忘私。说大禹新婚才四天，便离家治水去了，十三年中曾经三次路过家门而不进去。由于常年奔波在外，人消瘦了，皮肤晒黑了，手上长满了老茧，脚底布满了血泡。这种克己奉公、吃苦耐劳的忘我精神被传为千古佳话。

这样的解读当然不错，很正规更正统，但已经剥去了数千年来包裹在这个故事外壳上的衍生物而使之成为一段纯粹的远古历史，也就失去了这个故事某些重要而丰富的象征寓义。就像一棵大树，因为年代久远而生了苔藓，包括有了木耳、香菇等衍生物。现在剥去衍生物让大树去做建筑材料当然天经地义，但要知道那些衍生的菌类也有丰富营养，用大树培育食用菌也是它的正经用途之一。

什么是大禹治水这段远古历史的衍生物？就是禹“荆山铸九鼎”的神话故事。鼎，本是古代祭祀时盛放肉食的青铜器具，因为它自身的贵重和使用者必然具有的身份，就使得用鼎盛放祭品供奉神灵祖先有了特殊的意义，后来便逐渐演变为专门用于祭祀的礼器，成为国家政权的象征，如果有哪位诸侯私下探问鼎的大小重量，就叫“问鼎”，便会被认为是有了觊觎王位的野心。据说大禹因治水有功而成为受人尊敬的部落联盟领袖，他把天下划分成九个行政区域，称“九州”；又在荆山这个地方用各州进贡的青铜铸成九只鼎，称“九鼎”，以一鼎对应一个州，这在正史里便称为“收九牧之金，铸九鼎，象九州”，然后把这些鼎分别送给被他选出来掌握九州的人，送你一只鼎就意味着赋予了你一方区域的管理权。

为了帮助受托人更好地管理，大禹在鼎上刻了后世称为“魑魅魍魉”的图案——各地特产的妖魔鬼怪。据说，大禹在治水时踏遍了大江南北的每个角落，对于喜欢作祟的猛兽、邪神、厉鬼了解得都十分清楚，所以他命令工匠将这些妖魔鬼怪绘成图案，镌刻在对应的鼎上，以便百姓有所警惕，“铸鼎象物”，“使民知神奸”。他认为，只要熟记巨鼎上的图案，就可以趋吉避凶，通行无阻了——“魑魅魍魉，莫能逢之，用能协于上下，以承天休”，也就是有利于建立和谐社会。

这时候的禹是作为英明政治人物出现的，鼎的文化意义在这个故事中也被强化扩展了，成为政权不可撼动的象征；而在鼎上铸出图案，以庄重严肃的形式揭示人间邪恶，也从此成了政治的一项传统和政治人物的一种道义。

以《禹鼎志》为窗口，我们似乎可以看到吴承恩在前程上虽然比朱曰藩稍逊一筹，但在志向上也许更高远，道德上也许更崇高。在大银杏树下班家的净发小店里，吴承恩第一次惊讶地听说了被锁在龟山下的淮水水怪无支祁，并由此而知道了圣贤大禹不为人知的另外事迹；若干年后，不管水怪还是大禹，在他的意识里，都已经脱离了故事的躯壳而成为一种社会意识的符号——换句话说，其背后的玄机都已经被他参透。这点，朱曰藩做不到，他的思维平台就是官场和仕途。

首先注意这一句“昔禹受贡金，写形魑魅，欲使民违弗若”，这是说他的《禹鼎志》已经接受了大禹铸鼎这个故事的历史规定性，以把社会的黑暗丑陋彰显出来为己任。

再注意“虽然吾书名为志怪，盖不专明鬼，时纪人间变异，亦微有鉴戒寓焉”一句，这是进一步地明确他所讲述的故事的针对性和具体的象征意义，所谓志怪，不过是包装用的外衣幌子而已，其实都是人间变异。

第三句“读兹编者，傥悚然易虑，庶几哉有夏氏之遗乎”，他想让谁悚然警醒而“易虑”改变主意？当然是在故事中暗示影射的对象以及“读兹编者”；“易”什么“虑”改变什么主意？当然是希望他们不再戕害百姓。他认为能收到这种效果，就是大禹——有夏氏——和他自己的本意。

最后，吴承恩将这一切归纳为一句豪情满怀的话：“国史非余敢议，野史氏其何让焉。”仔细品味，这句话实在是心高、气盛、张扬、托大，不是一个小小秀才应该说的。中国是一个史官文化十分发达的国家，既有历代官修的皇皇正史，也有民间撰结的各式野史，修史往往超出记录历史事件本身的意义，而成为对社会的评价和批判社会的工具。越到后来，正史越来越成为政府的意志，并代表着后代对前朝的官方评价以及现今政策的指向，而野史也越来越具有个性灵魂，往往会下意识地矫正正史偏差而扮演反对派的角色，至少会成为作者独具个性的社会意识的一种显示方式，代表作者对社会的一种批判。吴承恩不具备修编国史的身份资格，所以他说“国史非余敢议”，但他认为做一个“野史氏”则是他的权利，也是他的责任，而他是不会躲避这种责任和权利的——“其何让焉”！

这简直就是一位当代愤青。吴承恩不具备“指点江山，激扬文字，粪土当年万户侯”的胸襟气魄——他没有那样的历史环境，但他对社会责任、对历史道义“其何让焉”的担当精神、批判精神，决不愧对四书五经所教导的修身、齐家、治国然后平天下的人生原则，也足以勾画出他由凛然正气支撑的时代形象。由于吴承恩声称，他写作《禹鼎志》的冲动由童稚时代延伸而来，因此《禹鼎志》和它的昭示，实际上构成了吴承恩人生的基本精神。

现在还谈不上用《西游记》与《禹鼎志》对勘，因为《西游记》是更成熟的吴承恩的写照。他在三十来岁时想做一个“野史氏”的道义担当，可以由另外一件事显现。

嘉靖二十一年（1542），淮安来了一位府学教授，姓陶，名师文，号未斋，由江西铅山县令任上调来淮安。陶教授是嘉靖元年（1522）举人，年龄应该较吴承恩要大一些，五十岁左右吧。这位教授为人可能比较谦和，到任不久就与吴承恩等一批老生员混得挺熟，有一次，作为学生的吴承恩竟然写了封信给陶教授讨酒：“床头社瓮鹅儿熟，江口春船石首来。欲就吾师谋一醉，讲坛何日杏花开？”说你刚从湖北老家来，我们已经闻到了你床头瓦缸里腌鹅的味道，不知是否允许去你那儿弄点酒解馋？这种场景似乎倒也是挺温馨的。后来由于教学有方，这位陶教授获得了上级的嘉奖，众人作贺，吴承恩也写了一篇《贺学博未斋陶师膺奖序》。但他的着眼点与别人不一样，他认为褒奖并不足以使陶师荣耀，陶师身上最珍贵的东西是人品的正直，人格的独立。他讲述了陶师的经历：这位陶师曾经两任铅山县令，因为关心小民，力抗强豪，因而被上级参劾左迁——也就是降级使用，而陶师决定放弃地方官的职位，愿意来任无权无势的教职，以圣贤之学培养人才。在这篇文章里，吴承恩以非常不齿的口吻对当时的社会风气做了描述：

> 夫独不观诸近时之习乎？是故匍匐拜下，仰而陈词，心悸貌严，瞬息万虑，吾见臣子于太上也，而今施之长官矣；曲而跽，俯而趋，应声如霆，一语一偻，吾见士卒之于军帅也，而今行之缙绅矣；笑语相媚，妒异党同，避忌逢迎，恩爱尔汝，吾见婢妾之于闺门也，而今闻之丈夫矣；手谈眼语，诪张万端，蝇营鼠窥，射利如蜮，吾见驵侩之于市井也，而今布之学校矣。

这里所列出的种种，恐怕就是当时吴承恩心目中的魑魅魍魉。

何为新编

官场和文坛双重名人马汝骥于嘉靖十七年（1538）接任南京国子监祭酒，大约在此后的一两年内，他向吴承恩发出了任职邀请，有意让他在自己的幕下做一名掌书记员，起因则是马汝骥机缘巧合看到了吴承恩的《花草新编》，大为欣赏。

国子监又称太学，是朝廷官办的学院，朝廷每年都会选拔一些暂未任职的举人和各地推荐的贡生（享受相当于举人待遇的老秀才）入监深造，叫坐监；这些人的身份就叫监生，期满出监之后，他们可以继续参加上一级的考试，也可以到吏部挂名选一些七品以下的官职。国子监负责人的官职叫祭酒，意思是由他代表天下读书人在正式的仪式上向至圣先师孔夫子献祭。进入国子监也是读书人的一条出路，吴承恩后来确实也在那里混了十来年。

能够掌管国子监的自然是国家的栋梁人才，但掌书记却不是国子监的正式编制官员，而只是祭酒聘任的负责处理往来公文的职员，出任这个职务虽然对老秀才们来说很体面，但却意味着就此放弃了进入仕途做官的理想而永远只能是一个吏。

马汝骥的邀请通过淮安府学的官员转到了吴承恩的射阳簃。吴承恩当时很有些诧异，因为他不认识这位祭酒，他们之间社会地位的差异确实太大。他听府学的教授们谈过，马汝骥的年辈比他要长，而且入仕之后，基本上都是在翰林院一类的台阁机构任职，是一个典型的眼高过顶的宫廷文人，能得到他的赏识，绝非易事。

一时间，他竟有些不知所措。当然不是出于羞怯，他吴承恩探花府闯过，知府衙门进过，也不算很生涩了，乱了方寸其实是因为内心的纠结。一方面有些兴奋，他自诩在淮安小有才名，但未曾想过今朝今日这点名气会刮进马汝骥一类江湖成名人物的耳朵里，而被看重的《花草新编》，正是他这些年利用科举间隙陆陆续续编成的得意之作。大家都说能得到马祭酒的赏识难能可贵，他内心深处更在意马祭酒的一双慧眼，已经斗胆将这位祭酒引为知己。但另一方面，如果应招而去，就意味着要彻底放弃对功名的追求，将来最好的前景就是由掌书记这样的职员上升为小吏。而他对科场之路并没有死心。尽管我们以下会说到，吴承恩的科举之路从一开始就是一场关公战秦琼式的误会，但他本人却不会就此认输，他的内心还有强烈的再拼一场的渴望。

“我进城去一趟。去潘府。”他卷上几张近日作的诗文和功课，向叶氏夫人交代道。诗文是准备给熙台公看的，功课是准备交到府学的。他没有像往昔一样在门前小码头上登船，而是雇了一匹骡子，骑骡子进城要快一些。此时的他并没有多大的急事，但有点兴奋。

潘府在淮安城内也是著名的高门台。主人公潘埙，号熙台，长吴承恩三十岁，吴承恩称他为熙台公。潘埙出道极早，是淮安的上一批神童之一，在吴承恩现在这个年龄，已经中了进士，四十来岁已经官至右都御史巡抚河南，是一位官近极品的封疆大吏。后因直言而被人恶意弹劾，回乡后便无意仕途，自己作作诗文，整理一些乡邦文献，早早地就进入了晚年生涯；朝廷后来事实上也承认了误伤，屡次有意重新起用，但都被潘埙以身体欠佳为由婉拒。潘埙的经历、见识和人品，都使吴承恩深为佩服，所以他也就成了潘府往来最勤的客人，而吴承恩中年后连年失意一筹莫展时，潘埙也给了他很多正面的安慰，直到嘉靖四十一年（1562）潘埙去世，吴承恩一直与这位乡前辈关系密切，他曾经以欧阳修提携苏东坡、韩愈提携贾岛的旧典来比喻他们之间的关系。

熙台公已经早早蓄起了长髯。毕竟是过来之人，他并不与吴承恩多言，只是走到书案旁看似很随意地写下了李商隐的两句诗：“嫦娥应悔偷灵药，碧海青天夜夜心。”吴承恩顷刻明白，这是熙台公在提醒他，绝不可留下任何人生遗憾。

可以不去应招，但礼节不可或缺。吴承恩回家以后，很用心地写一封信回复素未谋面的马祭酒。信就是保存在《射阳先生存稿》里的《答西玄公启》。信文字精彩，程序到位，完全可以作为职场应酬的范文。

信中首先颂扬马汝骥作为祭酒传经授道掌天下文运的德行，其次感谢马汝骥慧眼识才对自己的赏识，而后则是受到赞扬后的谦辞，最后表达了自己对科场还有一点期待请另选高明的意思。通篇用四六文，骈骊华美，旧典联翩，所有的表述没有一句直白之言，全都藏在锦绣文字之中，用旧时文人的标准衡量，堪称绝佳。其中对应于马汝骥对《花草新编》的赏识，吴承恩特别写了一段非常感伤的文字：

> 承恩，淮海竖儒，蓬茅浪士，倚门肮脏，挟策支离。……月旦虽工，翻淹马枥；春秋已壮，尚泣牛衣；徒夸罗鸟之符，误忝屠龙之伎。囊底新编，疏芜自叹，怀中短刺，漫灭谁投。

如果说，整篇《答西玄公启》大量罗列的表示颂扬和自谦的掌故旧典，是在做一次貌似低调的张扬，那这一段则是吴承恩自己怀才不遇处境的心酸写照。“淮海竖儒，蓬茅浪士，倚门肮脏，挟策支离”说自己的心境，貌似谦卑，实际上却充斥桀骜不驯，不甘不服。“月旦虽工，翻淹马枥；春秋已壮，尚泣牛衣”说目前的处境，老大不小，科举却一再受挫，事业无成。“徒夸罗鸟之符，误忝屠龙之伎”表示他知道原因所在，所学虽高明，但对国家而言不是经世之学；对自己来说也不是实用之学。“囊底新编，疏芜自叹，怀中短刺，漫灭谁投”，在功名未就之前，《花草新编》只能留作自爱之物，恐怕不会得到真正的赏识。

那么，受到马祭酒的青睐赞扬，吴承恩自珍自爱但毫无实用价值，徒增怀才不遇之感、疏芜难用之叹的“屠龙之伎”《花草新编》究竟是什么东西？

它就是同样被珍藏在射阳簃里的一部唐宋金元词选集。“花”指反映唐人词基本面貌的《花间集》，“草”指南宋人编的宋人词精华《草堂诗余》，因为做了重新编选，所以称“新编”，简而言之，就是吴承恩编选的一部前人词集。

这部词集的存在虽然早已被不同渠道的信息证实，但一直没有人真的见过，甚至没有人知道它究竟属于何种规模，因此数百年来并没有引起太多的重视。然而上苍或许不愿如此草率地埋没吴承恩的绝代才情，这部词集竟然不可思议地在失去消息四百多年后重出江湖。上世纪五十年代，这部钞本残卷劫后余生出现在上海，被上海图书馆购得，当时已经破损霉烂无法翻页，上海图书馆以不计成本的耐心和精细重新装裱，终于使它重见天日。

只有当这部词选集摆放在案头时，才能体会到它的分量。

根据现存的残卷分析，全部《花草新编》分小令二卷（佚）、中调一卷、长调两卷，选录前人词作约八百首，除来自《花间集》和《草堂诗余》之外，尚有金元词人作品数十首。这是一个前所未有的范围和篇幅，实际上就是到那个年份为止最为全面的一部前人词精品集大成者。

审视它的体例更有惊人发现。前人选词，从南宋何士信编《草堂诗余》开始，实行的都是一种分类选词的办法，即按照春、夏、秋、冬四季将词作分出大类，再按照情、景、怨、恨等等在四季下分出小类，如春情、春景、春闺、春恨等，不分词调，也不管情调，统统同类合并。以后词选渐多，但仍不出旧例，据说直到明嘉靖二十九年（1550）顾从敬刻出的《类编草堂诗余》，才有了分调选词的进化，也就是使用小令、中调、长调的概念分出大类，再在以下罗列同一词调的作品编排，如“中调”之下有《蝶恋花》，《蝶恋花》之下又有欧阳修《蝶恋花》、冯延巳《蝶恋花》、晏几道《蝶恋花》等等。但我们看吴承恩的《花草新编》，赫然就是分调选词！而它完成的时间，要早于顾从敬十多年。这也就是说，吴承恩他老人家在词史上还占有一个革新者、开创者的地位，难怪马汝骥赏识。

二十年后，也就是嘉靖三十八年（1559）吴承恩五十四岁时，淮安府来了位新任推官。推官是朝廷为知府配备的副职，掌管刑名，正七品，在府衙中也是重要人物。这位新推官姓陈名耀文，虽说也才三十五岁左右的年纪，但已经中进士九年，在京城任职多年后现外任淮安府推官，眼见就是实任知府的材料。此人白净面皮，高挑身材，极有倜傥书生模样，虽然少年得志但性情平和，到任不久就与一班地方名士打得火热。

其时吴承恩已经有了岁贡生的名分，正挂着名义在南京国子监坐监读书。所谓读书，不过形式，熬年头混一个资格而已，平时倒是多半在乡。某日，陈耀文特意将吴承恩请到酒楼小酌，道："闻听汝忠贡士大才，于诗余倚声（按：词的别称）甚是在行。小弟偶尔也喜填一两支曲，今后倒是要多多请教。"陈耀文以现任官员的身份放低身段表示讨教，且填词作曲一道又挠到了吴承恩的痒处，所以一顿平常的小酒倒喝出了久违的痛快。后来吴承恩见陈耀文在词学上确实也有造诣，便把《花草新编》拿出来与陈耀文商讨切磋，这也算是文人相交的自然结果。

我们不知道陈耀文当时抄录《花草新编》是否得到了吴承恩的允许，也不知道他的初衷究竟为何，但从后来的所作所为来看，颇得吴承恩信任的陈耀文在人品上还是有些缺陷。他在退休后也拿出了一部同类的词选集《花草粹编》，其体例编排都与《花草新编》如出一辙，甚至连自序也仅是对吴承恩《花草新编序》略加改动而成，只是轻描淡写地增加了一句当年在淮安任职时曾经借用过吴承恩的藏书云云。客观地说，陈耀文的《花草粹编》是在吴承恩逝世后面世的，很难说对《花草新编》的生存造成了何种实质性伤害；《花草粹编》选词的数量要多出很多，为后人保存了许多罕见的词作词牌，具有更强的资料价值，陈耀文为此也花费了若干年的时间，付出的努力值得肯定。但其选词终是得之于《花草新编》的启发，其攘夺吴承恩的成果未必是无心之过，尤其是他的不诚实态度，导致今天为吴承恩恢复应有的地位名誉徒增许多口舌。

假以时日，《花草新编》将会改写文学史的某些章节。但我们似乎应该想这么一个问题：编一部词选集也许只是占用时间，而创一种体例，那绝对要殚精竭虑，苦思冥想，占用大量的精力。这与打铜巷里吴家的历史期望还是一回事吗？一个人究竟有多大的精力和时间，能经得起如此奢侈的挥洒？

何为二郎搜山

有人说，看一个人的性情品位最好读他的词，了解一个人的政治抱负最好读他的诗。

嘉靖十八年（1539）前后，对于朝廷和地方都是多事之秋，一系列政治暗流由上而下地搅动了大明王朝的大半江山，而吴承恩也因为这数年间的风波在诗文中直接表现出了对政治的关切和对自己“野史氏”人生道义的践行，具体所指就是他的七言古风《二郎搜山图歌》。

确切地说，《二郎搜山图歌》完成于嘉靖二十一年（1542）左右的一次文友聚会时，是吴承恩诗文中最为慷慨负气、最为畅酣淋漓的一篇。但这次文友聚会只是引发激情的一个契机，事情的渊源得从本朝改元的那一刻说起。

十八年前的正德十六年（1521），前朝武宗皇帝朱厚照突然去世。这位皇帝生前的种种行为曾引起很大争议，在著名历史学家黄仁宇的《万历十五年》一书中，他被视为是一位懵懂的先知先觉者，他坐在那个特殊的位置上，首先感受到了中国封建制度下官僚机构的成熟以及皇权与相权的颉颃，并且采用了种种玩世不恭的方式戏弄、对抗日益强大的士大夫们。宏观地看历史进程，这个见地极为深刻，但不管是当时还是现在，包括吴承恩在内的大多数人通常都无法在这个层面上理解问题，大家首先关注的是这位武宗皇帝的古怪和荒唐。而吴承恩正是从这位皇上身上第一次感受到了政治的难以理解。

从一件小事说起。江淮地区有一种常见的小鱼，通称鲫鱼，但在淮安却拜武宗皇帝的恩泽被称为“朝鱼”，至今如此。

且说武宗皇帝在宫中玩得有点腻了，后来几年他最乐意的事是玩失踪，因为悄悄地外出没有任何约束，不必听大臣们无止境的絮叨。所以他高兴起来就带几个太监套上便装跑到大同、宣化等左近地区渔色，不管是青楼女子还是大家闺秀，只要入眼——甚至是听得一点风闻，他就会闯上门亮出皇上身份，再然后就会把这女子安置在宫中。

正德十四年（1519）秋，武宗南巡，因为他身边有位太监总管是淮安人，所以就在淮安停留了下来。大约由于有刚刚从大同得来的青楼女子刘凤贞随行，武宗在淮安倒没有闹出什么出格的风流韵事，但他好上了钓鱼。

与漕务相关，户部在淮安清江浦有个很大的储粮库，叫常盈仓，通常仓库都得近水，殆为防火的需要，因此这常盈仓的院子里就有一个极大的水塘。不知道从何说起，武宗想到了在这里伸竿垂钓。上钩的鱼很多，一水都是十来公分大小的鲫鱼，每钓上一条，围观的大臣便高声叫好，于是皇上一高兴，上钩的鱼便都被赏赐给了一众大小官员。官员们自然受宠若惊，抖呵呵地把鱼捧回去，养起来，然后招呼全家老小包括三亲六眷都来观赏，以示荣耀。最初能得到赏赐的都是漕运、盐政、河道和户部税务机关、仓储机关的官员，那些不得接近皇上的地方豪绅只能设法求告转让，得到一麟半爪，便视为拱宝，烟花爆竹声中，张灯结彩地迎回去，唯恐他人不知。这鱼也就得到了一个特别荣耀的名字：朝鱼——谓其上钩乃是朝圣。

转眼过去了三十四天，武宗还在一如既往地钓鱼、赏赐，大臣们渐渐有点紧张了。因为皇帝的赏赐不是白给的，旁边都有太监记着“某日，皇上赏某大臣朝鱼若干尾”，某大臣第二天就得向皇上纳贡以示感谢，皇上天天有鱼上钩，陪侍的大臣就得天天纳贡。虽然可以设法转让，但稀罕劲大不如前，身价也就没有当初那么高了，转让就有了摊派的性质。最后各位大臣合伙凑了份子，打通了太监江彬的关节，才让武宗抓紧启程去了下一站扬州。谁知钓鱼钓出了甜头，这位皇上第二年又来淮安，还是为了钓鱼，而且听从太监的调唆，要上船撒网拿鱼——道理很简单，撒网鱼总是会比钓鱼弄到更多的鱼。这时候，大家才渐渐地回过味来，原来项庄舞剑，意在沛公，上钩的不是那些可怜的朝鱼，而是已经被皇上盯上了的占据淮安各肥缺衙门的总督、巡抚等一干大小官员。皇上留在淮安，与那位淮安籍的太监总管其实没有多大关系，去而复来，也是因为惦记淮安有那么多的肥缺衙门——要知道，漕运总督的任期基本上只有一年，有时甚至半年一换，殆因油水太足，皇上知之，朝廷知之，漕督本人亦知之，就公务而言，见好就收为妙；而皇上则另有点小算盘，既然你们这么肥，那为何就不应该备点额外的孝敬？所谓钓鱼者，说白了就是以鱼为诱饵也。后来网上一条大鱼，武宗一高兴脚下踩空，跌入水中，惊吓之下，当即躺倒，回到京城后一命呜呼，关于钓鱼的案子才算了结。

这不是传说——尽管可能有一点渲染。

这一年吴承恩十六岁，这大概是他第一次离政治如此切近。虽然没有机会面见圣上一睹龙颜，但皇上驻跸淮安近在身边也是难得的事。然而钓鱼的话头渐渐传开，进而引出了有关皇上的若干旧事，私下有议论说皇帝贪财好色。甚至在学中也有人花重金转让了朝鱼而觉得后悔。朝鱼是什么，大家都很清楚，本来也许附着一些宠爱荣耀，但现在成了茶余饭后的笑话。在这个年轻人心目中，皇上的光环渐渐有些黯淡，但他还是像那个时代的绝大多数人一样，坚信皇上天生圣明，所有的问题都出在他身边的那些小人身上——那些宦官佞臣。后来武宗过世，皇太后首先降旨杀了武宗最信任的佞臣江彬，正好印证了吴承恩的判断。在他后来的各种文字包括《西游记》中，凡簇聚在皇上周围的人都会受到他强烈的质疑和批判。

武宗的死在朝廷中引起一阵混乱，因为他无子，且自己本身就是单传，这种状况叫绝嗣。最后皇太后和朝廷大臣们商量决定，由封在湖北安陆（今钟祥）的第二代兴献王朱厚熜继承大位。朱厚熜在辈分上是武宗血缘关系最近的堂弟，时年十五，即位后改元嘉靖。

朱厚熜幼年时受过良好的教育，外表虽然不如其堂兄朱厚照威猛，性格也不外向，但遇事有主见，甚至有那么一点外柔内刚、刚愎自用的意思。其进京伊始，他便看出满朝文武尤其是几位内阁大臣心存掌控自己的非分之想，便也拿定主意就要在这些大臣身上树立自己的权威。他面对的第一个挑战，就是以何种身份继承皇位的问题。按照朝中大臣们的设计，他应当是“承嗣继位”，也就是以小宗入大宗，先过继给朱厚照的父亲明孝宗弘治皇帝成为明武宗的弟弟，然后以明孝宗之子的身份继任皇位。但朱厚熜认为这绝对不能接受，自己应当是按照“兄终弟及”的祖训“承统继位”，自成一宗，必须行天子礼，从大明门入，在奉天殿即位，并坚持要将自己的生父封为皇帝。而大臣们认为这不合礼制，绝无可能，双方争辩了很长时间，最后君权的高压体现了巨大的威力，拒不依附的大臣或者被下狱，或者被当廷打死，最好的结果也就是勒令还乡，朱厚熜的意愿终于得以实现。

嘉靖十八年（1539），嘉靖皇帝的生母章圣太后驾崩，由于朱厚熜的生父身后葬于湖北安陆封地，因此他决定将母亲的棺木南送，与父亲在安陆的显陵合葬，并决定躬至安陆，亲自调度，是为南巡。这次南巡皇上一方已经获得绝对的话语权，原先的持异议者已被清除殆尽，现在大臣们考虑的则是如何为皇上寻找理论根据和替皇上想得更为周到，即使有些谏臣直言反对也不过如蚊蝇嗡嗡而已，而各派政治势力也在借这个机会伸展自己攻击对方。此次随同南巡的有翊国公郭勋、礼部尚书严嵩、左都御史王廷相、御史胡守中等，还有新近得宠的道士陶仲文，他们都将在以后的政治格局中扮演重要角色。

是年二月，嘉靖帝率文武百官浩浩荡荡离开京师，向南进发。这是一支庞大的队伍，为出巡铺桥修路、搭建行宫、供应粮草等，朝廷支用了太仓银等数十万两，地方上供给更为浩繁，略有疏漏便会受到惩处。更普遍的是随行的宦官、锦衣卫和大小京官趁机骚扰百姓，勒索地方。在冠冕堂皇的理由背后，就是大量的类似于封口费的贿赂。有人则借用典故，以“四凶”“五鬼”明指在南巡中受宠、发迹、嚣张的严嵩、张赞、郭勋、胡守中等人。“四凶”“五鬼”都是旧典：四凶指传说中被舜帝流放的四个凶神，或说指三苗、驩兜、鲧与共工；或说指饕餮、浑沌、穷奇与梼杌。“五鬼”指宋代奸相王钦若等。

四月，章圣太后的梓宫赴湖北安葬，走的是水路，即出京经运河入长江，再溯长江而上到达安陆，这就必经淮安。地方官府与乡绅照例要安排迎接和拜祭等一应仪式。其时蔡昂由礼部右侍郎调任南京礼部侍郎，上任途中在家小憩，自然就成了迎接太后梓宫的头面人物，他把写一篇祭文的任务交给了吴承恩，也算携带吴承恩参加了迎接太后梓宫的筹备。

章圣太后梓宫南移过境，虽然没有嘉靖南巡那样声势浩大，但骚扰地方的气息相似。先是大小码头清场封路，所有公私船只回避；其次一切皇家祭祀的繁文缛节，不能缺少任一环节；再次为供应船上数千人的三餐饮食，几乎征用了大小酒楼的所有厨师；而最不堪忍受的是那些随行京官阉宦，贼溜溜的眼睛瞪着就是为了找茬儿，而平息所有麻烦的不二法门就是递上银子。虽然在淮安境内仅有三天时光，官府士绅却不堪其虐，直到将梓宫和一大堆“蝗虫”礼送出境，包括蔡昂在内的众人才直腰摇头相对苦笑。

吴承恩虽在外围执事，但对这一应过程感同身受，因为所有的勒索贿赂都处于半公开状态，有眼就能看到，有耳就能听到。他没想到自己顶礼膜拜的圣明天子周围竟有这么一批百姓蠹虫，没想到自己期待一展身手的朝廷竟有如此黑暗肮脏的一面，没想到世道竟和他每天要读的圣贤教诲如隔海天。他问蔡昂：“恩师，难道朝廷就是如此风气做派？”蔡昂能说什么呢？他是朝中少有的一直在清要部门任职的官员，也是少有的清廉自律的官员，但也仅能做到洁身自好而已，对于纠弹风气早就自认无能。他只能回答明君恒在，小人常有，圣听终究不会被蒙蔽，庙堂终究会有正气张扬之时等等一番套话。

随着南巡沿途酝酿出的对朝官厌恶情绪的发酵，朱厚熜渐渐地也感觉到了怨气有向自己转移的可能，于是在随后的二三年内陆续惩办了一批官员，斩去了“四凶”“五鬼”中的郭勋、胡守义。在嘉靖二十年（1541）的郭勋案中，吴承恩的一位挚友冯焕以自己的前程为代价声张了正义。冯焕，号南淮，与吴承恩曾一起在府学读书，属于肝胆相照的那一类朋友，上一科春闱中进士后留京任刑部主事，职务虽不高，但郭勋案他是经办人之一。郭勋是明初武定侯郭英袭封六世孙，郭英是一员武将，当年跟随朱元璋打天下战功赫赫，尤其得到信任。后来也不涉政治，所以在洪武年间朱元璋的大清洗中得以保存。这位郭勋一点没有乃祖的风标，朱厚熜继位后，他挟恩宠，揽朝权，擅作威福，网利虐民，终于引出公愤，朝野舆论都将他列为“四凶”“五鬼”之首，朱厚熜也对他极端骄横甚至亵渎人臣之礼不满，于是将郭勋下狱等候处理，但朱厚熜还有庇护之意，态度比较暖昧。此时包括冯焕在内的刑部法司官员一边坚持秉公严办，坚决不理皇上屡屡发出的从轻发落的暗示；一边也用了点严刑逼供之类的小手段，最后将郭勋弄死在狱中。这个结果当然是朱厚熜不愿见到的，一阵雷霆之后，冯焕被贬边方，也就是被发配到偏远的广东茂名任县尉。

冯焕赴任途中在淮安做了停留，昔日同窗相聚，吴承恩特意写了一首诗相赠，诗题《杂言赠冯南淮比部谪茂名》，其中“比部”即冯焕在刑部的任职，诗中他以骏马、宝刀作比称赞冯焕：

君不见骅骝騄駬烟霄姿，舞辔出门遭一蹶。龙沙顾影志千里，一喷生风汗成血。夫容玉花之宝刀，流落丰城比凡铁。忽然一日长光价，照胆吹毛动烟雪。

这是对冯焕道义精神的肯定与夸奖。接着又劝慰他说，如今世道是“黄金铄众口，白玉生苍蝇”“文章狎鱼鸟，君子为沙虫”，真的是翻云覆雨，只希望他记住“韩子来潮阳，儋耳苏长公”（韩愈、苏轼）的故事，像他们一样豁达，度过这困难时光。

大约冯焕对吴承恩透露了大量宫廷和朝政的内幕，吴承恩这一时期显得尤为亢奋。很简单，追求功名的士子不管有多少弱点、缺点甚至是污点，但永远比庙堂之上的达官贵人单纯干净得多，至少圣贤的教诲没有被完全曲解或者丢弃；而没有亲身经历的人不会理解政治是如何的黑暗和腐朽，当无可怀疑的事实摆在面前时，自然会产生一种极度的失落和焦躁。

面对黯然叹息的冯焕，吴承恩无言以对。他不能追问更多的“为什么”，因为冯焕即将远赴他乡，像壮士一样去面对许多的未知，他更需要一种淡定和豪气，所以吴承恩只希望他记住韩愈和苏轼，而不愿再为他增加沉重的精神负担。但那些“为什么”不会自然散去，只会在内心深处郁结得越来越深。

吴承恩对政治黑幕的反感终于在一次文友的雅会上喷发。

事情起于吴承恩的一位同姓文友吴醴泉，他是世家子弟，祖上曾经做过御史，现今吴家虽然风光不再，但仍有书香大宅的气度，家藏古籍字画甚多。据说他家曾藏有一幅一百多年前永乐朝著名宫廷画家李在的人物长卷《二郎搜山图》，先辈爱如珍宝，可惜在吴醴泉祖父手中遗失，阖家引为憾事。然而天道循环，现在这幅画竟然又被吴醴泉从古玩商人手中得到而认祖归宗，大喜之下，这位吴兄邀请本城的名士法家共赏，吴承恩在列。

画卷为设色绢本，长达数米，慢慢展开，满室轰然惊讶。画卷虽是明人所作，但仿宋元技法，工笔人物，水墨背景，古拙且有生气；所绘为嘉州太守赵煜率领梅山兄弟剿灭山精水怪的场景，一众妖魔或捆绑，或拖倒，或斧钺加身，场面开合有致，气势磅礴如虹。惊叹之余，一干文友的话题渐渐地转移到朝政上，有接近官府消息灵通的说到了京城近来“四凶”“五鬼”的喻指，群情顿又鼎沸，大叹世风不古，竟全无贤明气象。

主人留饭。吴醴泉道：“今日略备小酌助兴，望各位快意。献茶之后，请留下墨宝以纪盛事。”众人自是欢呼雀跃，跃跃欲试，应景酬答，都是看家本领。酒过三巡，就有人离席，泼墨挥毫，笔走龙蛇；待香茶献上，已经诗、书、题、跋俱全。

唯独吴承恩端坐默然，他第一次觉得这种场面有点不合时宜，竟有点愧对如此一幅好画了：天下向来英雄与妖魔共生，精魅横行方显英雄本色，前有大禹铸鼎将魑魅魍魉显形于四方，又有二郎搜山锁拿天下山精鬼怪，都是解救天下苍生的千古事业。然而今日朝中又见“四凶”“五鬼”，百姓凄苦再如倒悬，但何时才有二郎这样的英雄横空而出？想到此处，不禁叹息。

吴醴泉瞥见，忙道：“汝忠乃是题画高才，今日倒是落后了。快来，快来！”见吴承恩眉间如锁，又颇为体贴地说，“不过诗画都不是急事，如需斟酌，在下明日登堂索宝也可。”他怕今天这位文思滞塞，一时不能成篇，这也是常有的事，言语之中就留下了台阶。

倒是吴承恩走了过来，起手一揖：“这《二郎搜山图》仰慕已久，今日得以展眼，果然不负期待，何等激动。但睹物思人，倒真为我朝百姓忧心，庙堂又见妖雾，毕竟不是幸事，不知我朝二郎又在何处！”叹息一声，又神情一凛，道：“此情此景，说几句陈词滥调岂不辜负？请各位恕在下放肆。”提笔写道：

二郎搜山卷，吾乡豸史吴公家物。失去五十年，今其裔孙醴泉子，复于参知李公家得之。青毡再还，宝剑重合，真奇事也，为之作歌：

此为小序。吴醴泉连称：“贴切！确为我家幸事、奇事。”

少年都美清源公，指挥部从扬灵风。
星飞电掣各奉命，蒐罗要使山林空。
名鹰搏拿犬腾啮，大剑长刀莹霜雪。

猴老难延欲断魂，狐娘空洒娇啼血。
江翻海搅走六丁，纷纷水怪无留纵。
青锋一下断狂虺，金锁交缠擒毒龙。
神兵猎妖犹猎兽，探穴梼巢无逸寇。
平生气焰安在哉，牙爪虽存敢驰骤。

此为描摹，本题画诗的应有之义。众人喝彩。说实话，如此笔墨场景，已非画境可容，在座诸位非不为者，实不能也。

我闻古圣开鸿濛，命官绝地天之通。
轩辕铸镜禹铸鼎，四方民物俱昭融。
后来群魔出孔窍，白昼搏人繁聚啸。
终南进士老钟馗，空向宫闱啖虚耗。
民灾翻出衣冠中，不为猿鹤为沙虫。
坐观宋室用五鬼，不见虞廷诛四凶。

此为议论，话题已涉朝政。众人附和，或慷慨指点，或窃窃叹息，一介书生，其本色亦仅此而已。

野夫有怀多感激，抚事临风三叹息。
胸中磨损斩邪刀，欲起平之恨无力。
救月有矢救日弓，世间岂谓无英雄？
谁能为我致麟凤，长令万年保合清宁功。

此为抒怀。众皆默然，谁是世间英雄？没人想过，无此心胸也。

阳光下的罪恶

是谁培养了吴承恩甘为“野史氏”而主动承担社会责任的人生道义？是谁把吴承恩引上了以描摹情态为手段的文学之路？

吴承恩身边没有革命者，没有思想家，甚至没有哲学家，只有仕途上的熙熙攘攘的得意者和落魄者。如果说到对吴承恩另类的“培养”和“引导”，最大的嫌疑人就是那位日夜期待他在功名上有所建树的老人家吴锐。当我们回眸历史，仔细研究这位看起来无关紧要的老人时，关于吴承恩和《西游记》许多疑团的答案其实已经有了。

吴锐幼年失学，但酷爱读书，稍有消停时光，他会用那把总是捧在手里摩挲的紫砂西施壶冲上一杯清茶，然后就是惬意地捧上一本书，或者坐在柜台后面，或者搬一把摇椅躺在店门口的凉棚下，一干杂务都交由伙计们打理。三官殿门口天生是草根小民休闲的场所，整天人流如水，人声如潮，但老人家读书很投入，除了与进门的主顾打打招呼外，其余很少有事能打扰他的雅兴。有一次，他在门外的凉棚下正凝神，有官府的大轿经过，执事的开道大锣老远就“哐”“哐”地敲过来，但他似乎压根就没听见，直到那锣敲到了耳朵边，才恍然如梦醒一般地起身挪了挪摇椅。轿子里的官本想发作，待看到是位读书的老爷子，觉得无趣，才愤愤作罢。

吴承恩在《先府宾墓志铭》里对他父亲是这样描写的：

自《六经》诸子百家，莫不流览，独《尚书》、左丘明《春秋》，未尝一日置也。于诸书训诂声切，不甚通悉，然独得大旨要归焉。居尝逡逡，口不能道辞，及与人谭说史传，上下数千载，能竟日不休。每读书至屈平见放，伍大夫鸱夷，诸葛孔明出师不竟，周子隐战没，檀公见收，岳鄂武穆死诏狱，未尝不双双流泪也。又好谭时政，意有所不平，辄抚几愤惋，意气郁郁云。

说老爷子“自《六经》诸子百家，莫不流览，独《尚书》、左丘明《春秋》，未尝一日置也”，肯定有些夸张的意思，也许是出于尊敬。吴锐远离科举，所以读书反倒比较随意，以吴锐的文化水平论，他所阅读的很可能并非原著而是市面上流行的通俗文学读本，也就是我们通常说的唱本、话本之类。这本身很好解释，他不必再去钻研制义所必须的经籍坟典，也无须去揣摩八股考试的那些技巧，所以可以比较潇洒地关注那些人物坎坷的命运和精彩的事迹，与他们同悲同喜。

特别值得注意的是，老人家读书，动情投入，不仅读，而且评说；不仅评说，而且联系时政；不仅评说时政，而且愤愤然喜怒形于色，经常把柜台拍得咚咚响，然后就是“岂有此理”之类的怒斥或者是“快哉！快哉！”之类的欢呼，这时他的身边可能有三官殿里的老道士，可能有大银杏树招惹来的总角儿童，也可能店堂空空荡荡——老人家经常自言自语，并不需要谁回应。只有对面班家净发行的顾客，会相视一笑，说一声：“老痴子又发狂了。”

这样的读书其实是一种非常文学的读法，是在提炼文学的道义精神，是在张扬文学的感染力。而对于当时的小小读书郎吴承恩而言，简直就是以身作则，现身说法，年复一年、日复一日地为他讲解、灌输传统的文学精神。在这个环境下长成的吴承恩，如果不热爱文学，如果不能表现出传统文学精神的传承，倒是显得有点怪异。

这里有一个吴承恩自己说出来的故事。事情大约发生在他十七八岁时，有一次，家中有客来访，吴承恩陪侍。座中谈到唐代韩愈给《石鼎连句诗》写序的典故，都说轩辕弥明此人行踪飘忽，神情古怪，或为真的隐士高人也未可知。这时吴承恩脱口说道："此事其实不值一辩，定是后人编造无疑。"客人颇为惊讶，说："你怎么如此肯定？"吴承恩笑笑说："你没注意，《石鼎连句诗》用的是《礼部韵略》，难道他能未卜先知？"客人最初一愣，醒悟后哈哈大笑说："此事不知骗过多少人，连朱熹老夫子都引以为真，没想到被汝忠一言点破，高才，高才。"

这个典故本身在《太平广记》中可以查到，大意说唐代有位世外高人叫轩辕弥明，有次现身与两位当时的诗人同行，在古庙过夜时，三人以一座石鼎为题连句作诗，轩辕弥明的诗句仙风道骨，似乎不食人间烟火。次日天明，轩辕弥明不知去向，两位诗人深感他留下的诗句高深莫测，于是记录整理，并请韩愈作了序。后人遂常就这位轩辕弥明的身份而争辩，信之者尊为神仙隐士，不信者谓之故弄玄虚。而吴承恩所谓《礼部韵略》云云，则是说这《石鼎连句诗》使用的是宋代才颁布通行的《礼部韵略》，说它出自唐人之口，岂不是笑话一桩？

这个故事很能说明吴承恩的才思敏捷和学识驳杂，但意义不仅于此。从中可以看出吴承恩是多么熟悉《太平广记》这一类的神仙故事，它与《禹鼎志序》所诉说的，正好形成映照，让我们可以清晰地看到，这孩子的心思、情怀和时间究竟消耗在何处。而这一切却又都是"阳光下的罪恶"，一心望子成龙的吴锐难道就没有察觉？

子不教，父之过。

吴承恩的命运其实在他朝朝夕夕听老父亲为历史人物扼腕叹惜时已经被决定了，吴锐老先生人格精神的分裂，在他那里被进一步放大，灵肉相博的局面早早形成——文学就是心灵的脉动，科举就是生活的肉欲。

科举本就不是为文学准备的，吴承恩选择了文学作为表述社会责任感的方式，实际上已经意味着选择了社会的非主流生活方式，所以他科举的一再落榜几乎就是必然的事。

文学家也从来不为科举而生，他们会以自己的方式观察世界；有时他们会对科举低头，但全然不会在本质上改变他们认识世界的方式——如果能被改变，那就不是文学家了。

因此，尽管吴承恩曾经在表面上看去很像一个科举制度哺育的“乖孩子”，并以此赢得了夸奖赞扬，但这仅仅是表象，事实上吴承恩面临的人生追求、道义责任与家庭目标、个人责任之间的矛盾早已潜藏。当然，他的“乖孩子”表象并非刻意伪装，他肯定会意识到在他身上承担的吴氏家族的未来期望，肯定也曾经试图调和人生道义目标和科举仕途使命这两者的差异，比如他面对失望的父亲号啕大哭、伤心不已，比如在恩师葛木的灵柩前信誓旦旦地表示将悔过自新，因此不能责备他口是心非。非不为也，实不能也！他不会意识到科举本来就不是为他这样的人准备的，更不会意识到他内心深处的文学情结将会主宰他的一生。

选择文学是他自己的决定，不管他是否已经知道这种选择的全部后果，不管他是否曾经犹豫过甚至后悔过，但最后他还是执拗地这么走了过来——一直走到奉献出《西游记》。

第五章 无奈仕途

家庭和社会赋予的使命，逼迫他不断地进出科场，但他选择的人生道义和崇尚的文学精神，却处处是科场大忌，这当然会构成一道无法逾越的命运之坎。一代人，十年左右时间，他的学友中出现进士六位，其中状元两人。而他，却只能在老母亲的逼迫下，以岁贡生的名义走入仕途。

吴承恩中年的生活大概还不错，祖上留下的一间小店，不管是否还在经营，他大概都不会亲自操持。他已经成为当地一位著名的写手，可观的润笔已经可以维持一家的生计。四十岁那年，他把老宅整修了一遍，在堂屋正中挂了一幅《辋川别墅图》，而把原来的孔圣人像请到了山墙；又按照宋代著名隐士林和靖“梅妻鹤子”的意境把院子布置了一番，垒了一座小小的溪山，养了鱼；又在后院辟了一块小小的田圃。然后写了两首诗，裱起来，挂在孔圣人对面的山墙上。这种布置挺古怪，有时他左右看看，自己都会莞尔一笑。

看样子他已经准备急流勇退了。但这是真的吗？他写的两首五言小诗题为《斋居》，我们来读一读：

中岁志丘壑，茅斋寄城郭。
窗午花气扬，林阴鸟声乐。

鱼蔬拙者政，鸡黍朋来约。
何似陶隐居，松风满虚阁。

朝来把锄倦，幽赏供清燕。
积雨流满畦，疏篁长过院。
酴醾春醉屡，蕉叶新题遍。
怅望心所期，层城隔芳甸。

这《斋居》诗写得很悠闲淡然，大有唐人孟浩然之流田园诗的韵味。抒情主人公是吴承恩自己，“中岁”是一座时间标杆，约指四十。古人云“四十而不惑”，什么叫不惑？不惑就是想通了，但如何想通了却是各个不同。如果把仕途视为一条大道，未上路的继续想“春风得意马蹄疾，一日看遍长安花”，铁了心要在这条路上走下去是不惑；已经在路上但心情不好的，忽然有了急流勇退之意，唱起了“归去来兮”的调调也是不惑；踉踉跄跄身心俱疲走不下去的，终于到了头脑清醒的时刻，大喊一声“罢了”然后去“志丘壑”也是不惑。当然“志丘壑”是一种表示，并非真的要去深山老林，城墙边、箭楼下几间茅斋也可以打理得仙风道骨，你看吴承恩笔下，有松风林荫，有疏篁蕉叶，有鱼蔬之获，有鸡黍朋约，多么惬意，还是吴家老宅么？但仔细品味，苦涩仍然隐藏在表面的满足与轻松下面，尤其是最后两句，露出了吴承恩内心不甘不服但又无可奈何的马脚。“层城”是一个神话名词，说昆仑山有三级九重，最上一级叫层城，“芳甸”则指宽广的原野，这两句的意思是说，自己的期望已经遥不可及，就像与仙山之间隔着宽广的原野一样。读懂这两句，所谓的“志丘壑”就不过是自欺欺人的无奈而已。

另外有一阕《风入松》词，似乎把吴承恩的内心想法表述得更明确一些：

东华尘土扑朝衫，车马闹长安。先生个里元无分，黄䌷暖、稳睡茅庵。书几庄生秋水，画屏米老春山。　　侬家官府寄林间，居士系头衔。经常自有闲功课，煎茶具、药笼花篮。旧管园蔬数亩，新收野竹千竿。

“东华”即紫禁城东华门，明代朝廷各办事衙门多在此处，所以车马喧闹，嵌在句子里指仕途；“先生”为自称，就如陶渊明自称为五柳先生一样；“元无分”应当是“原无份”，系相对于东华门的喧闹而言，这其中的意思就比较明白了，“侬”是容易被误解的一个词，在古代它是一种自称，以下几句用自嘲的口吻说，还是别想得太多吧，居士就是头衔，煎茶采药就是功课，想见庄生就凭几而卧，与米芾老前辈切磋切磋也可。这阕词大约完成于吴承恩入贡之前的一段时期，与《斋居》相仿，正是决定舍弃科举但又不能完全放下的心境。

放弃梦想确实很难。究竟有多难，我们不妨对他曾经的学友做一番盘点：

朱曰藩，字子价，长吴承恩六岁，嘉靖十年（1531）三十一岁时中举，嘉靖二十三年（1544）四十四岁时进士，授乌程县令。官至九江知府。

沈坤，号十洲，小吴承恩一岁，嘉靖十年（1531）二十四岁时中举，嘉靖二十年（1541）三十四岁时进士及第，殿试一甲一名成为状元，授职翰林院修撰。后官至南京国子监祭酒、北京国子监祭酒。

张侃，号凤原，沈坤的姐夫，年岁相仿，嘉靖十九年（1540）中举，嘉靖二十三年（1544）进士。官至刑部给事中。

倪润，字伯雨，年岁相仿或略小，嘉靖二十三（1544）年进士。官至工部员外郎。

冯焕，号南淮，年岁相仿，嘉靖十七年（1538）进士。官刑部主事，其后不详。

李春芳，字子实，号石麓，小吴承恩四岁，嘉靖十年（1531）中举，嘉靖二十六年（1547）殿试状元及第，先后任礼部尚书、吏部尚书，直至内阁首辅。

这几位除李春芳外，与吴承恩都是同窗，都曾经在淮安府学中一起读过书，也曾经搭一条船去南京应考，当年一起激荡意气、指点江山的也就是这批人物。李春芳虽然是兴化人，但他中举后因家贫曾在淮安坐馆多年并与吴承恩相交，成为吴承恩的知己密友。一代人，十年左右时间，明确有往来关系的学友中进士六位，出自嘉靖二十三年（1544）这一科的进士就有三位，六人中又有状元两位，这是什么概念？科场上的难得一见的风云际会。《水浒传》说梁山好汉是龙虎山地宫中走散的一百零八位魔君，《儒林外史》说大大小小的读书人是天上下来维持文运的星宿，如果到了小说家笔下，吴承恩他们的这一伙不知又算什么运数。

诸人一起玩耍过，一起读过书，也曾经一起切磋过诗文或者考试技巧，吴承恩一直都是其中的佼佼者，但吴承恩自己期待中预料中的一件最重要的事情并没有发生，破壁而去，为相做宰的是别人，仍然留在学中的是他自己。面对他们一次次榜上有名，我们没有任何理由说吴承恩心如止水。

设身处地想一想，最终能解开这个心结，确实不容易。

弄一个茅草屋称作松风阁，然后就在院子里种菜、养鱼，或者看花、听鸟，虽然都是虚拟的只具备象征意义的行为，今后吴承恩还得去争取那些曾经不屑一顾的名分，还得虚应故事般地去读书深造，最后也还得在官场上找一个位置，但心境其实已经不同。以《斋居》为标志，以人生道义和文学情怀的确立为本质，吴承恩在炼狱般的煎熬中完成了他人生的第一次华丽转身。

从青史留名的角度看，他的那些学伴则未必比吴承恩更幸运——如沈坤，尽管是淮安历史上第一个状元，但却在盛年被诬下狱瘐死狱中；如冯焕，做官不过寥寥几年，却因忤触圣意连续被贬直至回乡；如张侃，也因为直言政事受到斥责而早早辞职；只有李春芳似乎是善始善终，福寿双全，但他留在史册上的，却是“青词宰相”这个不太好听的名声。

第一位状元朋友

嘉靖二十年（1541）春节刚过，不远处的沈家就忙碌起来，因为本年是会试年，沈坤照例要赴京赶考。

吴承恩专门登门送别。兄弟俩也没多说什么，只是道一声尊重，一切尽在不言中。

二月，有快马自京城来报，沈坤在殿试中被皇上钦点为状元。整个淮安瞬间因之轰动起来，因为本地虽然号称人杰地灵，也曾经有过一位探花，但出状元还是破天荒第一次。

一切仪式都无需再作描述。无论是绵延不断的鞭炮还是官府大轿的鸣锣，都只对沈家有意义，对那些需要参与应酬的人有意义，而相隔不远的吴家老宅一切依旧。晚上，人声不再鼎沸时，吴承恩去了沈家，当年请他喝酒声称儿子一定会成为卿相的卓亭公已经去世，但老夫人于氏还健在，所以他也要去道贺，只是他不能与别人一样把热闹写在脸上。他在卓亭公的遗像前恭恭敬敬地叩首，然后陪于氏老太太坐了一会儿。老太太忙了一天，情绪亢奋之后有点倦意，但她还是让吴承恩坐在自己身边，拉住他的手拍了拍，说了一句话:“他父亲九泉之下可以安心了。”

这实在是一句非常贴心的话，对于一个家族，这就是终极愿望，如果沈坤此时站在面前，老太太也会说这句话，只是称谓有所不同而已。但吴承恩心如刀绞——当然这是他自己的事，与老太太无关。

在此之前，沈坤虽然中了举人，但仍在乡读书。兄弟俩的身份稍有不同，但面临的考试其实差不多，所以也还经常在一起切磋。都是成年人了，切磋未必会像小儿童一样聚在一起做功课，有时候就是一句点拨，捅破窗户纸的问题，但这其中往往就包含了许多盛情。眼下，身在京城的沈坤从此就是官身，立马就会去翰林院上任，何时回乡得另说，所以吴承恩还是挺想念的。次日，他还是走了一点场面上必须的形式，写了一首诗《赠沈十洲》，请府衙的师爷夹在公文里寄往北京。

又过三年，在翰林院供职的沈坤通过了第一轮三年一次的考查，然后按照朝廷规矩，为自己的父母申请了封赠。

封赠这个名词今人已经比较陌生，它是古人特别热衷的一种特殊荣誉。旧时官员走上仕途服务于朝廷，就得离开家乡，制度限制他必须异地为官，而且距离家乡至少得数百里以上，这样，因不能尽亲自赡养父母朝夕照顾的责任，在他身上便形成了一个与伦理相悖的道德情感的缺憾，即所谓“忠孝不能两全”。为了弥补这个缺憾，汉代以后发展出一套封赠制度，即由皇上封赠官员的父母甚至若干代祖上，作为对官员服务于朝廷以致不能在父母膝下尽孝的一点弥补。这一制度，到明代已经相当成熟完备，即皇上为照顾群臣的孝道，会将官员的官爵封赠给他的父母甚或祖父母，在世者为封，去世者为赠，官员有何爵号品级，父母等就会得到相应的封赠。朝廷又规定：文武官员一品封赠三代，二、三品封赠二代，四品至七品封赠一代；其妻亦按不同品级封赠，称诰命夫人，因官员的品级不同而名号略有不同，一品、二品称夫人，三品、四品称恭人，五品是宜人，六品是安人，七品是孺人，因为子孙的功绩而封夫人的，前面加太字，称太夫人等等。一位进士出身正式任命的官员如果服务三年以上，就可以向朝廷申请封赠，一般照章办事，没有不批的道理，差别只在于官员当时官位的高低会为父母争来不同的封号。

到这个时候，已经故去的卓亭公被尊称为“翰林院修撰儒林郎”——当然得加一个“赠”。这位老先生经商出身，何曾读书应考，与翰林院何干？其实这就是当年沈坤的职务。沈坤的母亲于氏自此在正式场合也会被称为“太安人”，因为沈坤当时的翰林院修撰系六品职衔，所以她老人家可以称太安人——别小看这一称号，这是诰封，千金难求的。这种封赠是一种荣誉职衔，有一点象征性的俸禄，但没有实际权力。然而这对于原本或者只是一介平民，或者经商务农的老父老母已经足够了，从此可以荣耀乡里，可以与士绅们交往，还可以与县太爷之类的父母官叙叙品秩，充分满足一下自己乃至整个家族的荣誉感。应该说，这种封赠对于官员的家人来说，才是兑现了的、实实在在的荣誉与利益。

为了这场盛典，沈坤特意告假回乡。面对昔日同窗，我们很难想象吴承恩是如何掩饰自己的失落的，已经长眠的卓亭公得到了他最想要的东西了——由朝廷赠予的名号，而自己的父亲，同样也想要这么一个名号，却布衣至今，这是老人家的毕生之憾，更是自己的彻骨之痛；自己曾有过若干次的许诺，但为老父亲争得一份荣耀的可能好像越来越遥远了。他不是心胸狭窄的人，大局上当然会为好友的一个个衣锦离去而高兴，但回望自己形孤影单，内心的失落也是难免的。

客人散尽，沈坤将吴承恩让进了书房。家人端上茶来，两人各捧上一杯，但只是相对端详，竟是无话可说。这时候，语言确实显得多余。在沈坤，任何述及自己的话头都有炫耀之嫌，任何安慰的话又都可能被理解为矫情。在吴承恩，他不能恭维沈坤的得风得水，他有自尊；他又不能诉说自己的狼狈，他心有不甘。既然这样，倒不如沉默更好，心灵的交流未必都需要语言。

还是沈坤先开了口，问："凤毛已经入学了吧？"

凤毛是吴承恩的儿子，由于吴家向来子嗣艰难，所以吴承恩也就这么一个儿子，今年已是十岁。"是的。你走的那年我就给他开蒙了，现在跟着街坊郭秀才读书，已经开讲《论语》了。"

沈坤微微一笑，道："前天回来，就听内人夸奖凤毛聪明可爱，看来所言不虚。"

吴承恩脸色也略有了笑意："聪明倒是有点，读书也算过目不忘了，但就怕像我一样，难成大用啊。"

"这话就不对了。你也就是时机未到，天意让你多历练几年。这样的话，还希望兄台今后不要再说。"沈坤略顿了一顿，接着说，"今天我与内人，倒是有件事要与兄台商量，还望不要驳我们的薄面。"

这倒让吴承恩奇怪起来，连忙说："有事尽管吩咐，何用如此郑重？"

"郑重是必须的。"沈坤站起来，吩咐去请夫人。顷刻，夫人搀扶着太安人一起进了书房，待太安人坐定，沈坤才接下话题，“我们兄弟相称，转眼已经二十来年，如今小儿女也已经长大。太安人跟内人都挺喜欢凤毛这小子，如果你和嫂夫人不嫌弃，我们就高攀与你们做个姻亲吧。三女今年九岁，你也见过。”

吴承恩顿时蒙了。他看看沈坤夫人，又看看太安人，她们都带着淡淡的笑意。显然，他们商量好了，他们全家商量好了，要用这种方式表示对他的信任和安慰。他的眼泪顿时夺眶而出，再也没有什么矜持和拘谨，第一次在他人面前号啕大哭。

沈坤后来与吴承恩相交终身。不过这个终身，也就是十来年的时间。嘉靖三十九年（1560），五十四岁的沈坤被关进锦衣卫诏狱，不久死于狱中。

沈坤被捕的原因是“居乡横暴，擅用非刑”，这是一个很重的罪名，但却是冤案。沈坤实际上是一位很值得尊敬的抗倭英雄，只不过因为冤狱的原因他的事迹已经在官方的史册上被一笔勾销，所以现在已少有人知道。

说来也有趣，沈坤虽然是一科文魁，但相貌却比较英武，这也许曾经帮助他在春闱中登上状元的宝座。春闱其实分为两个阶段，第一阶段叫会试，选拔出来的进士，只有第一名称会元，其余并不确定名次，大家还要参加一次由皇上亲自主持的殿试；殿试的主要作用就是将会试选拔出来的进士分出等级，其中代表皇上阅卷的考官要将最优秀的三名连同他们的考卷一起引荐给皇上，由皇上亲自确定他们的最终名次，因此状元会被称为“御笔钦点”。在这个过程中，相貌气质会起到一点小小的作用，考官会注意挑选一些比较顺眼的作为前三名的候选人，因为面试时，皇上会将状元视为朝廷的体面，注意力会向那些比较端庄大气的候选人倾斜。沈坤也许是受惠者。当然，这只是由沈坤相貌引出的一段猜测，没有任何证据也没有任何贬义，不必当真。

关于沈坤的性格，有关记载给他的评价是“尚气违俗”，“所为率性”，这是亦贬亦褒的一个用词。从他身为朝廷案犯这个角度看，贬是明意，是说他确有不妥之处；但这个贬又实在勉强，换个角度，我们可以理解为此人刚直倔强，敢作敢为，或者也可能有那么一点任性，不太随和。

大约就是因为性格的原因，沈坤任职之初被分派在必须工于心计才能生存的翰林院，就显得不那么游刃有余了。

嘉靖三十三年（1554），已经在北京翰林院坐了十余年冷板凳的沈坤出任南京翰林院副职，终于打破了沉寂；三十五年（1556）春，由翰林院升任南京国子监祭酒，算是仕途上跟进了一步。这年秋八月，随其在任所生活的于老夫人病逝，沈坤按礼制扶柩回乡，要在淮安为母亲守制。这年年底，沈坤为父母举行了合葬仪式，吴承恩受邀写了墓志。

沈坤守制期间，恰逢淮安倭患蜂起。从嘉靖三十四年（1555）开始，江南一带沿海地区就闹起了倭患，淮安也有点不太平。倭患是明代的一件大事，起于洪武，炽于嘉靖。元末明初，日本岛屿上的一些无业浪人和职业海盗，利用中国朝廷更替无暇顾及的机会，以中国沿海的一些岛屿为根据地，四出掳掠，被中国人称为倭寇。开始倭寇以日本浪人为主，流动掳掠的范围不算很大，但由于朝廷处理不力，遂从小股发展到了嘉靖间的大规模倭警；后来又有一部分中国海盗和地主以倭寇为名或者与倭寇混合，占领沿海岛屿甚至攻城略县。倭寇为祸最惨烈的地方，就是江、浙、闽一带沿海。到三十六年（1557），倭患愈演愈烈，目标也逐渐指向了富甲一方的淮安城。当时侵犯淮安的倭寇规模并不算很大，但为祸惨烈，原因则是官府兵丁毫无节制能力，对倭寇畏之如虎，一触即溃，有一股仅五十余人的倭寇在山东登岸，居然横行数百里，一路杀到淮安，造成很大的惊扰。

此时在乡守制的沈坤一怒冲冠，他拿出家里的积蓄，就在院子里竖起一面“抗倭”的大旗，招募起数千乡兵——人称状元兵，以兵法布置，严加训练，迅速形成了战斗力，在这几年间多次参加了激烈的战斗，尤其是在嘉靖三十八年（1559）的一仗打得有声有色。

当时倭寇侵犯淮安，在东门外准备攻城，官兵站在城楼上，看着倭寇在城下磨刀擦枪却毫无办法，试着开城门冲了几次，结果很快就被砍了回来。正当危急之时，沈坤的乡兵赶到，从北门入城，亮出“状元兵”大旗。这股倭寇从上海金山上岸，一路杀来，还没碰上硬钉子，根本没把这些乡兵放在眼里。指挥的“倭酋”，头大如斗，满脸虬髯，挥舞双刀，凶悍异常，先前在城下的遭遇战中已经把官兵的一个千户斩落马下，此时气焰更盛，嗷嗷乱叫。沈坤在城楼上站定，搭箭，引弓，倭酋应声翻倒。状元兵趁势出击，与赶来增援的官兵形成合围，将倭寇一举歼灭。事后江苏巡抚李遂力荐沈坤之功，在奏折里用了“才兼经略，功收御侮”八个字，朝廷于是在嘉靖三十九年（1560）沈坤守制期满时升其为北京国子监祭酒。这算是实际的奖赏，南北国子监祭酒的级别虽然相当，但有轻重冷热的区别。

然而小人无处不在，嫉妒时时都有，沈坤尚未到任便被一纸捏造罪名的黑报告毁了。有人打黑报告的事不奇怪，有性格使然，有利益使然，有政治使然，问题是经手办理的御史林润，也算是位著名的铁面清官，后来扳倒严嵩，青史留名，其时刚刚出道，立功心切，收到黑报告后，即刻立案，于是沈坤被逮下狱。而沈坤的刚烈脾气，又使他不堪忍受如此冤屈，不久便死在狱中，这个案子竟然无处再审，就此沉寂。事后，舆论多为沈坤鸣不平，诬告者也受到了事实上的谴责，然而最关键的人物林润虽有悔意但终无勇气出面认错，因此朝廷始终也没有正式为沈坤平反。

民间有很多关于沈坤“状元兵”的传说。有些涉及吴承恩，说他担任了军师，出谋划策，至今遗迹尚存的一个瞭望台就是由吴承恩指导“状元兵”改建的。还有一个传说提到，当时倭寇的凶猛主要得力于手中的倭刀，倭刀不仅长而且锋利，乡兵的武器难以抵挡，而吴承恩月下散步，苦思破解办法时，忽然由堆在地上的毛竹得到启示，设计了一种专门对付倭寇长刀的战法：即由四个士兵为一组，两个居中持蓬头大毛竹刺向倭寇，两个操刀在两侧护卫。大毛竹虽然会被倭刀削断，但仍保持锋利，倭寇多被刺中，而一旦受伤或倒地，就会被跟进的乡兵消灭。这个战法实际就是后来戚继光“戚家军”专制倭寇的“狼筅”，但不知这个传说是不是后人从戚家军的故事中复制来的。如果民间关于吴承恩介入沈坤抗倭事件的传说能够得到证实，那么他的生平无疑会添上几分传奇色彩。

又一位状元朋友

嘉靖二十三年（1544）春闱过后，朱曰藩、张侃、倪润都成了进士。到这个时候，与吴承恩同在学中的朋友布衣之身的已经不多了。

中进士的这些昔日同窗，此时与吴承恩已经形成了实质性的差距。明制举人可以铨选入仕，但一般只会选个不入流或八九品的教谕、训导之类，因此读书人往往只把举人视为台阶，中举后往往仍是居家读书或者入国子监，以期待在会试中更进一级。既然是居家读书，已经中举的人与那些学中的秀才们免不了还有频繁往来切磋研习的机会，相互之间也未必有人敢随意托大，因为说不上哪年乡试吴承恩这样的老秀才摇身一变就也就成了举人，运气更好的话还会春闱连捷，一口气中了进士做了状元。但是，进士中式之后的情况就完全不同，进士要任实职，顷刻间就变成如假包换的七品以上的官身，就要由他人鸣锣开道前往某地任职成父母官了；而任实职三年之后又可以申请对父母的封赠，就像沈坤为自己的父亲争来“翰林院修撰儒林郎”的赠号一样。所以说实质性的差距已经形成。

这时经常与吴承恩往来的只有一位需要交代的人物：李春芳。

只要关心过明代历史，对这个名字就不会陌生，李春芳是嘉靖朝最后的礼部尚书、吏部尚书，嘉靖四十四年（1565）以大学士身份入阁成为辅臣；隆庆二年（1568）任首辅。明代废除了宰相组阁的制度，由皇上直接处理重要政务；后来大约皇上也觉得太忙，于是就选拔一些翰林院官员组建自己的办公机构，被选入的就称为某某殿大学士；这些大学士开始只相当于秘书，官阶只有五品，但后来权势渐重，常为皇帝起草诏令和批答奏章，号称辅臣，其中排名第一的就称为首辅。李春芳官至首辅，虽无宰相之名，但有宰相实权，这位处于一人之下、万人之上尊贵地位的人物怎么与吴承恩搅和在了一起？

说来也不奇怪。李春芳确实不是淮安人，他祖籍句容，父辈安家在兴化，家境贫寒但读书见效，嘉靖十年（1531）二十二岁时中举，与朱曰藩同科；后入南京国子监读书，又后为家庭生计所迫，离开了国子监辗转来到淮安想寻一个坐馆的机会。当时淮安富商多，世家多，是一个值得碰碰运气的地方。

坐馆就是做人家的家庭教师，这是一个不错的职业，如果碰上一位尊重士子的东家，不仅会有可观的报酬，而且会得到良好的照顾，更重要的是，自己还有机会温习功课，为有朝一日的科场再战做准备，这当然有一个前提，就是得有真才实学，能承担得起教诲东家小学童的责任。

李春芳来到淮安，并无具体的目标，大约只是因为淮安的一班士子，乡试时都见过，也不算很陌生，同道之间相互介绍亦是常事。巧的很，淮安城内也很有点名气的富商张家有几个小学童正要开蒙，于是李春芳进了张家大院。这张家的大少爷就是沈坤的姐夫张侃，他当时与吴承恩一样也在府学读书，也是个老大不小的秀才。张侃见了李春芳觉得很投缘，于是大少爷脾气上来，让家里给那几个小学童另找了一位塾师，把年龄确实也要小几岁的李春芳霸占为自己的跟班书童。这样李春芳与朱曰藩、吴承恩等自然也就熟络起来。这种关系一直维持到张侃春闱中试以后，李春芳考虑到自己也已老大不小，功名上也该抓抓紧了，于是离开淮安回乡，吴承恩是他最后分别的一位淮安朋友。

淮安的这段交往中，有两个人物在后来很长一段时间里与李春芳分享了深厚的友谊。

第一是张侃。李春芳其人后来虽然身任要职，但性格其实相当的内向懦弱，与人相交并不争强好胜，相反倒常常是自甘弟席，在进入官场之后，更明显地表现出能洁身自好、含垢忍辱的特点。连《明史》本传都说他："春芳恭慎，不以势凌人。居政府持论平，不事操切，时人比之李时。""恭慎"并不是很正面的评价，看来是褒，但褒中有贬。但这种性格恐怕正是他后来能度过严嵩专权的那种恶劣政治环境，在官场上越走越远的重要原因。

在他步入仕途的最初一段时间里，面对官场人际关系的纷繁错杂，他似乎还有点茫然无措，原来的老东家、老大哥张侃自然就成了他依恋的主要对象。虽然大家已经同朝为官，他本人的品秩可能还要高一些，但李春芳仍然唯张侃马首是瞻，闲来无事就纠合一批同乡去张侃府上索酒。大家都明白，索酒只不过是一个话头，重要的是精神交流。后来张侃任职不久就因为忤触圣意而被贬斥回乡，李春芳前往送行，写了一首感人至深的诗，大意是说自淮安结交以来，一直视张侃为兄长，现在张侃被迫回乡，自己却无能施为，深感痛心，只望兄长放开心胸，自己有机会时一定会去探望。后来这个诺言他真的兑现了，尽管其时他已经官居尚书了。

第二就是吴承恩。李春芳与吴承恩的关系似乎更特殊一些，一来他小吴承恩四岁，在沈坤与吴承恩结为姻亲之后，吴承恩与张侃就有了亲眷关系，出于对张侃的尊重，李春芳也是视吴承恩为兄长。二来在沈坤、朱曰藩、张侃等一个个破壁而去之后，吴承恩与李春芳单独相处了一段时光，尽管时日无多，但形单影只、同病相怜的感觉，一定别为异样。第三，也是最重要的一点，就是李春芳与吴承恩有与众不同的共同爱好：传奇志怪、神仙道话。现在经常有人说《西游记》是吴承恩与李春芳合作的产物，甚至有人直接说《西游记》的作者就是李春芳，这些当然都不可靠，但并非没有一点道理，因为他们二人不仅有过交往，而且确实都符合写作《西游记》的基本条件："满头脑的神仙，满肚子的鬼话。"

命运有时真的不可捉摸。吴承恩、李春芳同样的爱好或者说同样的才华，但却导致了完全不同的人生命运和历史声名，而造成巨大差别的原因竟然就是科举上那么一点点掌控的分寸。

前面说到李春芳的性格内向温和，但这种性格怎么能顺利走到仕途的顶级台阶呢？这就与他"满头脑的神仙，满肚子的鬼话"有关系。李春芳嘉靖二十六年（1547）殿试第一，也就是中了状元，状元照例直接进入翰林院任修撰，修撰的责任之一就是替皇上起草文件。前面说过，嘉靖皇帝是一个对道教崇拜走到极端的皇帝，登基以后就把原来好佛的正德皇帝在宫中遗留下的所有痕迹，包括那些佛像、经卷、法器统统清扫出去，然后在宫中搭起祭坛，搞大规模的斋醮仪式；斋醮的主要内容是祭天祭神，而祭天祭神是要有祭文的，这种祭文叫作青词，翰林院的文人们就要承担起为皇上写青词的责任，写的好得到宠幸就是很自然的事。有人根据《明史·宰辅年表》做过统计，嘉靖十七年（1538）嘉靖皇帝通过“大礼议之争”巩固地位后任命的内阁十四个辅臣中，有九人是通过撰写青词起家的，夏言、严嵩、徐阶等人都是，其中也包括李春芳。

成全李春芳的是一次气氛紧张的圣上召见。当时皇上安排了一场他认为非常重要的斋醮，特意叫来宰辅夏言和严嵩，吩咐准备青词。一般来说青词都由夏言和严嵩把持，他人不得染指——夏言与严嵩都是权力欲极强、嫉妒心极重，不容他人染指。但此时夏言与严嵩正因为朝政的那些事斗气，都借故推托。皇上大呼“岂有此理”，吩咐将新科状元找来。

新科状元就是李春芳。如果换了其他人，这也许就是一场无妄之灾，因为青词与八股是完全不同的两码事，善作八股者即使是天下第一的状元，也未必能弄出一篇哪怕能勉强入眼的青词。而李春芳恰恰擅长此道，这对于他来说完全就是天赐良机。青词的要点是必须贯穿道教的教义，必须有神仙世界的奇幻和华丽，必须写出皇上的虔诚和向往，这对于李春芳来说，都是张口就来的惯伎。所以他奉诏觐见的时候，满腹狐疑，嘉靖深居简出，能单独得到皇上召见的机会毕竟不多，所为何事？他的大脑一直在高速运转，内心诚惶诚恐，但当皇上把任务交代清楚之后，他不由得一阵轻松，额头的汗水顿时消失。

从此之后，李春芳就成为青词的主要执笔人之一，得到了嘉靖的极大信任。在为嘉靖服务的不到二十年时间里，他的六次重要升迁，都出自皇上的特简，也就是都经由皇上亲自提名并力排众议，最后一直升到加大学士入阁，成了嘉靖好道的最大受益者，满朝为之侧目。好在李春芳为人谨慎，洁身自好，不争强斗狠，不争风吃醋，终于平安度过嘉靖朝政治环境最恶劣的那一段时期，并化解了与众多朝臣的矛盾。进入隆庆朝之后，做了两年首辅，便主动告老还乡。

吴承恩“满头脑的神仙，满肚子的鬼话”绝不比李春芳逊色，《西游记》就是一部活广告；而即使在当时，他在商业性文字中也就是在大量庆寿诞、祝晋升、贺得子的贺辞中，也把这一特点渲染得淋漓尽致。他的拿手绝活障词，更是成了当时大户们礼仪活动中的首选（这点以下详说）。但他却只能在民间显摆，或者不客气地说只能用来糊口谋生，在地位上他与李春芳有天壤之别。

差别的产生，就在于对科场掌控的分寸上有那么一点不同。李春芳比吴承恩有心机有耐性，他才华的尽情显现，是在跨过了科场门槛之后；而吴承恩毕竟锋芒显露太早，满腹经纶反而成为了他实现人生梦想的最大障碍。

最后的体面出身

心静了，承认举业失败，那就要重新考虑后半生的生活。物质生活吴承恩并不发愁，在他还年轻的时候，就不断有人上门求字问画，或代写各种祝词表启，收点润笔自在情理之中，但他的老母此时尚健在，吴承恩得对她有个交代。

张氏老夫人对吴承恩只有一个要求：“你得让你父亲在地下瞑目。”她老人家深知吴锐的愿望，因此并不介意儿子考多少年，多少场，任何时候，任何场合，她都只有这么一句交代。但虽然仅仅只有一句话，却很沉重。

踌躇一番，吴承恩选择了入贡。这时候他还有两种选择：第一是继续考，直到实在挣挫不得，其间也许有惊喜发生；第二是对老母亲不予理睬，总有一天她会停止唠叨。这两种选择他都不愿意接受，前者太痛苦，后者太残酷。

入贡是明清科举体系中比较特殊的一环，了解这一环的意义得从朝廷的人才培养制度说起。明朝人才制度的宏观层面是：学校（即国子监、府县学）培养人才，科目（即考试）选拔人才，铨选（即吏部的任用）使用人才，组成合理搭配。具体的选拔过程中，进士、举贡、杂流是三种主要途径，同时并举但在任用上轻重有所不同。

“进士”是国家高级人才，内阁重臣和方面大员必须有进士出身，这方面的选拔由科举完成，经此途径选拔任职的称为“官”，一般说来，进士任职的起点是七品县令。“杂流”指基层不入流但实用性、针对性很强的下级职员，如典吏、捕头、书记之类，一般通过花钱纳捐、军前效力、祖上余荫等等途径取得，他们统称为“吏”，一般可以直接铨选，不用考试。“贡举”则是介于以上两者之间弹性比较大的一种途径。具体说，就是科举中会出现大量屡考不中的府县学生员（秀才、举人），他们在这条路上蹒跚已久，已经没有其他出路可供选择，生计堪忧，而且他们长期占用府县学的名额，老的不去，新的就不能上来，造成流通不畅和渠道的拥堵，而同时，在县一级以下的政府中还存在一些需要由中央政府任命的九品以上的低级官职，如主簿、训导、教谕等等。让那些老生员去任一些品级较低的职务，显然是合理的安排，但要经过选拔培训。选拔培训的过程就是“贡举”制度的本质，这就是说，它是建立在学校基础上，可以不经科举的又一个培养选拔人才的体系。

从“贡举”途径讨一个出身，首先要走程序成为贡生。贡生的名额由朝廷分派给各地府县学，分门别类名堂很多：基本上按年资排序的称岁贡，一般府学每年二人，县学每年一人；因朝廷有重要庆典而特别恩准的称恩贡，按照特定条件不论年资选拔的称选贡，花钱纳捐取得资格的称纳贡。贡生必须进入国子监读书，称坐监，进了国子监，经过一段时间的再学习然后出监，就可以在吏部排队等候铨选地方佐杂小官。经贡举得到的官职虽然小点，但也属正途出身。

对于雄心尚未消磨殆尽、年纪尚轻的秀才或者举人来说，入监显然不是首选。因为这一途将来的升迁空间要较“进士”出身的小得多，将来能升为地方主官的凤毛麟角。如明代比较有名的清官能吏况钟，六部吏员出身，后来得到赏识被任命为苏州知府，号为明初“循吏”第一，但他也就停留在这一位置上，一共做了十二年的知府，再不能前进一步。其他的人升为主官之难，就可想而知了，这不是个人才能品德的问题，而是一项制度性的限制，大家都明白。另外坐监也有一些实际问题。按说国子监的条件待遇不错，但问题是入监读书必须要到北京或者南京生活，这会给生员带来极大的困难，虽有国家的补贴，但在外开销太大，家中还无法照顾，没有一定的经济实力支持不了。因此，一般生员包括举人都希望在府县学中等待机会，一旦中试便直接做官，在对科举前途没有绝望之前，坐监的积极性不高。

但对于已经绝望的老举人、老秀才来说，先入贡再入监仍是不错的比较体面有交代的出路。年龄已大的生员与年轻人心态不一样：考试很艰苦很折磨心灵，被取中的几率又太小，总有兴叹的一天，最后的归宿总是要考虑的；待在府县学中，就得参加每年年底的岁考，成绩太差总考六等被黜落太没面子，成绩勉强占住乡试的名额而又总是不能中式，自己也就无趣了——名额都很有限，前面不走后面就不能出头。而入监以后，挨几个年头，总还有个正途出身，佐贰之职大小也是个官，因此一些老生员还是得考虑入监读书，这是那些在科举道路上走得很累，但还是坚持到底的老书生应该去赶的最后一班车。

入贡，是吴承恩的最后一条体面出路，也就表示他已经彻底放弃了远大美梦，而比较务实地去争取一个小小的官职——毕竟也是官，算是对老父老母有了交代。

提交申请入贡的报告时，吴承恩四十四岁。

入贡有一套程序需要照章办理。岁贡最为常见也最为普通，是对大家都适用也最受欢迎的一种名目。既然有名额限制就会有条件，但选拔条件通常都比较宽松，只要正常参加府县学的岁考成绩不是六等五等，只要声明不再竞争参加乡试的名额就行，在此基础上，大家叙齿按年龄或按资历等候。因此，每年岁贡选拔的结果，在前一年就已经确定，在前几年大家其实心里已经有数。

在府学中争得一个岁贡生的名额，吴承恩似乎松了一口气，也许此时他会煮上一壶清茶，细细地啜一口。在茶还是奢侈品的时候，淮安大众都会饮一种蚕豆茶，也就是将蚕豆的内壳剥下来晒干，自家炒制成茶，这茶的色泽很像我们现在常见的袋泡红茶，有一股浓浓的但很本色的炒货香味，冲泡出来也就与茶差不多了；尤其是将蚕豆壳上一轮小小弯月样的芽衣选出来炒制的蚕豆茶，还有淡淡的清香，也就算有点珍贵了。以吴承恩的经济条件，大概还不会饮这种自己制作的蚕豆茶，座上有可能存放一些江南龙井、碧螺春之类的名贵茶叶，那是招待客人的；更多的可能是地产的炒青、毛尖等等。

啜一口清茶似乎是一种淡定，但实际上吴承恩此时的内心如同打翻了调料筐，酸甜苦辣，五味俱全。

比吴承恩早一点入贡的学友叫汪自安，号云岚，也是一个科场上的倒霉蛋。前一年终于以岁贡生的身份选出了湖南巴陵县学训导的职务，吴承恩写了一首诗《忆昔行赠汪云岚分教巴陵》道别，这首诗值得一读：

忆昔龙溪鸣鼓钟，后有王公前葛公。
君方弱冠游其中，玉树青葱明曙风。
当场小战号佳手，乌府柏榜连作首。
挥毫四顾气腾虹，擢第登科亦何有？
风飞雨送三十年，襕衫犹在灯窗前。
后尘衮衮总新样，万事纷纭休问天。
昨来始得随宾贡，共道文章小成用。
骏骨谁知马首龙，卑飞不免鸦嘲凤。
潞河冰尽春帆开，隔年重上黄金台。
舒颜就教恍疑梦，执笔佥凭犹自猜。
丈夫功名未可必，时运到时终俯拾。
处世还须算晚来，逢人且莫夸畴昔。
洞庭湖波摇绿烟，辰陵矶柳吹香绵。
樯竿一带密如比，到日多逢乡里船。
奉亲传道两不恶，高揖公卿未为薄。
岁登功绩月支钱，未仕何如此行乐？
送君动我昔年心，付与长安曲米春。
莫笑狂奴仍故态，龙溪我亦法筵人。

这首诗与其说是送别，还不如说是借他人杯酒，浇自己心中块垒——抒情言志！前四句说当年知府葛木在淮安举办龙溪书院，我们都是其中的学生；接着八句吴承恩回顾了在校时苦读的艰辛和意气之飞扬；但是，现在回头再看，转瞬间三十年已经消逝，风飞雨送，命运难料，后学纷纷超越，前行之路已经走到了自己能达到的最后一个台阶，所有的骄傲都成了往事。现在入贡了，多年苦读勉强算是有了交代，但对于阑珊窗前消磨了半辈子时光，也曾经风采一时的他们来说，实在不能甘心。请细细品味“骏骨谁知马首龙，卑飞不免鸦嘲凤”二句，屈辱、悲凉、痛心、倔强的混杂，决不会被一杯清茶掩盖。

当然，吴承恩还认为这也是一个新的开始，汪云岚做了一个训导，自己也即将走上这条路，“送君动我昔年心，付与长安曲米春”。做一个小官也可以接受，“奉亲传道两不恶，高揖公卿未为薄”，终于可以用一份俸禄养家糊口了，也可以摆点人模狗样的士绅风度了；或许还会有奇迹出现，“丈夫功名未可必，时运到时终俯拾”。

这就是嘉靖二十八年（1549）时年四十四岁，已经决定入贡时的吴承恩。请注意，从《忆昔行赠汪云岚分教巴陵》来看，他的期望值也就是像汪云岚一样选出一个教职——这已经不容易了。

中断的京师谒选

由于入贡要在吏部办理一定的手续，再加上也还有少许贡生经运动后直接选官而不需坐监的可能，因此吴承恩在四十五岁时第一次进了京城。

嘉靖二十九年（1550）的开春之时，吴承恩由淮安出发，沿运河北上，直趋京城。事情不急，负担不重，沿途正好赏玩，沿途登了泰山，上了太白楼，也游了杨柳青，有诗为证。登泰山时他写了一首《古意》：

日出沧海东，精光射天地。
俄然忽西掷，似是海神戏。
羲和鞭六龙，能驱不能击。

劳劳彼夸父，奔走更何意？
余自尘世人，痴心小尘世。
朝登众山顶，聊复饮其气。

诗歌写景部分大气磅礴，颇有杜甫《望岳》的意境。其中“余自尘世人，痴心小尘世”比较有意思，说登山之后，有超凡脱俗顿离尘世之感，但想想自己本不就是尘世之人么，未免可笑痴心，话语中有一种对自己无可奈何宦海谋官，直入尘世的自嘲。

在济宁他写了一首《太白楼》：

青莲居士登临地，有客来游兴不孤。
山水每缘人得胜，贤豪多共酒为徒。
云飞醉墨留朱拱，花拥宫袍想玉壶。
独倚栏干倾一斗，知君应复识狂夫。

李白成名之后，天下不知平添多少太白酒家，但唯以济宁太白楼为最著。据说当年李白客居此地，县令贺公以美酒楼上招待，最后还将酒楼赠与李白，此楼遂成历代文人流连之地，所谓“青莲居士登临地”，只有这里的太白楼最为著名。回忆李白一类的“贤豪”酒徒，作者不禁也有许多联想，甚至暗中有把自己归为李白同类人的意思，可见内心的狂傲似乎还没有完全泯灭。

这时的吴承恩虽然还没有官职，但在京城已经有人等着为他接风了。非常的巧，从淮安走出来的铁杆发小儿，除朱曰藩外，沈坤、李春芳、张侃、倪润这时都在京城任职，老友来了自然要有所表示，不喝个昏天黑地岂能罢休。酒宴是谁主持的现在已经无法查清，但这不重要，重要的是大家对吴承恩来到京城的目的都很明确，也都意识到自己有帮助的责任。

如果期待吴承恩直接选一个官职，那最好的办法就是打通吏部的关节。几个人中，沈坤与张侃的性格比较豪放，沈坤与吴承恩又是儿女亲家，自然格外热心："汝忠，这事咱们今天不提，喝酒就是。改天去吏部报到，我陪你去，兴许可以去尚书那儿讨杯茶。"吴承恩自然满口地表示："不急，不急。这么多年都等了，何在乎这几天。"

虽然大家都说不急，但话头渐渐地还是回到了主题上。沉吟片刻，张侃敲了敲酒壶，说："刚才十洲所言，我看不十分稳妥。你和子实都在翰林院，虽然经常可以与吏部的尚书、侍郎见上面，但要说讨个人情恐怕还差点火候，而且事情一旦摆明了倒未必好办。"顿了一顿，"我这人不求上进，就任个主事，但与吏部的那些经办的人倒有往来，有时未免有点私私弊弊的事相互通融，汝忠的事还是交给我吧。"众人都说如此甚好，张侃又说："只是真的不能急，现在吏部选官也实在太难，要慢慢地用点水磨功夫。大家也别闲着，各人四处探探，看哪儿有合适的窝子，选出官来得有人要，如果把汝忠弄到冯焕那样的烟瘴之地去，大概嫂夫人也是不会答应的。"

为了办事方便，吴承恩就住在张侃处。每天在京城到处转转看看，转眼已经过去将近一月，也写了不少诗，但身在京城，诗也未免都有点歌功颂德、烟花繁华的味道，与沿途真山真水激发出来的诗意完全不可相提并论，弄得他自己都觉得无趣。

一天，沈坤过来，告诉张侃说翰林院缺个书办，他已经办了推荐手续，一旦吏部挂牌选出就可以办理正式手续；张侃也告诉他，吏部本年度的岁贡登记已经结束，正在考虑即选名单，已经有了点眉目。说话间沈坤掏出一封信交给吴承恩，说这是叶氏夫人请淮安府随公文夹寄来的。

拆开信，也就寥寥数行，吴承恩看了却如五雷轰顶。原来爱子凤毛因急症已经夭折。

其他一切此时都已经不是急务，唯有尽快回乡。吴家几代单传，子嗣艰难，吴承恩的祖父吴贞病故在浙江仁和教谕任上时，已经在四十岁以上，但吴承恩的父亲吴锐才四岁；吴锐中年得子，四十五岁时才见到吴承恩；而吴承恩之生凤毛，大约也在三十岁以上。此时吴承恩人在壮岁，凤毛却少年夭折，白发人送黑发人，这种打击之难以承受，可想而知。

这样的悲剧，任何时候都值得同情，但发生在这个时候，对吴承恩就有意想不到的影响。很可能此时在京的朋友们还是想挽留他，说能弄个直选殊为难得，能留在京城更是上上之选，但劝慰也只是略有表示而已，更多的话很难出口。吴承恩理解大家的心意，写了一首诗作答，诗题《庚戌寓京师迫于归志呈一二知已》：

世味由来已备尝，鸥心宁复到鹓行。
纵令索米容方朔，未必含毫象子长。
六月车尘惊客鬓，连宵乡梦绕山堂。
明珠有赠惭无报，系在罗襦未敢忘。

其中用了唐人张籍《节妇吟》的典故，对京城朋友的努力表示感谢，这个典故用得非常好，所以我忍不住还是将张籍的原诗录在下面：

君知妾有夫，赠妾双明珠。
感君缠绵意，系在红罗襦。

妾家高楼连苑起，良人执戟明光里。

知君用心如日月，事夫誓拟同生死。

还君明珠双泪垂，恨不相逢未嫁时。

当时藩镇李师道网罗人才，邀张籍到其幕下，张籍借男女之事，很委婉地表示了对李师道罗致的拒绝，说：你已经知道我有了夫君，还是赠我表示爱情的明珠，我珍重这份情意，但我与夫君情誓生死，只能遗憾地退还明珠。借助于这个典故把全诗联系起来，吴承恩就是在说：自己已经经历了太多的人间变故，深知谋个官位很不容易，现在家中有重大变故，归乡的思绪已经不可抑止，弃置各位的努力非常惭愧，只有将情意深深埋在心底。

因为吴承恩中断了北京的入贡选官之行，此后他只有遵守制度，编入南监学籍，一边读书一边等待机会。

第六章 白下风流

白下，是南京的又一称呼。嘉靖中期，在这里曾形成过以一批江南文人为核心的风云际会，史称金陵六朝诗派。吴承恩赴国子监读书，恰逢其盛，度过了一段呼朋唤友、诗酒酬唱的风流时光。

回到淮安，安抚定老母与叶氏夫人，吴承恩便去拜见了沈坤的母亲于太安人，凤毛不是她老人家定了亲的孙女婿吗！随后他就去了潘家，前几天熙台公潘埙曾派人来吴家老宅表示安慰，并叮嘱吴承恩回来后抽空去他那儿一趟。

潘埙并没有太多的寒暄，他主要是想听听那一批淮安后生在京城任职的情况，虽然所谓的后生都已经四十多岁了，但这位前辈还是担心他们因不谙政坛风险而鲁莽冒失，造成祸福的顷刻反转，当然他也想听听吴承恩的打算，因为这场突然变故，吴承恩大概又要重新考虑人生的选择了。说到凤毛，他沉吟片刻，草成一首诗，算是安慰。诗题《慰吴射阳》，云：

万丈燕尘不染衣，飘飘征旆过南畿。
风云担上诗囊重，星斗光中萤火微。

莫把文章争造化，好凭祸福验天机。
孔颜亦自钟情甚，智者何云子夏非。

这首诗没有特别之处，大意是说，你从京城回来，马上又要到南监读书，任重而道远，希望节哀少虑，心态淡定，祸福不惊，顺应天机，其主题仍然是鼓励。关键是最后两句，用了孔子为颜回早逝而哀痛，子夏为幼子夭折而悲泣的典故，这两个典故有一个共同的指向：晚辈的早夭。这是现在我们回忆嘉靖二十九年（1550）发生的一切的主要依据。

不多日，吴承恩编入南京国子监读书的公文到了淮安，府学照例下发了去南京报到的通知，但他此时正躲在射阳簃里，舔他们这个家族滴血的伤口，实在没有心情再去料理这件本身就不急的事。他很少出门，只是偶尔会去潘府，帮助潘埙整理一些地方史料，这些史料后来被潘埙编成一本《淮郡文献志》，吴承恩写了序。这样延宕了几年，直到嘉靖三十三年（1554），沈坤调任南京翰林院任职，朱曰藩也被任命为南京兵部一个部门的负责人，吴承恩这才打点起到国子监读书的事。

幸福的国子监

嘉靖三十三年五月，沈坤赴任途中经过淮安。因为这次的任职地点较近，南京又是著名的繁华之地，所以沈坤决定携母亲于太安人到任，也是让高龄老母能享受一点奢华的意思，为此特意雇了一条大船。临行前他终于说服了吴承恩，随船一起去南监报到。

已经四十九岁的吴承恩终于又要重新与孔夫子等一干圣贤打交道了。

明朝国子监建于洪武年间，坐落在南京的鸡鸣山下，后来京城北迁，国子监也就分为南北两处，南京的仍然保留，简称南监。

明初国子监的待遇很不错。有良好的学习条件，包括教师、图书等，学习采用学分制，积分满者称及格，给予出身，一般就是由吏部安排任州县副职，成绩特别优异的还及时上报，特简使用；有严格的管理制度，学生犯错，第一次记过，第二次用竹篾打屁股，第三次加重，第四次就有戴枷、开除、遣返、充军之类的处理；有不错的生活条件，除分发生活用品外，年节俱有赏钱，家中有父母去世之类的大事，允许返乡探望还发给路费。

但这些都是《明史·选举志》中记录的，到吴承恩入监读书的时候，情况已经大不一样。明初朝廷和各地州府都是百废待兴，蒙古人治国太过粗放，行政机构十分简单，到大明立国后便觉得有大量空缺的职位需要填补，因此由国子监走出来的国子学生都能得到很好的安排。所以国子监非常令人向往，整天书声琅琅，人群攘攘，很显然，直接考中进士的毕竟是少数，大部分读书人都希望通过这一途径取得比较理想的出身。后来空缺职务逐渐填满，国子学生选官的速度放慢，要求日渐严格，入监读书的人数也就锐减，在监的已大部分是老举人和老贡生，有时只有数百人，不过虚应故事，混个年头，坚守阵地等待迟迟不来的一官半职。这时许多管理措施都已经形同虚设，监生们或呼朋唤友，诗酒相会；或捏造名目，告假回乡；甚或流连青楼，平添秦淮河畔的一份热闹。

安顿以后，吴承恩便在学校周围转了转，南京他已经来过多次，但主要活动在贡院周围，进国子监的事他压根都没有想，所以也没仔细看过。他有一首五言律诗《鸡鸣寺》，描绘了在新学堂附近转悠一圈的感受：

地拔凭观豁，廊回引步深。
晚云山有态，秋寺树多阴。
徙倚弥成趣，频来为写心。
平生奇尚在，随处剧登临。

真的是好地方，有山，有云，有寺，有廊，让已经老大不小的吴承恩还是觉得好奇。后来的一段时间里，他四处登临观赏，游走了金陵周遭的名山古刹，包括金陵以东不远处的道教胜地茅山，整个看来，他并没有安安心心待在国子监的那一亩三分地里。除了观山玩水之外，就是在淮安与金陵之间往返游荡。当时挂名请假的现象已经普遍，何况在嘉靖三十五年到三十八年（1556—1559）的一段时间里，南京国子监的最高长官祭酒还是沈坤担任的；还有那些年闹倭寇，生员四处躲避，学中生活就更形同虚设了。吴承恩在监的准确起止时间不太清楚，现在只知道从入监挂名到后来任职长兴，连头带尾应当有个十一二年的时间，而他老老实实在金陵坐监的时间满打满算不会超过三年。

金陵期间，他吴承恩已不屑于再去读那些已经翻来覆去不知嚼了多少遍的《四书》《五经》之类，去谈什么替圣人立言；而是结交了监中活跃分子和社会上的诗文朋友，很是痛快地展示了一把他的被压抑的才情。

看下面一首《金陵客窗对雪戏柬朱祠曹》，就知道他的书是如何读的了。诗中的朱祠曹就是朱曰藩，先后在南京兵部、礼部任职，习惯上称祠曹或祠部。大约吴承恩与朱曰藩的住处很近，某个风雪交加的夜晚，寒气逼人，吴承恩料定朱曰藩此刻一定在苦读，于是准备了热茶美酒，写了这首诗，叫小童递过去，也是邀请朱曰藩移驾分享的意思。诗云：

我梦倒骑银甲龙，夜半乘云上天阙。
星河下瞰冻成石，卷起随风散为屑。
划然长啸斗柄摇，两岸缤纷堕榆叶。
仙娥并驾白鸾凤，顾我殷勤赠环玦。
觉来开户仰视天，拊掌惊呼太奇绝。
乾坤表里总一色，但见梅花扑香月。
狂铺鹿革坐翳花，长笛横吹古时铁。
飞来老鹤鸣向我，顾影蹁跹弄明灭。
是时身在水精域，肝胆森森共澄澈。
呼童问此何物邪？童子无知强名雪。
祠曹老郎隔桥住，鼻气吹珠挂寒鬣。
披书缩颈映窗读，声与饥鸦和鸣咽。
茶香酒美君倘来，火蔟铜瓶水方热。

这首诗相当不错，其写雪景，用的是虚实相间的手法：虚，用梦境，星河天阙，银龙仙娥，长天一色，美轮美奂，确实如后来的一些评论家所说的那样，有李白、苏轼的气度；实，推窗看，乾坤一色，梅香扑月，长笛老鹤，蹁跹明灭，让人不胜惊讶，无以措辞。这首诗的文学价值我们暂不去评判，诗境是梦是真我们也不去考虑，就看吴承恩与老朋友朱祠曹读书的差别：隔桥相望，那边“祠曹老郎隔桥住，鼻气吹珠挂寒鬣。披书缩颈映窗读，声与饥鸦和呜咽”，读书读的是辛苦，与“头悬梁”“锥刺股”也差不多；这边，赏雪，吟诗，再加上香茶美酒、火蔟铜瓶，读书读的是情趣，是兴致，一派名士风度。现在还有人怀疑吴承恩是不是《西游记》的作者，其实与其费尽心思去找那些不着调的所谓证据，倒不如认真地读一读《西游记》和《射阳先生存稿》。《西游记》看似草根，看有谁能再复制出一部，其拙中藏巧、见俗见雅的功夫除了吴承恩还有谁能做到？这样快意天马、随境行空的奇才如果都值得怀疑，还有谁更有资格？

除了写诗填词而外，吴承恩最喜爱的恐怕是围棋。围棋是古代文人普遍喜爱的闲技，但能围出点格调的并不多，能与国手过招的更少，而又能把博弈文学化地表现出来的自然少之又少，在这少之又少中能做到绘声绘色、惊心动魄的，只能用两个字来描述：绝少。而吴承恩就是这绝少的奇才，《射阳先生存稿》中两首围棋诗《围棋歌赠鲍景远》《后围棋歌赠小李》所涉及的人物，是明代围棋界号称宗师的两代国手：

海内即今推善弈，温州鲍君居第一。
我于二十五年前，已见纵横妙无匹。
当时弱冠游淮安，后来踪迹多江南。
品流不让范元博，收奖先蒙杨邃庵。
能棋处处争雄长，一旦遇君皆怅罔。
甲第公侯饰马迎，玉堂学士题诗访。
去年我客大江东，鸡鸣寺中欣相逢。
四方豪隽会观局，丈室之间围再重。
架肩骈头密无缝，四座寂然凝若梦。
忽时下子巧成功，一笑齐声海潮哄。
揭来解臂各天涯，胡为又见条侯家。
团宾转主十日饮，欢喜连宵通烛花。
河桥鸣冰雪涂树，别我又将何处去？
文楸玉子即为家，野鹤闲云本无住。

由来绝艺合烟霄，何事尘中犹布袍。
愿尔逢人权放着，世间万事忌孤高。

诗为七言古风，叙事、描摹、议论都有。总的说来，叙事井井有条，由介绍鲍景远开始，说鲍景远成名很早，二十五年前弱冠来淮安时已经声名卓著，当时也很年轻的吴承恩有幸见识过他的高超棋艺；然后叙述这两年与鲍景远的连续见面，说鲍景远受邀到访淮安，陪客有吴承恩在座，而巧的是，前一年吴、鲍二人刚刚见过面，并且有一场精彩的对弈。从诗歌的描述看，对弈应当发生在吴承恩南京坐监时，从他兴致勃勃的描绘中可以想象出当时的精彩场面：

当时鲍景远到达南京后落脚鸡鸣寺，他号称国手，当然引起大批棋友的兴致。但不是所有人都有资格与鲍景远过招，对手不相当的过招就变成了指导棋，不会精彩，这点大家都明白。由谁出头？一帮无事可干正找机会起哄的老监生把目光集中到了吴承恩身上，吴承恩此时也豪情顿起，长袖一挥，就坐到了棋枰前。鸡鸣寺的偏室是方丈平时修禅的地方，此时方丈也让出来凑个热闹，房间不大，但重重叠叠挤满了各方棋友，吴承恩用了“围再重”和“密无缝”来形容，也就是围了一层又一层密不透风的意思；每逢弈者苦思冥想，围观者也凝神若梦，而一旦妙招出手，顿时便会爆出海潮般的哄笑。多么愉快多彩的场景，足堪“绘声绘色”的美誉。

《后围棋歌赠小李》写在若干年后，其时吴承恩已经致仕回乡，但事情与吴、鲍二人的这次交往有点关系。棋界江湖，大体上也是各领风骚数十年，很多年后，新一代的国手已经是一位叫李釜的年轻人。李釜走到淮安，专诚拜访吴承恩，吴承恩此时已经须髯皆白，棋已经是下不动了，但李釜却并非要与吴承恩过手，只因为当年的《围棋歌赠鲍景远》，鲍景远甚为珍惜，颇以为荣，棋界都有风闻，他如今登门的目的，就是索诗，用吴承恩自己的话说就是“李君谓我能谈艺，苦苦索诗攀鲍例”。这个情面当然是不能拂的，吴承恩欣然提笔，也就按照旧例，草成《后围棋歌赠小李》。这首诗在体制、规格上与写给鲍景远的那一首对等，都是七言古风，但入手的角度却完全不同。我们略去前后的交代寒暄，看吴承恩如何描绘李釜的棋艺：

其初不过三与六，保角依旁起边幅。
忽然变作常山蛇，八阵旌旗耀鱼复。
或时乘危断更续，蚁附猿攀下绵竹；
或时脱险去莫逐，夜半鸡鸣出函谷。
横飞夹寨王彦章，据险当阳张翼德。
或有时而松，四围垓下歌楚声；
或有时而快，白马坡前犯麾盖；
或有时而暗，赵帜满营俄变汉；
或有时而奇，火鼓连天枭郅支。
相持广武只斗智，坚忍时为汉高帝。
渭南护战奉节制，独立毅然辛佐治。
飞书燕将献降城，手剑齐人返侵地。
又如泰山肤寸云初兴，雨风斗黑雷翻空。
咸阳火起初若萤，片时烧遍秦王宫。
天官星宿罗心胸，地师点穴当来龙。
九针神秘按脉络，纤毫不爽灵枢经。
隈穿一线走万壑，五丁山为金牛凿。
深林赤手虎可搏，鸠夺危巢失干鹊。

抛饵忙牵掣海鳌，弯弧命中横秋鹗。

围棋定式繁复，战法多变，飞出求连接是定式，顶起而逃逸是步骤；痛杀大龙是战法，巧用弃子是手筋。能把这些过程写清楚已属不易，而吴承恩竟然全用联翩的神话和旧典，把黑白交锋写成瞬息万变的兵法战法，其境界全在心领神会。可谓惊心动魄、精彩绝伦。

流淌的诗与酒

读书之余，是要娱乐的。金陵烟花之地，娱乐的方式五花八门，不趁此时游乐，也是一种愧对；而最惬意的，则是诗与酒的流淌。这些对于吴承恩都是愉快的——能把自己的才艺展示得淋漓尽致，岂非人生快事，这些才艺在他的体内已经憋屈了多年。

请看他的一首小诗《金陵秋日柬文寿承兄弟》：

帝城的是好风光，锦绣天街散桂香。
金勒驻花留夜醉，朱楼拜月换新妆。
三千斗巧琵琶院，百万争先蟋蟀场。
寄语桥西文学士，试排诗酒待重阳。

这首诗挺有意思，吴承恩刚刚赴了人家的宴请，转眼间就对主人提出了新的要求。“文寿承兄弟”“文学士”是文徵明的两个儿子，老大叫文彭，字寿承，号三桥；小的叫文嘉，字休承，号文水，正是南京一帮文人中的活跃分子。吴承恩是否真的善饮无可考证，但文人总是喜欢摆出一副嗜酒如命的模样，好像只有畅饮才能表现出一种畅快、尽兴的意态。吴承恩算是第一次真正地享受金陵的繁华生活，见到天街、朱楼、琵琶院、蟋蟀场，简直有点瞠目结舌，又结识了富有豪爽、以风流好客自居的文氏兄弟、何氏兄弟，正有一种发自每个毛孔的畅快。因此他就毫不迟疑地接受了主人的招待，这边还未散场，又毫不见外地向文氏兄弟提出了重阳节请再摆一席，邀我等一醉的要求。

文嘉当时回了一首诗，说此乃小事一桩。

古代江南地区文化积淀深厚，历朝历代都会孕育出一些真正意义上的文人，明代进入中叶的弘治、正德年间，在苏州有唐伯虎、祝枝山、文徵明和徐祯卿合称为“江南四大才子”，在南京有王韦、顾璘、朱应登、陈沂合称为“金陵四家”。前者才华出众，身怀绝技但性格疏狂，傲世不羁，在常人眼里有些怪异；后者则都是正统的仕途上人，只是为官之后，把精力主要放在了诗文的创作与研究上，以江左习气与对六朝文学的偏好为特征，自成一派。而再二三十年后，他们的后代、学生和崇拜者在南京会合，有意无意之间已经把两方面的特征延续了下去，将习学六朝的风气推向高潮，形成了一个小有影响的“金陵六朝诗派”。后来明末的文坛领袖钱谦益在《历朝诗集小传》中说这批人“相与授简分题，征歌选胜。秦淮一曲，烟水竞其风华；桃叶诸姬，梅柳滋其妍翠，此金陵之初盛也”。

这帮文人中真正的领袖是时任南京翰林院孔目的何良俊和当时在南京兵部、礼部任职的朱曰藩，活跃分子除文氏兄弟外，还有何良俊的弟弟何良傅、盛时泰、张之象、周晖、黄姬水等人。这些人物，功名都不很高，其中贡生不少；官职都不很大，基本在七品以下，只是他们自己似乎也不太介意。他们往往有家学或师承背景，都有文人引以为傲的一技之长，或善书善画，或好古知音，或痴迷收藏。当然，最重要的共同点恐怕是近似的生活态度和审美情趣，这应该是他们能经常相聚并被后人称为一个诗派的基础。吴承恩早年就与文徵明有交往，与文氏兄弟自然算是世交，但他的被引入主要还是由于较为年长的朱曰藩在他们中的影响。由于在南京的时间很短，吴承恩只能算外围分子，在相关文献上也较少有他的痕迹，但实际上只要人在南京，吴承恩参与活动还是很积极的。

说说何良俊这个人。何良俊字元朗，号柘湖，华亭人，与吴承恩同年出生。年轻时曾刻苦读书，有二十年足不下楼的典故，与弟弟何良傅并称苏州俊才。最初也很热心科举，但和吴承恩一样，一次一次就是过不了乡试这一关，最后弄得地方官都觉得太没意思，于是给了他一个岁贡生名额，又加以特荐；吏部也觉得以此人如此流落江湖，实在有失朝廷颜面，于是千方百计地找了旧例，破格授任南京翰林院孔目。孔目的官位并不高，属于秘书、干事一类的低级文职官员，但进入翰林院比较难，惯例朝廷各部的低级职员很多都是用于封荫，也就是用于对高官或者功臣后裔的赏赐，一般来说岁贡生没有机会，因此授何良俊为翰林孔目也算是一种恩宠。而何良俊对仕途并不甚在意，嘉靖三十二年（1553）到任，三十七年（1558）便辞官隐居。

到任的第二年，何良俊在南京东郊玄武湖东畔、钟山南麓的清溪旁，选了一块地皮自建书房，命名为“四友斋”，哪四友？庄子、王维、白居易和他自己，合为四友。这四友说起来颇为不搭，春秋庄子、盛唐王维、中唐的白居易、大明的何良俊，都是哪路跟哪路？但其实这是说文人的神交，虽不生于一世，但意气相投。同伙黄姬水去看了以后，羡慕不已，在一篇文章写他看到的情景：

疏池艺竹，构屋三楹，以柄钟阜。纳云东涧，漂瀑石林，兰术威芋远索，虽在帝邑，旷若樵垌渔野间也。中设一木榻，榻上列维摩诘所说经、庄子、白居易集，元朗嗒然隐几，与之神游而冥契焉。

趴在案几上神游八极的元朗就是何良俊，从“四友斋”的命名和构建情调，我们就可以看出他的性格和志趣。

四友斋落成之后，遂成为南京这伙人落脚酬唱的重要场所。有一次，何良俊邀请大家参加了一场有教坊艺人李节献艺的酒会，李节是当时的名歌姬，以弹筝著称。其时吴承恩正在南京，也应邀参加。席上相互唱和，吴承恩留下了《金陵何太史宅听小伶弹筝次韵》三首，很能反映当时状况和心态的小诗：

小堂留客醉瑶筝，一片秋襟万壑冰。
自笑输它何太史，酒才诗气两凭陵。

鹦鹉分明语绣帏，一片才彻客心飞。
主人似妒芳州树，自把金笼闭雪衣。

玉柱银筝艳复清，吴儿歌曲更生情。
从今载酒来应数，醉听雏莺和友声。

第一首是对主人的恭维，何良俊好饮，号酒瘾、酒民，所以吴承恩自认“酒才”不如;“诗气”方面，何很自负也很得时誉，此时且是主人，让一头也无妨，因此吴承恩用了“凭陵”这个词，即承认超越自己之上的意思。第二首说了一件戏谑主人的花絮，当时挂在堂上的一只白羽鹦鹉，似乎学说了一句主人闺房里的私语，引来众宾客一阵开心大笑，闹得主人很不好意思，赶快把鹦鹉藏了起来。第三首，则直白地表示了羡艳之意，夸奖李节的技艺之外，又说自己会经常到场，表示对这类活动很有兴趣。

有些研究者认为这段交往对吴承恩起的并不是健康的作用，说他表面上心境不平，但面对秦淮烟水的风华，桃叶诸姬的妍翠，不免随波逐流，有时表演穷困潦倒，以诗酒为隐的风度；有时又羡慕风花雪月，弄什么香拥玉人的情调，却很少有愤世嫉俗、慷慨悲歌的气味和调门。但我觉得这是误解或者是对旧式文人的苛求。

至少目前没有发现吴承恩有严重的浪荡行为，最香艳的也就是听听歌而已，或者在填词的时候多一点调笑，细看大多也就是给别人帮帮腔凑凑热闹，或者按照词的婉约本色借为比喻而已，远没有到失去分寸的程度。这大概因个人的基本素质所致，这时他年已五十之上，兴致和那些青年才俊们不一样了；可能还受经济条件限制，他毕竟没有多少家产资财，客观上不允许他花天酒地。

这段时光他确实没有多少愤世嫉俗、慷慨悲歌的重要作品，比较平庸。这主要是客观造成的。在那批人中，吴承恩的身份地位最低，经济条件最差，且相交时间也最短，交往双方的地位并不十分平等，我们甚至可以用上“附庸”这样的词。当然这所谓的附庸与影视剧里无良文人附庸恶少为非作歹是不一样的，主要指的是在他们小团体里的话语权、引导权的问题。换句话说，吴承恩在人家的圈子里，只能就人家的话题附议。朱曰藩、何良俊继承江南文人的传统，向来不谈政治只论风花雪月，有些风流，有些牢骚，有些颓唐，然而确实没有慷慨激昂，吴承恩即使有满腹政治牢骚，在这个环境里又能把他的愤世嫉俗发挥到什么样子呢？

坐监期间的交往对吴承恩也未必没有正面的意义，这批人虽然有点喜欢征歌逐夜，但却都是桀骜孤傲之人，很注意人格的独立。何良俊嘉靖三十七年（1558）辞职，别人费尽心力为他弄来的职务，他说丢就丢，当写好辞职报告后，他叹了口气说："吾有清森阁在海上，藏书四万卷，名画百签，古法帖彝鼎数十种，弃此不居，而仆仆牛马走乎？"这是自问，意为我有那么清幽高雅的环境，跑来做这劳什子的官，低声下气碌碌奔劳，不是傻吗！他的弟弟何良傅进士出身，早几年就把自己的职务也辞了，没有特别的理由，就是不愿忍受官场的屈辱。而这帮文友包括吴承恩在内，齐声道贺，吴承恩的贺诗中有两句"非嫌朱绂贵，俱有白云情"，确有道理。朱曰藩的父亲，也就是那位愿将家中书分半给吴承恩阅读的前朝才子朱应登，是有名的耿直之士，他的学生许宗鲁曾说"当其气合，则忘形吐衷，无所爱吝；乃其不谐，虽尊官要人，蔑不留目"，也就是说朱应登当年也是相当的孤傲，他不喜欢的人，不管官位多高，身份多尊，他一概不理，眼角都不瞄一下。

至于文氏兄弟的父亲文徵明更是孤傲的极品。讲一个小故事。

嘉靖三十一年（1552）文老爷子八十三岁时，何良俊去北京谒选，因为在京交游时说到与文老爷子很熟，所以兵部尚书聂豹就说，文衡山与我也是多年老友，现在你就帮我带封信问好，再向老爷子索一幅画。随即用了特权，派兵将何良俊一路护送回乡。回到苏州后，何良俊拜见文老爷子说起此事，谁知文徵明大怒："此人无理，以前与我交往，一向不曾说起要画，如今做了兵部尚书，便来讨画。"意思说聂豹仗势欺人，非常不高兴，画当然就没有索成，弄得何良俊极是尴尬，后来他将此事记入他的《四友斋丛说》。

与这样的一批人相互来往，未必关心朝政国事，但至少做人得有个基本准则，这显然不是坏事。后来《西游记》里，肩负重任的唐御弟，讨正果出身的孙悟空，始终都有一身正气，一点独立人格，一股桀骜不驯脾气，与吴承恩所受的这类熏陶恐怕不无干系。

说诗

明代文坛，如仲夏夜空，繁星点点，自成天野一景，吴承恩也是这星河中的一点。今人或许因为《西游记》的光辉太耀眼，对他的诗才倒是没有引起足够的注意，但在当年，在他吴承恩的身份能够覆盖到的范围内，他很有名。

嘉靖八年（1529）的时任漕运总督是一位浙江金华人，名叫唐龙。此人进士出身，向以有文采自负，又是个大孝子。本年唐龙的老母亲在老家过八十大寿，总督大人因路途遥远公务繁杂不能亲到致贺，但寿礼自是不能少的，且要兼顾表里雅俗，就是既要有实惠的珍宝，又要有热闹的字画，于是他请当时的名家画了一幅《海鹤蟠桃图》。

画的幅面很大，群鹤翩翩而舞，蟠桃红翠欲滴，十分喜庆，且作画的人考虑到这样用场的画一定会有题辞，所以留白充分。唐龙非常满意，这种留白很对他的胃口，他要亲自为老太太题上颂词。但实际上这种题辞是举重若轻的活，雅不得，俗不得，深不得，浅不得，经三五次反复以后，他对自己反倒是失去了信心，叹一声“毕竟老了”，扔掉笔，吩咐把淮安知府找来。

淮安知府赶到，很惶恐：“淮安虽称繁华，但毕竟难比京华帝都，哪有配得上为老寿星题辞的人？”

唐龙明白他的意思，说：“你这就多虑了。老太太年事已高，且一直在乡下生活，只要她老人家高兴就是了。”其实唐龙已经想好了，在淮安他的职位最高，犹如鹤立鸡群，按照官场应酬的规则，确实没有人具有受他唐龙之邀的资格，而即使有，他唐龙也未必看得上，他也就是希望不论何人何种身份，能弄出点气氛也就行了。

淮安知府明白他的意思后，推荐了府学生员吴承恩。唐龙知道吴承恩只有二十四岁时，将信将疑。但淮安知府对这事倒是觉得十分有把握，因为他见过，而且不止一次，淮安经常有人把这种比较考究的应酬文字交给吴承恩代劳。

几天后，吴承恩交来了一首七言古风《海鹤蟠桃篇》。唐龙展读，拍案叫绝，立即吩咐淮安知府把这位他全然不知的吴承恩找来，矜持全无，风度几失。诗云：

蟠桃西蟠几万里，云在昆仑之山瑶池之水。
海波吹春日五色，树树蒸霞瑞烟起。
倚天翠巘云峩峩，下临星斗森盘罗。
开花结子六千岁，明珠乱缀珊瑚柯。
彼翩知是辽东鹤，一举圆方识寥廓。
八极孤搏海峤风，千年遥寄神仙药。
此桃此鹤世有无，细视始惊为画图。
函之拜送仰天祝，我公心寄南飞乌。

老人家做寿，该贺，但也不过是一件平常俗事；《海鹤蟠桃图》，也不过极平常的应景画卷，在唐龙看来，即使年轻的学中诸生吴承恩摊上这件事有点受宠，觉得应该用点心思去做，那也不过锦上再添几簇花团而已。但吴承恩开笔就是海波吹春、蒸霞瑞烟，下临星斗森罗，遥视四方八极，说桃、说鹤，说瑶池水，说神仙药，然后归之于祝寿的人，点题入事。妙极。下一段：

> 闻说金华山，中有宝婺星，吹笙鼓瑶瑟，送酒多仙灵。
> 玉桃玄鹤降西母，披花笑坐丹霞屏。
> 想见开此图，高张北堂上，堂上筵前宛相向。
> 地涌珠楼结化城，天移羽葆攒仙仗。
> 中丞命世出风尘，夫人信是真天人。

这是拍老太太的马屁，把老太太狠狠地恭维一顿，说老太太本就是金华星灵，坐在丹霞屏风下，神态宛如西王母，而恭维老夫人，其意又在唐总督。在吴承恩波澜起伏的笔下，老太太是西王母，唐大人就是丁令威，恍若身在瑶池，天生天成。这其中，句句有典，通篇神话，这种丰富神奇的想象力，其实不得多见，极妙！过去江浙一带到处都有唐伯虎恭维老太太的段子流传，说一财主为其母摆寿宴，多次邀请唐伯虎，伯虎推辞不得，只得出席。席间，财主请伯虎题诗以贺，伯虎乃乘酒兴挥笔写了一句，“这个婆娘不是人”。甫一落笔，满座皆惊，主人更是面有怒色。但伯虎不以为意，稍一蘸墨，题出第二句：“九天仙女下凡尘”，厅上顿时掌声一片。掌声未已，伯虎又挥毫写下第三句，“生下儿子都是贼”，未等主人的脸色阴沉，他唐伯虎微微一笑，写下了最后一句，“偷得蟠桃献母亲”，又是引爆一阵欢声。这个故事的真伪无从考证，但吴承恩却确确实实露过类似的一手。

或许由于淮安知府转达要求时理解的误差，这首题画诗的口吻并不符合唐龙的原意——它不是代唐龙作，而是直接用了吴承恩自己的身份，尤其是其中两句“函之拜送仰天祝，我公心寄南飞乌”很明显；当然可以让吴承恩去改，但唐龙又真的舍不得这两句，这把他融进了这画这诗，也未尝不好啊！思来想去，最后唐龙还是决定就以吴承恩的名义落款。

自此以后，吴承恩就可以经常进出漕运衙门了，而且还可以很亲热地称唐龙为老师，直到唐龙去世。

乘这个小故事的余波，以下说一说吴承恩的诗歌。

就传统的诗词歌赋而言，目前吴承恩是个徘徊于文学史边缘的人。这位老夫子几乎每一体裁都有足当佳作之称的精品，已经凭借过人的实力与同时代的许多风云人物有了唱和往来，并得到了应有的尊重；但毕竟由于《射阳先生存稿》失而复得的时间还短，在人们的视线中缺失了很长一段时间，因此当代史家、选家都还没有表现出对吴承恩诗词文赋的直接关注，直白地说，老夫子还没有跨过史家、选家们的心理门槛。

《射阳先生存稿》四卷是吴承恩的表外孙丘度在吴承恩过世后整理刻印的，据说只收罗了他“什一”也就是十分之一的的作品。前已述及，这部存稿曾经失落，直到一九二九年才在故宫被重新发现，然后直到上世纪五十年代才以《吴承恩诗文集》的名称正式出版。其中第一卷收入传统意义上的诗歌，包括赋、骚、颂和古风、律诗、绝句计十一种体裁一百二十九首作品。这些作品给人的第一印象就是两个字：博杂。由体裁看，除了以《诗经》为代表的四言之外，几乎所有诗体吴承恩都有尝试过。而细看题材，大体上由自述胸臆或借题发挥、寄情山水或田园情趣、友朋唱和或因事酬酢各占一分天下。

吴诗中自述胸臆、抒情言志这一类，涵蓄有较强的社会性，往往借题发挥，与作者本人的社会角色、社会意识有密切关系，实际上可以视为是吴承恩作为“野史氏”人生道义的实践。其中最著名的当属前面已经提到的《二郎搜山图歌》，今日评论家涉及吴承恩，必从这首古诗入手，都把它视为《西游记》诞生的前奏甚或作为其姊妹篇，吴承恩自称野夫，说自己满腔激愤，临风叹息，胸中屡有锄奸灭贼之心，但却无权无力，白首书生，百无一用，究竟拯救百姓的英雄在哪里？他的答案不可能超出儒学给出的范围，救世还得仁政、王道，也就是他期盼的“铸镜”“铸鼎”，最好是由“虞廷”也就是明主来“诛四凶”，但如果仁政、王道实在不能奏效，那不妨来点二郎神那样的暴力。在这里，我们已经看出将来孙悟空大闹天宫，把牢骚发到玉皇大帝面前的预兆。这一点，不是所有文人包括吴承恩的那些好友和我们所知道的那些英名传世的文人骚客所能做到的。

同类的诗歌还有《慰友人》《对酒》《斋居》《忆昔行赠汪云岚分教巴陵》《金陵有赠》《庚戌寓京师迫于归志呈一二知己》《秋兴》等。有些则是在酬答唱和中借题发挥，如《赠沙星士》：

平生不肯受人怜，喜笑悲歌气傲然。
小院朝扃烧药坐，高楼春醉戴花眠。
黄金散尽轻浮海，白发无成巧算天。
孤鹤野云浑不住，始知尘世有颠仙。

这位沙星士是吴承恩新结交的朋友，他闲云野鹤般的生活，看似十分潇洒，但吴承恩一语中的，点破核心在“平生不肯受人怜”一句，而所谓“喜笑悲歌气傲然”其实也是吴承恩的生活状态。

还有一篇《陌上佳人赋》值得一说。赋向来适合于抒情感怀，寄托悲喜，由赋入手几乎可以肯定会探摸到作者某些心绪。《陌上佳人赋》前有一小序，称“友人夸其所见，以赋见邀，率尔为之成篇，亦《闲情》之比也”。自比《闲情》，实际上就是交代了宗旨，不过无需自己说出而已。

其形式仍遵循赋体主客问答的传统：先是有“客”描述了自己的一桩艳遇，说不期之中与一绝色女子相逢，其独立风姿，盈盈雅步，令人怀疑世间何来这等不凡之品；说人们都称昔日西施为极妍，但不知与今日女子相比如何；至少自己经目之女子，无疑都居其下风，如果还有，非幻怪便是仙灵。接着“客”对自己的惊讶、兴奋、仰慕乃至哀叹——当然是因为无缘于该女子——做了大段描绘。

这一段说的事不必当真，写赋一定要设计出“主”与“客”讨论一件事的场景，关键是要明白“客”所言的寓意。从文法上“客”之言说乃是为以下的抒怀做铺垫：

> 余复之曰：子亦何介于兹乎？夫泰否来往，系遭逢也；才命厚薄，属除乘也。故左完而右阙，或后啬而前丰。随气机之轇轕，讵能测乎冥冥？在圣贤亦难逃乎橐籥，而矧此庸庸者乎？况夫至美必恶，色哲德凶，深山大泽，实生蛇龙。纷生民之众欲，唯此蔽之难攻。……余方禅味如蜜，心灰欲冰，水莹霜涧，云晴雪峰。肯晚途之转谬，起狂念于孱躬。

在赋当中，关于“客”所有的精细描写都是铺垫，关键是赋中的“主（余）”的态度；而这个态度几乎一定是对“客”的反驳，这些都是赋的惯用伎俩。这里吴承恩借“主”的身份，针对“客”的艳羡发了一通物极必反、泰否往来、至美必恶、冥冥难测的感慨，最后表示自己对如此难得的美人也丝毫没有兴致，“禅味如蜜，心灰欲冰”，对一切已经不再有任何幻想，因此也不会再受美人的诱惑，狂念再起。

客悟请退，余扉自扃。篝镫旅壁，戏书幽悰。繁绮语之多寓，比梅花于广平，笑投毫而即枕，闻长乐之初钟。

“客”似乎明白了什么而退出——也许是有所感悟而退出，也许是话不投机而退出，总之是乘兴而来、败兴而归——“主(余)”关上门窗，心绪渐平，很快便沉浸在自己简陋但宁静，淡泊而幽远，与书为伴，以乐娱心，闲来挥毫，听钟而眠的情趣之中。

吴承恩在小序里自比陶渊明的《闲情赋》，说明乃是与陶渊明一样继承了屈骚香草美人的传统而有所寄托。但具体说，是什么让他刻骨铭心，要殚精竭虑做这么一番表白？科举。“美人”只是一个比喻，确实就是比喻科举！这是吴承恩前半生最想追求的东西，也是他的彻骨之痛，但他终于看破，在四十余岁年龄还不算太大的时候毅然告别了科举，回到了寻找自我的人生道路上，这篇赋算是吴承恩的自我纪念吧。

寄情山水也是吴承恩诗歌中的常见题材。这部分诗歌的题材风格充满了恬淡超脱的田园情调。且看《答友人》：

碧芦掩映小溪横，半露舟人似陆行。
稻入犬牙分早晚，雨当牛脊判阴晴。
淮南有赋违招隐，谷口无田愧代耕。
湖海故人劳问讯，元瑜书檄负平生。

前四句写江淮水网地区的农事，非常之传神，后四句连用淮南小山《招隐士》赋、陶渊明《杂诗八首》之“代耕”、阮元瑜文笔出众的典故，实际上是在说自己已经放弃了平生事业。

还有一些诗歌是纯粹的田园生活场景，这些诗大多只取生活花絮一片，比如《舟行》一首：

白鹭群翻隔浦风，斜阳遥映树重重。
前村一片云将雨，闲倚船窗看挂龙。

整个画面意境鲜明，有远有近，有动有静，有眼前有期待，有紧张有悠闲；景是动的，心是静的。还有一首《送友人游洞庭》作于湖北荆王府任职时，与《舟行》有异曲同工之妙：

横天玉露鹤翛翛，夜半龙吟月上潮。
净洗银波三万顷，满船星斗卧吹箫。

再看吴承恩的唱和酬酢诗，除《海鹤蟠桃篇》外，再说一首《赠裴鹤洲晋列卿兼逢初度歌》。下一节将要说到嘉靖四十三年（1564），李春芳一封信把吴承恩招到北京谒选的事，这首诗就是在此期间为庆贺大理寺卿裴天佑晋升而作。

当时吴承恩住在李春芳的府上，除了陪陪李春芳的父亲，偶尔也参加一些京城官员间的应酬。嘉靖四十四年（1565）秋，裴天佑晋升大理寺少卿。裴天佑，字鹤洲，李春芳嘉靖二十六年（1547）状元及第，二十九年（1550）便被委派为春闱的考官，而裴天佑是这一科中的进士，因此名义上算是李春芳的门生；而他又是海州人，当时海州属于淮安府管辖，因此又算吴承恩的同乡，因此李春芳早前就已介绍他们相识。

裴天佑的这次晋升，算是跨上了仕途的一个重要台阶。大理寺少卿是一个从三品或者正四品的职务，相当于今日最高人民法院副院长，得到这个职务，就算跨入了三卿六部长官的行列。庆贺仪式照例是要举行的，贺仪也是要送的，但吴承恩有点为难，为此找到李春芳求计。

李春芳微微一笑："这还不好办！你是文友，自然不必去争贺礼的轻重，说老实话，凡布衣之交能进门的，多是富豪，那份礼你是扛不动的，不能计较。你用点心思写一首贺诗，就比什么都好。"吴承恩照办，一首《赠裴鹤洲晋列卿兼逢初度歌》就此出笼：

海上仙人青凤裘，翩然驾鹤来瀛洲。
长安雪后瑞云暖，笑对梅花倾玉瓯。
主人本是瀛洲客，曾向金门驰献策。
文苑高攀绵绣花，武夷又得烟霞宅。
台柏莺迁报好音，南溟龙跃上天津。
御香袖惹螭头近，法从冠崇豸角新。
西巡三晋东齐鲁，揽辔风清扫豺虎。
万钧神鼎孰能摇，五色华虫我亲补。
十年监察敢辞劳，喜见云鹏换鹭袍。
廷尉班行卿月丽，贯城垣域法星高。
贺宾总是皋夔伍，况复华筵值初度。
逸思唯应野鹤知，长年不假真仙助。
公身望重庙堂资，千尺长松少附枝。
日月弥坚冰雪操，烟霜不改岁寒姿。
轮囷岂比榱题具，天府明堂要梁柱。
共庆朝家得大材，宁夸匠石成奇遇……

就是这么一件普通的应酬，却让吴承恩写成了一件堪比天庭蟠桃会的大喜事。先是结合裴天佑家乡海上三山的神话，一一叙述裴鹤洲经历，一段漫长但又很平常的人生经历，被写得仙气环绕，云山雾罩，看似句句不着边际，甚至一字不得落实，但实则井井有条，简约连贯，最后用裴终成国家梁柱，而朝廷喜得大才作结，宛如一片祥云飘然而来。裴鹤洲看了，即刻便让人把诗轴悬挂于大厅与来宾共赏，然后又让吴承恩以同乡的身份入座嘉宾席。

吴承恩的诗，在明代未必比现在更寂寞，事实上我们可以见到的相关评价并不少，略引两条：

一是曾任淮安知府的五岳山人陈文烛的评价，此人在万历的文坛上有些名头，与吴承恩友善称忘年交，以后我们在很多场合会提及到他。在吴承恩去世后，他为《射阳先生存稿》作序，说道：

> 今观汝忠之作，缘情而绮丽，体物而浏亮，其词微而显，其旨博而深。……诗词虽不拟古何人，李太白、辛幼安之遗也。

一是名气更大一些的诗人李维桢的评价，李维桢，明后期著名诗人，文坛领袖，声名卓著数十年的他也为《射阳先生存稿》写了一篇序：

> 盖诗在唐，与钱、刘、元、白相上下……大要汝忠师心匠意，不傍人门户篱落，以钓一时声誉。

如此评价虽然也有过誉之嫌，但我认为仍未破底线。就体裁而言，吴承恩诗最好的就是七言古风，其次是七言绝句，与李白之所长确实倒是很相似。在整体质量上，吴承恩没有李白丰富的阅历，当然也就没有那么开阔的胸襟和气势磅礴的格局，因此无法产生像“危乎高哉！蜀道之难难于上青天”“天台四万八千丈，对此欲倒东南倾”这样的造语；

有牢骚也发不出“古来圣贤皆寂寞，唯有饮者留其名”“安能摧眉折腰事权贵，使我不得开心颜”那么大的傲然火气。但是如果我们就其浪漫的想象、神奇的夸张、一气呵成的笔调、一贯到底的诗意而言，吴承恩的确有资格并列为李白的同类。

说词

经常在钟山脚下四友斋里诗酒缠斗的那一批人中，吴承恩填词的水平应该最高。这也是他不务正业的一项副产品。

明人词，向来乏善可陈，甚少见到佳作传世，与宋代那种有井水处就有人歌柳词的氛围相比，逊色多多。明末文人领袖陈子龙曾说，明代诗、文都继承了前人的光荣，文，承续两汉；诗，可比盛唐；唯独在词这一道上，愧对宋人。他认为这其中的重要原因是戏曲骤起导致兴趣转移，文人注意力因此分散；既然没有市场，连青楼楚馆的歌姬们都不唱了，填词的技艺也就不值得炫耀了。

其实，陈子龙还没有说到真正的病根，清代吴梅把明词的衰落归纳为“四弊”，其中一条是科举地位的抬升，这很值得注意。明朝科举空前规范，明文规定所有官员必须经由科举出身，哪怕王公贵戚的后代也不能例外；科举考试的内容限定以“四书五经”为主，以朱熹等理学家的诠释为辅，没有例外；考试方法，则唯取八股，不涉音韵，填词完全被视为小道，因此明人启蒙读书，已经不习声律。只有在完成举业之后，才有可能捡起这门闲技，读一些韵书，然后把《花间集》或者《草堂诗余》翻一翻，照葫芦画瓢弄几篇仿作，聊备应酬，其水准不高，自然不出意外。

吴承恩自幼就以自己爱好文学的天性与科举颉颃并最终抛弃科举，也并非没有所得，词便使他一时声名大噪。

以实绩论，《射阳先生存稿》中存有单篇词五十二阕，附于障词后的词三十九阕，合计使用了三十六个词牌。数量不算很多，但佳作不少，而且明代民间盛行的障词是他的独门绝技，罕见数量更多、水平更高者。

如所周知，词起源于民间，但被文人掠取后，便一直被藏于深闺当作女孩养，因此婉约便成为它的本色，花前月下、依红偎翠的气格也更适合于表现文人较为个人内心深处柔弱私密的情调；到宋代，苏轼别创豪放之风，辛弃疾顺势张扬，遂以铁板铜琶、断鸿吴钩的气派，形成与婉约双峰并峙的格局；而大格局之外，又有注重田园山水的清新小词和完全实用化了的障词。

吴承恩全通全精。

在鸡鸣寺、秦淮河流连时，在与何良俊那批人唱和时，他的词作主体是风花雪月的婉约小词，风格更接近于晚唐花间词。四友斋坐落在玄武湖东钟山脚下，朱曰藩的住处应该距鸡鸣寺不远，在玄武湖西，这两处他们经常聚会的地方，都靠近玄武湖，所以有时主人会找个可以观湖的酒楼占座，或者弄条船游湖。古人很喜欢茅屋在深山、人在茅屋前或者船在水上、人在船中的意境，这不仅是因为景色与日日所见的车马辚辚不同，恐怕更由于这才能体现处江湖之远的隐居生活，才能放纵文人诗酒流连的才情。游湖时，他们的兴趣或会转向填词或者作几支小曲，据说他们经常切磋的是《西厢记》，在有歌姬随船时，也许对象会转移到她们身上而促成一些香艳故事。

有一次，一个小小歌姬引起了大家的兴趣，于是各以这小女子为题填词，吴承恩交出的是一组六阕《浣溪沙》，依次描摹这小歌姬的神态、发式、装束、团扇和歌声，最后以有点放纵的调笑结束：

粉沁芙蓉衬额黄，金盘翡翠贴钗梁，新来偏学内家妆。　　忽地见人刚匿笑，回身帘下半遮藏，好风吹过绣裙香。

曾有人批评吴承恩的词艳俗，如果以此篇而论，似乎中的；但显然却不是对吴词整体的合适评价。风花雪月、温香暖玉很多情况下只是文人们假想的一种风雅的、时尚的情调，甚至只不过是借用的吟咏意象，未必嘴上吟咏的便是真实。退一步看，事实上吴承恩的词作中几乎没有真正的艳词，最严重的也就是“好风吹过绣裙香”一类的臆想，而这恐怕并不比什么秦观秦少游的“香囊暗解，罗带轻分”更香艳。

吴承恩艺术水平最高的应该是咏田园咏山水而表达情志的词，其与婉约香艳完全不在一条路子上。除了前面已经提到的《风入松·和文衡山石湖夜汎》之外，《西江月》一阕也是精品：

古岸垂杨钓艇，小桥流水疏篱。杏花茅屋舞青旗，人道他家好醉。　　日暖黄鹂共劝，雨余紫蟹偏肥。归时拼个典春衣，抱着瑶琴且睡。

另一阕《浪淘沙》也值得一提：

驾个小湖船，放入湖天。月轮今夜十分圆。看得嫦娥才仔细，恁的婵娟。　　烂醉扣船舷，信口成篇。满身风露桂花烟。不纵诗狂并酒兴，不是神仙。

笔下清朗、明净，情感狂放、纯真，意境修远、自然，透出了一种不沾尘世气息的生活态度和生活情趣，而这种态度和情趣，来自心底，远非在仕途上奔波者所能。这类词从风格、题材上说，类似辛弃疾的小词，虽然立意简单，载体也还是煎茶、磨墨、酣饮、狂醉之类俗事，但写来并不容易，非常考验功力。

磊落抑塞的抒怀之作，是吴承恩词的一个亮点。此类词作数量虽然不多，也不甚符合词的审美传统，但却是窥测吴承恩本人骨力气概的支撑。最著名的是一阕《送入我门来·幺鬓垂云》，有人视此为老先生开笔写作《西游记》的宣言，至少那种倔强和自信是像的，但这一阕我们要留待以后。这里说一阕《满江红》：

穷眼摩挲，知见过、几多兴灭。红尘内，翻翻覆覆，孰为豪杰。傀儡排场才一出，要知关目须听彻。纵饶君、局面十分赢，须防劫。　身渐重，头颅别。手可炙，门庭热。旋安排娇面孔，冷如冰铁。尽着机关连夜使，一锹一个黄金穴。被天公，赚得鬼般忙，头先雪。

这阕词不知作于何时何地，但看得出对世道不公、官场反复表现出了强烈的愤慨，在文人之中，应当算是开口骂人了；词的格局算不上纵横捭合，但意气慷慨，畅快淋漓。骂谁？不清楚，也不重要。从艺术角度说，不指实，正是可以骂尽天下诸色，只要舒畅、痛快便好。

再看一阕《满江红》：

问讯渊明，折腰吏、尔能为否？独不见、轮云顷刻，白衣苍狗。三径犹存篱下菊，五株不改门前柳。漫淮南、桃李照东风，空回首。　　名与利，慵开口。荣与辱，真翻手。算书生几见，印悬金斗。百计不如归去好，一生但愿樽中有。尽平生、豪气向谁消，无过酒。

这是为送别府学中一位姓赵的学师而作。这位学师离职的原因可能比较特殊，或是因性格耿直而受到了不公正的待遇，这种情况在学官中不算少见，愿意做学官的，或是功名上再无前途，或是得罪上司被穿上了小鞋。吴承恩等为恩师鼓噪鸣不平，一边颂扬恩师的气节，一面痛斥官场的势利阴险。他把赵学师的离去比作陶渊明的不为五斗米折腰：与其在人格上备受践踏，倒不如急流勇退，正是“百计不如归去好，一生但愿樽中有”，东篱观菊，门前栽柳。这样的送别词，说白了就是吴承恩自己的生活态度和人格精神。

我曾经反驳有些研究者对吴承恩《西游记》作者身份的怀疑，说确认吴承恩的作者身份，并不仅仅根据单一的文字资料记载，还必须参考《西游记》，参考吴承恩的文学风格和才华。还可以举一个反面的例证——吴承恩马上就要去浙江长兴任职了，他的顶头上司县令归有光是著名文学大家，有若干文章被选入如今的中学、大学教材，成就不可谓不大；但如果有人说《西游记》的作者是归有光，那就是口吐莲花，也不会有人相信。因为归有光以平实见长，以温婉见长，夸张点说，他的《震川先生集》中找不到一个神话典故，这怎么能让人相信他与《西游记》有什么联系！反之，我们为什么不能关注一下吴承恩极为擅长奇幻笔墨与《西游记》之间的关系呢？

不知道了解了吴承恩的障词后，是否可以增加一些对他的信任。

柳暗花明谒选路

古人称退休为“致仕”，意即年岁已老将职务归还朝廷自己回乡颐养。致仕的年龄没有统一规定，《礼记》说“大夫七十而致事（仕）”，但明清时在六十左右申请致仕的即已比较普遍。扫视吴承恩的周围，朱曰藩的父亲朱应登五十岁前致仕，李春芳六十三岁正式致仕但上书乞休则是在六十岁之前，下面我们将要谈到的归有光五十九岁中进士、六十岁做县令、六十二岁便也要求退休。这里有个人的特殊原因，如心情压抑、前途已尽等等；也有普遍的生理原因，古人以六十为一甲子，经历了一甲子的轮回就算高寿，到七十便称古稀了。

然而到了别人已经准备退休的年龄，吴承恩的仕途却突然光明起来。

前面说过，吴承恩晚年不愁生计，完全可以以自己的一身长技糊口，之所以一直想谋个职位主要是出于母亲张氏的督促，就是“为母屈就长兴倅”——此话出自吴国荣的《射阳先生存稿跋》，吴国荣晚吴承恩一个年辈，自称“通家晚生”，所说必有据。而张氏的确较吴锐要年轻许多，此时健在也完全可能。显然张氏很理解吴锐老先生的生前遗憾，抱定了家门中一定要有官身的宗旨并时时敲打着儿子；而此时凤毛已死，吴承恩无法将责任推向下一代，所以也就豁了出去，死活要谋一个自己其实并不在意的官位，以给在世的母亲、在天的父亲一个安慰。

嘉靖三十八年（1559）以后，南京的这一帮文友开始凋零，首先是因为闹倭患，文氏兄弟回了苏州；然后是朱曰藩离开南京赴九江任知府，两年后逝于任上；三十九年（1560）沈坤被逮昭狱瘐死；四十一年（1562）何良傅卒于家乡，仅五十四岁。这期间吴承恩的主要活动已经是在淮安，但在国子监仍然挂名，只是究竟书读得如何，是否肄业，是否参加了选拔，不得而知。

嘉靖四十三年（1564），吴承恩五十九岁，这一年轮到他福星高照，一个命中注定会帮助他的人出现了。这个人就是他二十年前结识，然后又在嘉靖二十六年（1547）以令人瞠目结舌的辉煌——当年殿试第一离他而去的李春芳。李春芳这时已任吏部侍郎加礼部尚书衔，应当是正二品。

近时李春芳的境遇大好，原来两年前权相严嵩父子相继被弹劾处死，这父子二人都是依靠为皇上写青词而得宠的，他们走了，李春芳的地位益发重要；而这父子二人又极为跋扈，厚道本色的李春芳在他们面前就是个受气包。现在的李春芳仕途上算是已经熬过了坐冷板凳被人捉弄的压抑时期而走上了晋升的快车道，离真正的尚书也就一步之遥了。

本年八月，李春芳的结发妻子过世。一切仪式过后，灵柩便要运回家乡兴化安葬。李春芳夫妻情感甚笃，这当然是一件伤感的事，但毕竟近几年李春芳的心境也随境遇而大好，因此想到灵船将要经过淮安时，便吩咐管家顺便在淮安探望一下老友。

途经淮安，官船泊下，除了官府的照例迎送之外，吴承恩等一班老友也按照乡风沿途拜祭，吴承恩代表大家写了一篇《祭石麓公夫人文》。管家转达了李春芳对各位的感谢，然后又按照吩咐登门探望。探望的主要对象是当年李春芳的老东家张侃，此时他已经忤圣意被削职为民在家养老了，其余被探望的人当中，包括了吴承恩。交谈中，自然要各自介绍经历状况，其中也许是像讲笑话般地提到了吴承恩老母亲还在督促他赴考，一定要他弄一个官身，吴承恩因此至今还在南监挂名的话头；而这个笑话被家人回去后汇报过了李春芳，很念旧的李春芳就把这件事记在了心里。

也许因为当年曾在吴承恩家里蹭过饭，得过张氏老太太的照顾，李春芳觉得有责任帮助老太太了却这个心愿，于是决定伸手帮一帮这位当年还很合得来的老朋友。他写了封信，让吴承恩来京谒选。这封信在李春芳与吴承恩的集子中都无法见到，但吴承恩在后来为李春芳老父亲写的寿诞祝词《元寿颂》中，明确提到他来北京谒选，是受到李春芳的“敦谕”——也就是督促。李春芳集子里有一首诗《赠友》，内容是劝朋友出山做官的，我很怀疑就是写给吴承恩的信。诗云：

清才奕奕丹霞客，垂柳阴阴梓里亭。
已识千条丝拂地，不知几树絮为萍。
枝头烟色池头想，叶里莺声梦里听。
寄语仙郎慢相忆，好将勋业慰山灵。

诗中称朋友是“丹霞客”“仙郎”，希望朋友将方外之事暂时放一放，而做一番可以慰世的“勋业”。之所以认为这首诗是写给吴承恩的，乃是因为李春芳此人十分谨慎清廉，如果不是至交，出自他的自愿，他通常不会多事。

前面说过，明代官员出身有三途，其中举贡也属正途，但选官最难。举人、贡生要在国子监读书合格，取得基本资格；然后参加吏部不定期的“大挑”考试，获得候选资格也就是排队资格；再然后等候空缺，有机会时出任州县的佐贰或相当于这一级别的官员，品级一般为八品以下。候选过程中，钱财和人脉是可以发挥作用的，如果没有这两条，整个过程会很漫长，即使拖上十年也不意味就一定会走完。一旦进入吏部候选的程序之后，这些未来的小官员往往各显神通，有门路的千方百计钻空子托关节，没门路的怨气冲天，决心大的甚至就待在京城，不等个一官半职决不回乡，有的甚至就在等候的过程中交待了残生，然后由朋友同乡之类的人将尸骨运回家乡……

李春芳此时恰好任职吏部侍郎加尚书衔，专管这些小人物升迁选官的事，这是多少人如大旱望云霓般期待的过硬人脉啊，而且事出李春芳本人自愿，如此一来，吴承恩的候选过程似乎要简单得多。嘉靖四十四年（1565）的年底，吴承恩得到了“长兴县丞”的正式任命。

这里一定要看到李春芳的力量。为此不妨提一下前面说到的汪云岚，他是吴承恩的学友，早吴承恩一两年入贡，嘉靖二十八年（1549）选为巴陵县训导。当时吴承恩在给他送行时暗示自己进京铨选基本上也就抱类似期望，但现在吴承恩选出的是八品县丞，比汪云岚要高出了两个等级，因为训导至多是九品甚至是不入流，正如《西游记》里的弼马温。这在当时一定让许多人感到意外，因为到了明后期，岁贡能即时选出训导、教谕已经不错，选出县丞的可能微乎其微，更何况是一个已经漫不经心地等了十多年、年近六十的老贡生！你看马上就要出场的归有光，功名上是一个进士，但其官职也就比吴承恩大一级。

长兴是浙江北部太湖南岸的一座小县城，群山环绕，地处偏僻，但毕竟是在江浙，离家乡也不太远，是一个还算不错的空缺。吴承恩没有理由挑剔，李春芳能将没有雄厚财力和广泛人脉的六十岁老贡生弄到这种程度，已属不易；同时他也不想挑剔，如非老母唠叨，他决不会远涉千里去当什么劳什子县丞，如今当也就当了，一任三年而已吧。

回乡整理行囊，吴承恩准备赴任了。

第七章 文人意气

嘉靖朝的最后一年，浙北山区的长兴县城无意中会集了三位将来注定要影响文坛的人物。但很可惜，面对性格和人生经历的差异，他们没有“求同”，而是刻意“存异”，因此在相聚的历史瞬间擦肩而过。

熏风拂面，杨柳依依。坐小船沿运河南下的吴承恩比任何一次都来得轻松愉快：这条水路的前半段也就是从淮安到扬州这一线，往返的次数他自己也记不清了，去南京乡试、坐监或者呼朋唤友，都得经过这条水路，但无论哪次，都有兴奋、期待、焦虑、沮丧交织在一起，唯有今天才算卸去了浑身的重负，感受到了一阵阵的通泰。

船到瓜州古渡，这里是运河进入长江的入口处，再往前行路程就与以往不同了，往南京要向西，溯江而上；往长兴则要向东，顺流而下。到瓜州本该歇脚上岸，但船家要乘风赶路，跟船客打了招呼，又特意弄了一壶醪酒，加了两个菜，算是道个歉，于是小船鼓起风帆，又走了。

夜色已深，但月儿近圆，水面一片明亮，更把两岸映衬得朦胧中见出分明，吴承恩此时兴致极好，同行的客人都睡了，他还是坐在窗口，在摇曳的孤灯下自饮自斟——柳耆卿不是说“今宵酒醒何处，杨柳岸，晓风残月”吗？晓风残月，也未必凄冷不可赏玩。小船沿江东行，再进入江南运河，也就是此行的后半段，吴承恩曾经行经过一次，那是与朱曰藩一起去苏州拜访王宠。那年他刚刚及冠，虽说在家乡已是小有名气的才子，但毕竟初出远门，一路都拜兄长照顾，想来如在昨天。想到朱曰藩，他突然伤感起来，当年年少英俊风姿绰约的长兄似乎飘飘然就来到了他的身边，而后却又不声不响地就这么走了，四十多年，弹指间就这么过去了，功名呢？富贵呢？恍如一阵青烟。“惟江上之清风与山间之明月，耳得之而为声，目遇之而成色，取之无禁，用之不竭”，极是，极是！虽说此时江面宽阔，两岸不见远山，但天上有月，船下有水，其清泠，其空灵，与东坡居士的赤壁也有一比。呵呵，长兴不得不去，但境由心生，三年任期未必就那么不堪忍受。至于此行的第一站杭州，吴承恩就真的很陌生了，古人道那里的西湖堪比西子，家乡也有西湖，但两者自然不可相提并论，“三秋桂子，十里荷花”该是何等的诱人。想到这里，这位饱经风霜的老先生竟也有一点憧憬。

这是嘉靖四十五年（1566）赴长兴县丞之任的吴承恩，时年六十一岁。

但他想错了。政务不像他想象得那么轻松，官场也不像他希望的那么简单。他未曾想到也不希望看到的不幸，后来终于发生了。

愉快的杭州行程

赴长兴之前，照例要先在省城杭州办理报到手续。要先到巡抚府，等候巡抚接见，象征性地听几句教导训勉；然后再拜见直接上司湖州府的知府，等候知府安排交接。

吴承恩在杭州落脚于吴山脚下的玄妙观，借住了道观里的客房，这也是图清静的文人经常采用的方法。等待巡抚接见并不是件很简单的事，县丞只有八品，在巡抚衙门里实在是太小太小的官，所谓接见在巡抚只是一件细微公事，因此只在兴致较好的空暇时间安排。但被接见者则不能有一丝疏忽，递了手本后必须日日早起在衙门等候，直到有确切的见还是不见的消息，然后才可以决定自己一天的行程安排。吴承恩将这个细节写成了一首诗《书道院壁》：

束带出门趋府急，归路靴粘草霜湿。
日高道士启山扉，遥望晴云背松立。

说清早整装直奔公府点卯，归来时贪睡的道士才刚刚打开山门；看自己皂靴粘满了晨霜草籽，真羡慕道士背松而立遥望晴云的那份悠闲。

不过吴承恩并没有等太多的时日。大约十来天后，师爷很客气地招呼了吴承恩，让他下午再来，说巡抚会安排一次专门的接见。

巡抚确实接见了吴承恩，而且还留了饭——这种留饭当然是象征性的，只是用巡抚的名义，由师爷和杭州府教谕作陪。当时的浙江巡抚叫刘畿，对吴承恩的文名似乎有所了解，于是客气地为尚未到任的吴承恩派了一个看是闲差但其实很是抬举的任务：为自己编写的《诸史将略》代写一篇序。这位巡抚两年前到任，平倭有功，而且于军队建设有心，戎马倥偬之中还想到编写一部作为将士培训教育用的教材《诸史将略》。他构思了体例，然后交由杭州知府和府学教谕等儒生去编写整理，吴承恩谒见时，正是《诸史将略》行将完成之时，于是刘巡抚就道个劳乏，让吴承恩把序言代作了。稍后几日，又是当朝宰辅、内阁大学士徐阶老父亲的冥寿，刘畿是徐阶名义上的学生，当然得有所表示，于是又礼请吴承恩代作了一篇《祭徐太翁文》。

这样的笔墨差事，在吴承恩近似于举手之劳。利用这期间的空歇，吴承恩在杭州轻松地游玩了几天，他特意换下官服，仍旧套上自己习惯的一袭长衫。从他刚刚到达杭州时的诗文看，他对钱塘江、瑞石山、六和塔、西湖都充满了向往，我们有理由相信这些地方都是他的觅胜目标。

他落脚的吴山今日是繁华的市区，当年也是。杭州多山，但山多在城外，只有吴山在城内横亘延绵，登上吴山，杭城“参差十万人家”尽收眼底，钱江如带，风帆点点，西湖似镜，画舫如织。山不高峻，但庙宇庵堂遍布大小山头，故向有“吴山七十二庙宇”之说，其中主峰的“伍公庙”规模第一，据说当时吴国大臣伍子胥因进谏而惨遭屈杀，吴人怜之，就在此山立祠纪念。玄妙观坐落在伍公庙山后的背阴处，规模不算很大，但极幽静古朴。吴承恩有一首《秋夕》诗当是作于此地：

络纬啼金井，夫容敛石房。
寒松静生籁，仙桂妙闻香。
竹火煎茶寺，菱歌载酒航。
人间秋夕好，第一是钱塘。

诗写得确实不错，尤其是后四句，不仅写出了新秋美景，还把他本人那种洒脱的心境也写了出来，因此后来清人朱彝尊编《明诗综》，就把这首诗选了进去。据这首诗，吴承恩大约在杭州一直耽搁到初秋，因为除了《诸史将略序》之外，老夫子还承接了其他的杂差。

这期间的吴承恩，最值得关注的还是心态的放松。科举功名他当然早已不放在心上，到现在为止，他最后谋个一官半职以向老母交代的心愿也算实现了，在任上想来也不过吟诗饮酒，有个一年半载——至多也就三年吧，便可以打道回府，回家做一个有头有脸的致仕乡绅了。杭州虽然没有旧日文友，但他还是狂态复萌了一回：这个时候，在人间天堂，摆脱一切念想，痛痛快快地饮酒，无拘无束地混迹市井，他觉得自己俨然就是诗仙李白。某日，他写了一组标题很长可以当小序读的七绝诗《嘉靖丙寅余寓杭之玄妙观梦一道士长身美髯时已被酒牵余衣曰“为我作醉仙词”因信口十章觉而记其四》：

一片红云贴水飞，醉横铁笛驾云归。
龙宫献出珊瑚树，系向先生破衲衣。

有客焚香拜我前，问师何道致神仙？
神仙可学无它术，店里提壶陌上眠。

一日村中醉百壶，黄金点化酒钱麄。
儿童拍手拦街笑，觅我腰间五岳图。

怪墨涂墙舞乱鸦，醉中一任字横斜。
新诗未寄西王母，先落宜城卖酒家。

丙寅就是嘉靖四十五年（1566），诗题说自己在玄妙观中梦见一位身材高大、长须飘胸的道士，酒已微醺，醉态渐呈，牵衣叙话，要自己作醉仙词。所谓“道士”云云，不过是一个小小的障眼法，其实正是他自己灵魂的外化，他希望自己就是这么一个梳高髻，飘美髯，穿百衲衣，悬五岳图，满墙乱涂鸦，提壶陌上眠，无拘无束，身心自由的酒仙、诗仙。如果不事先声明，恐怕任谁也不会想到这些诗出自一位即将到任的官员之手。多么写意，多么狂放！

由于刘畿的赞赏，一时间杭州官绅请吴承恩捉刀者竟然接踵而至，而且由于有刘巡抚之例在前，凡有请均予厚待，以致吴承恩的行程一再迁延。至入秋之后，吴承恩才终于脱身去了长兴。巡抚衙门的师爷和杭州府儒学的一干文人此时与吴承恩都已混得很熟，所以临行时少不了有一场聚会。请酒的师爷个头不高显得很干练，略有点内眍的眼睛，配上下颌的山羊胡须，一看就是典型的绍兴师爷。今人都说绍兴师爷成名于清代的雍正、乾隆年间，形成了绍兴师爷半天下的格局，但其实在明朝师爷已经普遍介入了各级衙门的公务，而绍兴为代表的越人也早已在这一行里形成了职业优势。师爷多由落第文人再经专门培训而充任，位不高却权重，往往能左右幕主的态度，因此向来都是下层官吏下帖子邀客而少有师爷请酒。但眼下情况有所不同，吴承恩干净利落地处理了眼界甚高的巡抚交代下来的一些文字事务，让师爷松了口气，而此时的吴承恩并未到任，从关系上来说，似乎更像幕友，因此需要讲一些礼节；另外，师爷也许真的钦服吴承恩，老夫子这个时候浑身上下透出的飘逸洒脱，确实是一种迥异于仕途官僚的气场。

酒过三巡，一阵热闹过后，师爷起身敬酒——其实是利用敬酒的机会借一步说话："在下不才，高攀射阳先生以兄弟相称，实在是荣幸之至。长兴并不富庶，政务之繁重之艰难，浙北为最，且地非善地，人非善人，先生若有为难，尽可来信，在下也许可以略为分担。只是长兴主官归震川，先生要留心善处，此人早已成名，号为淳儒，学问心底都是好的，只是自视甚高，性格偏激固执，凡事难以变通，务必留神。"

师爷所说的归震川，就是时任长兴县令、吴承恩的顶头上司归有光，别号震川。吴承恩与此人虽然素未谋面，但早已有所耳闻，因此自认已经设定了应对之策："震川先生既是主官，在下理当驱驰奔命。在下为官，只是一任的事，既无求，也不争，本无生事的由头；若有事，在下多让一头也是应当，如此就未必难以相处了。不知兄台以为然否？”

师爷道：“但愿如此。”然后默默。又说，“龙湾先生近日丁母忧，已经回长兴守制，或许你们是可以见见的。”

尴尬的两位文友

此时的长兴城内，别号震川的归有光和别号龙湾的徐中行确实在等待吴承恩的到来，但二人的心境大是不同。

坐于正堂上的归有光忙忙碌碌。他的头发本已花白，近来似乎已经蔓延成一片灰白。他上年（1565）会试中式，以三甲进士身份得授长兴县令，去年夏秋间到任，算来比吴承恩整整早了一年。文人初次为政，难免有左右支绌的感觉，尤其是掌管钱粮的县丞一职长期空缺，一应事物都得他亲自过问或者交给那些他素来痛恨的“滑吏”打理，其内心之不甘可想而知，因此亟盼这位任命公文已到但滞留在杭州久久不见人影的县丞早日到任，有时甚至为此生出些莫名的怨气。

归有光，江苏昆山人，字熙甫，号震川，因为据说出生时有人见到他家屋顶上有一道红光闪过，因此取名有光。论今天的影响，吴承恩挟《西游记》之威远胜归有光；但论昔日的名气，归有光的才气文名则远胜吴老夫子，当吴承恩在淮安、金陵的小圈子里有点名气时，同样布衣身份的归有光在全国已经有了相当的影响，甚至成为京城文坛意气之争的风头人物。当时发生过一件轰动天下的小事——事不大，但却让人津津乐道：当时，也就是嘉靖后期主盟文坛的是刑部郎中王世贞，此人是“嘉靖七子”也称“后七子”的实际领袖，以一句“文必秦汉，诗必盛唐”的口号叫响整个京城，一时“声华煊赫”。但归有光却在公开场合斥其为“妄庸人”，说王世贞不过因机缘巧合而得了一点虚名。王世贞毕竟已居高位，并不计较，只是略带尴尬地以一种幽默的方式加以辩解，说我这个人“妄”是有的，“庸”则不敢接受，至少大家还认为我有点才气吧。这已经够显气度够客气了，但归有光毫不收敛，说：正因为你“妄”，才说你“庸”，天下没有妄而不庸的人。真的是一点面子都不给，其时他归有光只不过是一名考不上进士，在家教几个生徒糊口的老举子，其傲气可见一斑。

还有钱谦益《震川先生小传》记录的一件事可见归有光的影响，说绍兴状元诸大绶请名士徐文长喝酒，久等到入夜徐文长才来。问原因，徐文长说，路上遭雨，在人家避雨时见到墙上有篇落款昆山震川的文章，堪比当年欧阳修，令人不忍离去，所以来迟。诸大绶听了不禁惊讶道，当今竟然还有让徐文长入眼的文章？将信将疑，赶快派家人将那家墙上的文章卷来，掌灯欣赏。结果二人既叫又跳，狂态百端，直到天明。主人诸大绶是状元之身且不说，单看徐渭徐文长何许人也？徐渭，字文长，明嘉靖中著名才子，号称天下第一狂人、第一奇人！诗文书画，纵横一时，后人对其钦佩者甚多，清代“扬州八怪”之首的郑板桥，曾刻有一印章“青藤门下牛马走”;近代书画大师齐白石曾赋诗，“青藤八大远凡胎，缶老衰年别有才。我愿九泉为走狗，三家门下转轮来”，都是甘愿做徐文长的门下走狗，敬仰几乎五体投地。而吸引徐文长眼球的，又该如何形容呢？

老天将归有光和吴承恩安排在一起，有点喜剧效果，也是悲剧的起因。

喜剧效果是指他的经历与吴承恩有太多的相似：

归家的经济境况比吴氏要好，归家在昆山是大族，据归有光自述，昆山县曾经有过“县官印不如归家信”的说法。但归有光这一支却没有什么功名显赫的人物，正在走向窘困，只有曾祖归凤在成化十年（1471）中过举，做过城武县知县，祖父归绅、父亲归正都没有功名，以布衣终身。在祖上业儒、近世无成的本质点上两家是一样的，因此对科举的渴望和坚持也是一样的。归有光《项脊轩志》中有这么一段感人的描述：

> 余自束发，读书轩中。一日，大母过余曰：“吾儿，久不见若影，何竟日默默在此，大类女郎也？”比去，以手阖门，自语曰：“吾家读书久不效，儿之成，则可待乎？”倾之，持一象笏至，曰：“此吾祖太常公宣德间执此以朝，他日汝当用之。”瞻顾遗迹，如在昨日，令人长号不自禁。

大母即祖母，颤颤巍巍的老祖母看不见孙儿顽皮的身影，亲到书房察望，笑语孙儿竟像个女郎。但看到孙儿努力读书，老人家为之动容，轻轻合上房门离开，自言自语地说：“我们家读书已经很久不见成效了，看样子，这孙儿为祖上争光指日可待了。”一会儿老人家拿来一支象笏，告诉孙儿这是老祖先上朝用的，说看样子你能用上。这位老祖母身上反映出的对功名的期待，与吴锐老先生有什么区别吗？而归有光写这篇文字时也还是屡试不第的时候，他的“瞻顾遗迹”而“长号不自禁”，与吴承恩在《先府宾墓志铭》里的“孤小子承恩不惠于天，天降严罚，乃夺予父。然又游荡不学问，不自奋庸，使予父奄然没于布衣，天乎，痛何言哉！”又有什么区别吗？

吴承恩童年以聪慧著称，不必再言，当时号称是张文潜以来淮上第一人。所谓张文潜者，即宋代苏门四学士之一的张耒，淮安文坛前辈，如此一比，其实就是称赞吴承恩为数百年一见的神童奇才。而归有光的名气更响，钱谦益对他的介绍是："九岁，能属文，弱冠尽通六经、三史、八大家之书，浸渍演迤，蔚为大儒。"十九岁时不入考官法眼的文章便已经成为学中范文，中年后开馆讲学，读书论道，四方来学者，常数十百人，不用姓氏而直接称"震川先生"以示尊重。但这二位的科举之路走得都让人叹息不已。吴承恩进学大约在十六七岁时，但后来参加七次乡试均铩羽而归，到四十多岁放手，以岁贡的身份入监，最后谋了个县丞的职位；归有光则十四岁开始应童子试，二十岁考了第一，补苏州府学生员。嘉靖十九年（1540）三十五岁时中举，也还不算太晚，但后来七次参加会试，次次名落孙山，弄得地方府县官员都觉得天道不公，屡屡要为他申请特例。最后第八次虽然中了个进士，但只选了个山区贫困小县的县令，与吴承恩也就是五十步和一百步的问题。

很有趣的是，归有光也是出生在正德元年（1506），与吴承恩同岁，本年二人都是六十一岁，又都是第一次做官，两个六十岁的老书生就这么聚到了一起。如果仅就两人的影响而言，正副职的分工也还恰当：归有光当时的名气更响点，做一把手；吴承恩浑身杂艺，身为佐贰，也不算委屈。如果不发生后来的不愉快的事，两位老人闲来说诗论文，谈笑间共治政务，也是文坛一佳话。

但他们也有很大的，甚至是极大的不同——他们虽然都饱受儒学的浸润，但形式和结果都很不一样。

归有光是纯儒、淳儒，在他留下的《震川先生集》中，我们基本看不到其他的杂学，而且交往也比较单一，文字往来的都是学中或者仕途上的同道。吴承恩则虽以儒学为基调，但却称不上纯字，且不说他常与那些真真假假的高僧、观主、山人、大师往来，即其他一些流行的甚至是非主流的社会思潮如"三教合一""心学"等等，在他的意识中都有反映，细细读过《西游记》的读者也许会有这方面的感受：《西游记》

三教九流，五花八门，随手一笔，都是入行入道，活色生香。

归有光有相当强烈的社会责任感，未发迹时，选择了讲学授徒，这恐怕不能简单理解为糊口的需要，而是他要将儒学发扬光大的一种体现，而且这也注定了归有光一定是位比较严肃的学者。出任长兴令时他老人家尽管已经年过花甲，但政治意识并未泯灭，还是带去了一名官员应有的治民抱负，或许还希望以优异的政绩在仕途上走得再远一些。吴承恩生性诙谐幽默，为人代笔很多，也就是说平常多以卖文为生，在人生的几个关口漫长的等待期间，我们居然没有发现他坐馆授徒的痕迹，似乎他更喜欢写书，写《禹鼎志》那样的传奇志怪书，更愿意将理想寓藏在故事里"鉴戒"世人，做一个冷眼相看的"野史氏"。《西游记》由吴承恩完成，可以看成一个历史的宿命。

另外，归有光有《震川先生集》，吴承恩有《射阳先生存稿》，比较起来，《震川先生集》政论多、公文多、书信多，平整工稳，《射阳先生存稿》政论极少，公文书信根本就没有，多的是诗歌，遍及各体且张扬豪放。二人文集中都有很多的应酬之作，如墓志铭、祭告文、寿词、挽词、序、跋等等，这显然是维持他们生计的必然产物，但吴承恩写来多用诗体、赋体，一动笔就上天入地，通篇典故神话，特别是他擅长的所谓"障词"，或悲或喜，甚至能把祭告文都写得喜气洋洋；而归有光的这类文字，循规蹈矩，在平实的文字中显出深厚的文学功底，喜就是喜，悲就是悲，绝不混淆。

这些差别，其实不仅仅是文学风格的差异，也是生活轨迹和个人性格的差别。这些差别既然存在，便终究会为他们的交往设定轨迹，我们不久就会看到。

在长兴另一所大宅院里，身材高挑、长髯飘胸的徐中行也在等候吴承恩，不过他有完全不同的理由。

这位徐中行当时和后来都算一位风云人物。徐中行字子与，号龙湾，又号天目山人，生于正德十二年（1517），较吴承恩小十一岁。嘉靖二十九年（1550）中进士后授职刑部主事，是年三月在江西左布政使任上时，老母去世，他因此回乡守制。守制是礼法规定，二十七个月期间，必须日日守护在父母灵前，早晚敬上一炉香，不得外出，不得游乐，大要是以对行为的节制表示自己的哀痛。其程序仪式虽然十分繁琐，但一般都会被遵照执行，因为对于官宦人家来说，于国家尽忠，于父母尽孝的名声最为重要。

然而在内心深处，那些在各种交际中周旋已久的官员免不了会产生一些寂寞。在处理了最初的哀丧节目之后，徐中行显然觉得有点无所事事，甚至有曲高和寡的感觉。县城就是那么狭小，窄逼的街道虽然拥挤喧闹，但涌流的多半是山民；县里士绅们对政治所知甚少，每日所计较的无非钱粮税收，朝廷里的那些事对他们犹如天书；至于县学里的教谕训导，文学造诣不敢恭维却酸腐得可以，交往久了难免无趣。县令归有光倒是文名出众，且在母丧时也曾上门吊唁，礼数上算得周到，但徐中行与归有光此前虽然没有见过面，却有过文笔交锋，知道此人自视甚高，且以“宋学”标榜，感情上自然有了一层隔膜，见面后更觉得此人孤傲不群，因此更多的是敬而远之。他寄希望的倒是即将到任的县丞吴承恩。他与吴承恩也未曾有过直接的交往，但他在江南的文人圈子里颇有几位朋友，比如黄姬水、周天球等等，因此知道这位老夫子是金陵六朝诗派圈子里的人，是朱曰藩、何良俊的唱和朋友，物以类聚，人以群分，应该值得期待。

徐中行豪爽好客、乐于交际，《明史》卷二八七本传对他的评价既有趣又很不错，说他“美姿容，善饮酒”，“中行性好客，无贤愚贵贱，应之不倦”。要知道，这样的描述看似平常，但在《明史》中其实非常难得一见，想来徐中行的风姿一定绰约过人。地方志等文献记录的官声也很好，说他家里经常高朋满座，甚至到了家仆童子都乐见客人登门的程度，因为客人来了，气氛自然就很轻松，下人也就有了乐呵乐呵的机会；说他对登门求助的人向来不驳体面，缺衣者赠之，少食者馈之，来求出路者，则一定会写荐书礼送，一封不行，再来一封，有时为一个人写的荐书达数十份。

在有关他的若干往事中，有两件特别值得一说：

一件见于《明史》，说他任福建汀州知府时，广东有盗贼来犯，受阻后向武平县方向逃窜，徐中行令属下武平县令出兵合击，将贼人一举击溃。按论功行赏的惯例，这事的头功应该归于上级指挥者，但徐中行在奏折中却把功劳一股脑儿让给了武平县令，使这位幸运的县令以考查“优等”而得到擢升。

一件事见于地方文献，说他在刑部任职期间，遇上了兵部尚书杨继盛弹劾权相严嵩的事。杨继盛被严嵩打折了双腿关在大牢中，当时大部分朝臣都惧怕与此事扯上关系，而与此事确实没有关系也轮不上说话的徐中行，却出于对杨继盛的敬佩，公然入狱探望送饭，杨被处以极刑后，徐中行又为其料理丧事，全无顾忌。此事后来侥幸没有弄出十分严重的后果，却着实让人为他捏了一把汗。

就是这样充满豪侠气概的事，为徐中行赢得了口碑，所以他在那些地位不算很低的中层官员中的声望甚高，交游甚广，人缘甚好。然而这些还不是决定他的地位的真正柱础。声名利禄，人人之所求也，但一个人的几十年生涯中，事实上很难遇见一夜成名、一鸣惊人的机缘，更多的要靠积累。一般说来，能取得进士功名，应该就算跨上了人生最重要的台阶，以后就可能拾级而上，直到位极人臣，当然可以名满天下。但这个过程相当漫长，能够一朝红遍的，唯有诗文，而使徐中行声誉鹊起正是他文学上的造诣。

正如前面已经介绍过的那样，由于制度设计的初衷原本如此，因此靠八股文登科及第的那些人似乎都能舞文弄墨，也往往喜欢结社酬唱，但能成为真正意义上的文学家的却并不多，历来如此。然而从嘉靖二十三年（1544）起，刑部的院落里似乎有了点异样气象，这一年由进士入职的主事李攀龙，与当时风头极健的布衣山人谢榛意气相投，结社歌吟，诗酒酬唱，竟然在京城弄出了不小的动静；二十六年（1547）又有十九岁的新锐进士王世贞加盟，实力大增；至二十九年（1550）竟然有同榜进士徐中行、梁有誉、宗臣同时进入刑部为主事，又同时与前此的几位老主事结为诗友，同声相求，共倡“文必秦汉”“诗必盛唐”之说，一时翕然成风，天下公称为“七子”。嗣后多年，“七子”虽然聚少离多，但书信多有往来，诗文仍然同流，与其见解不同者，即群起而攻之，斥为“宋学”，颇多不屑之意。徐中行在这七人中，性格最为豪爽，以学杜甫为标榜，对“宋学”更是多有讥讽。

而归有光，恰恰力挺“宋学”。

诗意的长兴一年

明代官制，一县设七品县令一人，八品县丞一人，九品主簿一人，另加不入流的典史一人至两人；县令掌管全面，对上负责；县丞负责粮草、马政；主簿分担治安、巡捕；典史管文件收发。这几位有品级，称官员，就是当时公务员的编制了。其余还有教谕、训导、医学、捕头、僧纲司、道纪司和衙役等佐杂小吏，无品级或低品级，称不入流。训导、教谕地位稍高，曾由朝廷明文规定地位在杂职之上，由朝廷统一异地任用分配，其余由府、县就地聘任。

吴承恩的公廨，被安排在县衙紧靠大堂的偏厅，与县令的大堂形成掎角。县衙已经很破旧，满院的墙头和屋顶都长满了野草，大堂的廊庑甚至已经坍塌了一角，眼下正在修葺，整个大院就像一个杂乱的工地。偏厅的墙上有十分明显的屋漏痕，屋角的书架上已经积上蛛网，尘封了许许多多的公文。也难怪，长兴已经有好几任的县丞缺额，有些不愿来，觉得这地方太苦；有些来了，但干不了，又走了。上一任是北方人，据说挺精干，但吃不了江南的米饭，水土不服拉肚子，三个月不到也走了。这期间县丞的公务，大多数由下面书办之类的吏员代理，对于他们，所有的公文制度都是多余的，只要把公粮弄上来就算阿弥陀佛了——知县只能这么想。

当然，吴承恩既然来了，偏厅就算有了主人，归有光不会容忍这间屋子再那么冷清，吴承恩自己也绝对不会那么窝囊地应付。他费了好一段的时光，有时甚至亲自动手，才算把自己的办公场所整理得稍有样范：公案上方高悬的一块匾被扫去了灰尘，露出了“清廉为民”的官箴；墙壁刷白了，挂上了吴承恩自己写的条幅，也是劝勉勤敬职守的意思；原本凌乱不堪的卷宗被一一整理归位，书架上又多了些前贤的经典，这些东西吴承恩不会再看，但要做点样子；当然，最重要的变化，是这间偏厅里有了办事的人，县丞到任了，相应的那些衙役也得到位，这就有了人气。

在这个一人之下、数人之上的职位上，吴承恩第一次有了责任感，第一次有了繁忙的事务，也第一次有了居高临下的感觉。这种感觉虽然不是他所追求的，但也挺新鲜。在这一年多的时间里，也就是从嘉靖四十五年（1566）的下半年到隆庆元年（1567）的十月，他忙碌而又有点兴奋。

忙碌，指他所负责的粮草、马政、巡捕是一县的主要工作。这几件事都很烦，政策性也很强。虽然忙碌，但吴承恩似乎还有点兴奋，粮草、马政都有一定之规，照章办事不出纰漏即可，以吴承恩当时的心态，一定是这样处理的，所以除了在诗歌里有点象征性的牢骚之外，他倒也没有更多的抱怨。反之，闲暇之余，便会走出来逛逛，有时是便装，像一个山野之人，扮演的是松下听风的角色；有时是官服，走下去也属体察民情，扮演的是父母官的角色，这种尘世之人与山野之人相交织的感觉，让他觉得非常新鲜畅快。他游山，访寺，赏景，饮酒，再与地方名流切磋切磋，方便时显一显自己的才艺，这很符合吴承恩的性情，正是做了他自己一辈子都想做的事，圆了所有文人都憧憬的梦。请看他作的《长兴》六首：

云去青山出树，雨余白水明畦。
晓涧喧时见鹿，午窗睡起闻鸡。

细雨飞花燕子，清波浅草鹅雏。
贴树藏身啄木，穿林劝客提壶。

桥通鱼米新市，花隐旗旌古祠。
弛担津人待渡，杖藜野客寻诗。

松径遥闻樵斧，园蔬满送筠笼。
野馆时留道伴，山厨日倩僧童。

栖鸟团风择木，游云渡水还山。

落日行人自急，孤城韵角偏闲。

骑火茶香入焙，生春酒熟明船。
门院暗暗蚕月，烟波澹澹鱼天。

如假包换的诗意生活！这六首诗应为一组，写的是一个下午出门寻诗觅趣的各个片段：午后小憩，觉来携壶，穿林过涧，看飞花燕子、浅草鹅雏；信步逛入街市，与渡口等待的路人野老闲聊几句，也算是体察民情；松径尽头，远远已见古祠，自有道友、山僧相接，厨下小童已然忙碌，清茶热酒自在不言之中……请看这是多么惬意！一切都是那么宁静悠闲，充满诗情画意，甚至诗体也是比较欢快的六言，哪有什么繁杂公务、仕途恩怨？！备受推崇的王维、孟浩然的山水田园诗诗境也不过如此。

有时他也会发点小小的牢骚，主要是想家，这是人之常情，在所难免。这首《春晓邑斋作》应当是作于隆庆元年（1567），这时吴承恩离家已经翻过一年：

悠悠负夙心，作吏向风尘。
家近迟乡信，官贫费俸金。
林香闻早花，窗曙报新禽。
感此融和候，搔头得暂吟。

诗说：春暖花开，天气清明，偶得清闲，晨起忽然涌上一股思情。叹自己一任长兴小吏，已如堕入风尘，家信迟迟不到，官俸已难维持。诗外之言就是：不如归去！

唯一谈到政事的是一首《长兴作》：

风尘客里暗青袍，笔研微闲弄小舠。
祇用文章供一笑，不知山水是何曹。
身贫原宪初非病，政拙阳城自有劳。
会结吾庐沧海上，钓竿轻掣紫金鳌。

这首诗表示到任以来，总是繁忙劳碌，只是偶尔才有机会看看久违的青山绿水。有关政事的是五六句，用典：

第五句中的原宪是《庄子·让王》中的一个人物。他住在鲁国，生活非常贫穷，屋子上漏下湿，四处透光，但原宪却端端正正地坐在里面弹琴唱歌。有个叫子贡的朋友穿着红色的内衣，外罩素雅的大褂，驾着小巷不能通行的马车去看望他。子贡看到原宪头戴裂口的帽子，脚穿没后跟的鞋子拄杖开门，便问："先生得了病啦？"原宪说："我没病。我听说没有财物叫作贫，学习了却不能付诸实践叫作病。如今我原宪，是贫困，而不是生病。"子贡听了退后数步，面有羞愧之色。

第六句中的阳城是唐代一位以关心百姓而著称的官员，《旧唐书》卷一百九十二"良吏"有传。他最有名的"政拙"故事与征税有关，说阳城在道州任职时，赋税定额屡屡不能完成，上级便派人到道州催促监督。来人到了道州，见阳城没有迎接，便觉得奇怪，属下告诉他，阳城因为征税做得不好，自以为有罪，已经将自己关在了牢里。官员大惊，慌忙赶去看望，只见阳城已经将自己锁在了阴暗的牢房里。牢当然是不用坐的，上级官员好说歹说把阳城劝了出来，但阳城还是找了一块大门板，写道：我征税做得不好，"政拙"，就给我考定个下下等吧。他把这块门板放在官员下榻的驿馆门外，坐在上面昼夜不离，使得督察官员非常不自在，赶快离开。

显然吴承恩将古代的“良吏”也就是我们今天说的好官原宪和阳城作为了自己的人生楷模：可以因缺钱而“贫”，但不能因丧失气节而“病”；考评好坏没有多大关系，自己觉得为百姓“有劳”即可。

在长兴心旷神怡的野游，经常有徐中行做伴，相当多的情况下还是出于徐中行的邀请，毕竟他是乡绅，尽地主之谊是基本的待客之道。他会安排一二随从，或者挑上酒菜，沿途伺候，或者往前方旧相交处，打点安排。总之他会把长长短短的出行都弄得很轻松，吴承恩自然乐于从命。自从相识之后，他们交往甚洽，除了性情比较接近之外，最重要的是他们有话可说，也就是他们的文学主张一拍即合。吴承恩论诗，推崇古雅而对时下的浮躁多有批评，其所作以古风见长，甚有开阔气度，颇似李白的俊逸；徐中行则以学杜甫标榜，处处模拟杜诗的沉郁顿挫，虽然后人评价他学杜力道不足，但在当时，在“七子”中，还算是“诗必盛唐”的一支标杆，他自己也甚为得意。酒酣之余，他们会戏称自己是时下之李杜，然后便取李杜诗联句为乐。后来的《长兴县志》在“名宦·吴承恩”条下说：

> 官长兴时，与邑绅徐中行最善，往还唱和，率自胸臆出之。

对于吴承恩来说，能在宦途中结交到徐中行这样的朋友，应当是一件很幸福的事，至少可以慰藉一下远离亲友的寂寞心灵。但交朋友有时也许会有副作用，用比较西化的形容就是“双刃剑”——因为既然称朋友，就一定会以某种感情为基础，而感情是有“味儿”、有“调儿”、有“声气”的，即所谓臭味相投、引为同调、互通声气等等，张扬了这一种声调气味，难免就会压抑其他的声调气味；结交了这样的一些人，难免也就会得罪另外一些人。

另外一些人其实就是指归有光。每当吴承恩与徐中行呼酒于店肆，歌吟于野寺时，他的心底总会涌起一丝不快。起初，他也会应邀参加一些由徐中行邀请牵头的活动，但终究越来越少直至完全谢绝。一则因为他任职尽责，因此很忙，好像有操不完的心，自然就看不惯吴承恩那种悠游的做派；二则他感受到一种冷落，对于吴承恩与徐中行津津乐道于汉文唐诗，他甚至认为是一种攻击，他的内心都会感到一种屈辱。后来发生的一件事，终于让他的不快升级到了愤怒。

那天已经很晚，有个姓林的衙役悄悄地溜进了归有光的书房："大人，吴大人回来了。他与徐大人今天去了泗安。"

"嗯？"归有光并未抬头，仍在批看公文。一般衙门里公文通常都会交由主簿或者典吏处理，县令过目即可，如果觉得主簿不好用，县令可以自己掏钱雇个师爷。但一般主簿、师爷的文字哪能入归有光的法眼，所以长兴县的重要公文都是归有光亲自起草，有时也只是找吴承恩商量。他虽然在内心深处对吴承恩与徐中行的交往感到不快，但心胸还没有狭窄到要派人盯梢监视的程度，对于衙役的报告也就是随口应答一声。

"去了林老爷家。"衙役补了一句。

伏案的归有光这才警醒，问："去林家干什么？"

"不知道。在林家喝了酒。"

他满腹狐疑，挥挥手让衙役下去，但再也无心去看那些烦人的文字。渐渐地，狐疑变成了怒火，甚至还涌上一阵眩晕。提起泗安，归有光的心头就不胜厌恶。泗安是长兴最边远的一座古镇，藏在深山之中，林家是泗安的第一大姓，所谓的林老爷就是林姓的族长。以林家为首的泗安富豪向来难缠，每次钱粮都不能缴足，借口就是山中有匪盗，收缴的钱粮每每被劫。归有光曾经亲自率队进山剿匪，但盗匪呼啸而来，倏忽而去，全不照面，而林族长甚至都不接待他这位县太爷，归有光毫无办法，至今林家仍是长兴欠粮的第一大户。而据线人报告，所谓的盗匪根本就是林家的佃户，不过按照林老爷的安排在山上窜窜而已，而线人就是刚才报告的衙役，后来被林家发现，痛打一顿，赶出了族门。这时候的归有光满脑门儿都是火：不管事的县丞吴大人和多管事的乡绅徐大人，你二位哪儿不好去，为何偏偏去这个林家，还喝上了酒，岂不故意打我的脸面？

后来证明这是一场误会。归有光忘了，吴承恩是县丞，征收钱粮是他的本分；徐中行与林家向有往来，此行泗安正是为了帮助吴承恩解开林家与县衙的宿怨。归有光后来找机会表示了歉意，事情就这么过去了。

但原委可以说明白，感情却不那么容易弥合，很多情况下，造成伤痛的原因早已消逝而疤痕犹在。嘉靖朝的最后一年（1566），长兴会集了三位注定要影响文坛的人物，他们都处在人生最成熟的阶段蓄势待发，如果有适当的思想碰撞，也许会为后人留下一些值得关注的遗产，但很可惜，他们采取了回避的态度。他们都是传统意义上的好人，相互间没有什么值得攻击的品德短板，但面对性格和人生经历的差异，他们没有“求同”，而是刻意地“存异”，因此在相聚的历史瞬间擦肩而过，形同陌路。

第八章 无辜冤狱

在归有光这类可敬可佩的儒学忠实信徒周围，有无数的陷阱——他太正直、太清白，与世道格格不入。

吴承恩同样愿意承担对社会的责任，但他对归氏的爱民方式毫无准备。

吴承恩到任不久，老皇嘉靖帝朱厚熜驾崩，新皇朱载垕顺位登基。新老交替的故事发生在京城，但府县衙门免不了也有一番仪式，包括长兴县在内。

县衙里的官员不多，但加上素有名望的耆宿豪绅，便让大堂显得有点拥挤。县学的教谕作为主持人，引导众人行礼如仪，郑重表达对老皇的追思。仪式看起来庄严肃穆，但吴承恩其实没有任何悲戚，就像在用第三只眼看一场戏，有一刹那，他甚至对毕恭毕敬诵读朝廷祭告文的归有光心存鄙夷。他对嘉靖没有任何好感，觉得这位刚刚过世的如天之君太过昏庸，一生与道士混在一起，把整个朝廷弄得香烟缭绕，实在有失体统，绝不能算作儒家理想中的明君，任何颂扬都属诛心。当然，他也能感受得到归有光因为他玩世不恭的神态而强压在内心的愠怒，不过他不在乎。的确，吴承恩与归有光这对须发皆白的县领导表面上相互敬重，礼数周到，但实际上却在不同的精神世界里生活，走在儒学的左右两端。

元旦过后，就改用新皇的纪年隆庆了，本年称元年（1567）。

悲情的县令

如果站在评判官员的角度，归有光非常值得尊敬，他完全信奉“修身、齐家、治国、平天下”的信条，从初读圣贤书开始，直熬到六十岁出现机会，在超过四十年的漫漫等待中，他虽有迷茫、惆怅，甚至也曾叹息天道不公，但任何时候他都没有怀疑过信念的正确性，也从来没有动摇过追求的坚定性。他任职时已经是人生的夕阳之期，但仍然一丝不苟地努力践行着自己的信仰道义。我们以前也许都读过他的《见村楼记》《项脊轩志》等散文名篇，领略过他简洁平实而深情蕴藉的风格，但相信绝大部分人都没有读过他在短暂的长兴县令任上留下的文札，那些文札在作者有点绝望的叙述和自我表白中充满烦恼、忧伤和对小民的关切，絮絮叨叨，啰啰嗦嗦，绝没有他的那些散文优美，那么精简，但却更令人由衷钦佩。归有光去世后，官至万历朝首辅的王锡爵曾为他作了一篇《明太仆寺寺丞归公墓志铭》，说：“熙甫平生之论，谓为天子牧养小民，宜求所疾痛，不当过自严重，赫赫若神”。也就是说他认为任职是为天子牧养小民，应当代表天子对小民表示关心，不得自高自大，像一尊神像，高高端坐在神位上。

长兴坐落在浙江最北部偏远的莫干山中，面临太湖，背靠群山，青山绿水，秀丽宜人。但古人一般不这么评价自己的生活环境，尤其是地方父母官：临水，意味着有湖匪；靠山，意味着有山贼；有山有水，意味着地处偏僻；山水宜人，那就未必养人，从为官治理的角度看，这样的地方一般都很麻烦。确实如此，长兴在行政上属湖州府管理，但与素称膏腴之地的湖州却有天壤之别，因为贫穷，百姓之间的利益冲突多；因为有盗匪，麻烦难缠的讼案也多。因此湖州的知府大人向来都懒得过问长兴的事，把对长兴县令的训诫只归纳为两句话：把钱粮按时交上来，把诉讼留在县里面。

归有光到任后，谢绝了一切欢迎仪式，也不循惯例去拜访任何乡绅——他的资历声名够了，心态也比较平和，不必去看那些形形色色充满暗示和潜台词的脸色，也没有必要为自己套上厚重的假面具。他只在衙役中找了一个从面相上看似乎忠厚一点的书办带路，半微服半官身地先把长兴县城大概地转了一圈。

让他惊讶的是，这座小小的县城竟有数量惊人的犯人，大狱人满为患，无立锥之地，哀号之声，不绝于耳。他找来牢头，问：“哪来这么多的犯人？都是些什么罪？”牢头有点惶恐，说：“小人也不知道是什么罪。”这个回答倒是让归有光愣了一下：“那为什么把他们关在这儿？”牢头见县太爷一脸愠怒，连忙辩解：“捕头抓了，就关这儿了。罪名都是有的，打架、斗殴、盗抢、抗粮，都有，捕头是这么说的，只不过没有文书，小人也不太弄得清呢。”找来捕头，捕头告诉他，此地民风剽悍，斗殴成风，劣绅横行，相互攻讦，且深山大湖中多有强盗团伙，因而犯人甚多；而抓捕之后，往往无法定罪，县太爷也无可奈何，只得关在牢里，等人实在多了，就放一批，死了最好，案子也就销了。

归有光勃然大怒，拍案叫道：“岂有此理，岂有此理！如此草菅人命，王法何在！”但他无可奈何，捕头一句“照签拿人”就把自己洗得一干二净，而他也根本无法去找前任对质。唯一的办法，就是自己去把那些案子办了。最初的几个月，归有光的主要精力都放在了这些讼案上，他一一清理了卷宗，然后再逐件审理。

其实牢里真正的犯人不多。大多数是乡民们田地财产纠纷的双方，只是由于纠纷的原因看起来简单但背景错综复杂难以决断，因此前任或者更前任往往将这类案件一概定为死案，而双方就会被无休止地关在牢里；有部分案犯则是由于抗粮盗抢，其实多是为生活所逼，无钱无粮，也就只能被关在牢里；甚至还有些犯人根本无罪，只是被牵连无法自证清白。为了方便，归有光干脆把卷宗带到牢里现场办公，他避开衙役和师爷，搬个凳子坐在牢房栅栏外面，与案犯慢慢唠嗑，探听原委——我们千万不要被现在的影视剧所误导，认为大堂之上，主审官员把惊堂木一拍，案犯就会仔仔细细地交代起因与经过。其实很多案犯都是乡民，他们从未经过堂审的场面，也听不懂父母官的官话或者不同乡音，经衙役们一吓唬，根本就失去了表述的能力，一个本来很简单的案子也许就会审得异常艰难，所以归有光要在一个合适的环境中办案。他首先处理牵涉到妇女儿童的案件，这类案件大都由家庭纠纷引起并无多大疑难，把她们关起来，无非是胥吏敲骨吸髓的伎俩，因此凡似是而非可办可不办的，他立即结案；再就是处理乡民财产或者家族的纠纷，他用方言与他们交谈，轻声细语，务必找出是非曲直，而大部分纠纷都能由他调解成功，一旦达成一致，他立马放人。最后他对那些并无犯罪证据或者仅仅是无知而参与者，也一一清理，取保放回。三个月过后，长兴大牢的囚犯已经寥寥无几，仅因为辨清案由无罪释放的就达百人之多，其中原本被定为死囚的有三十多人。

某日，有一重犯号啕大哭，并不断地以头撞墙，原来家中有人报丧，说其母已死。归有光见他哭得真诚，又了解到此人虽有杀人之罪，但基本可定为误伤，其平日与母亲相依为命，也确有孝心，于是特批让他回家奔丧，限三日后回狱中继续服刑。当其时，师爷和牢头都连呼“绝不可行”，归有光自己也明白这要承担很严重的责任，万一犯人趁机逃脱，那他就真是浑身长嘴也说不清了。但他坚持认为，凡人都有真情，要让犯人真心悔改，必须扶植他内心深处的正气，这个犯人还有孝心，就是天良尚未泯灭，就有可救之处，他宁愿以自己的前程为筹码，赌上一把，也许就会给这个人甚至是许多人以新生。后来这个犯人如期归狱，一县为之大哗。

但对于法办真凶，他则毫不手软。长兴的深山林莽之中，经常有盗贼团伙盘踞，抗粮抗税，甚至武力拒捕，历届县令都称无力处理。归有光则决心铲除这块毒瘤，他以六十岁的佝偻身躯，亲率士卒上阵，矢石就在眼前飞舞，但他决不后退一步，终于在气势上压垮盗贼。到任也不过数月间，境内大股盗贼已经销匿。

对于鱼肉百姓的所谓大户，归有光也决不放过，一律按“王子犯法，与庶民同罪”的原则处理。县志记载了他的一个故事：说有一次，归有光夜里梦见有两个人头飘飘忽忽地飞进屋里，咬他的臂膀，似乎有话要诉说，这让他预感到要发生些什么。第二天，城厢一个有名的大户让家人来县衙通报说家里有人命案件，等归有光升堂之后，大户亲自到场，提了两颗人头丢在归有光的公案前，说家奴与其妾通奸，被抓获当场打死，现在上报备案。归有光看着那大户蛮横而满不在乎的神态，打心底不相信在他的家中会有奴仆敢于调戏主母。但他不动声色，吩咐书办按照大户的陈述录了口供，又好言安慰，亲自把大户送出官衙，而回到后堂，便换上便衣，带了两个可靠的衙役去案发地私访。结果很快就弄清，原来大户企图抢夺奴仆的妻子而做了一个局，于是按照当时法律办了大户的罪名。这段故事看起来有点荒诞，但事实上所谓做梦之类不过是对付大户劣绅的一种障眼法或者心理震慑手段。

一年之后，吴承恩到达时，长兴县已经有了一丝祥和的气氛。吴承恩身为县丞，有辅佐县令维持治安的责任，但他已经用不着像归有光那样殚精竭虑了，他只需要按照归有光犁开的道路往前走。

征粮是县丞的主要责任，在吴承恩来到之前，这项工作也由归有光经手。这一次，他为吴承恩挖了一个大大的陷阱——尽管本无恶意。

强项的醇儒

征粮是政府最重要的政务之一，尤其是在江南地区，到了限定的日期，各县必须按时足额将按照田亩核定的粮草上缴，否则重罚重处。所以每年八九月间，是农户忙碌的时期，而之后就是官府忙碌的时期。

明朝嘉靖之前的征粮制度，为太祖朱元璋钦定。当时朝廷将农村每十户编为一甲，每十甲编为一里，每该征一万石粮的区域设正、副粮长各一名。税粮征收具体的操作流程是：由地方最基层的里正根据田亩核实数量，由粮长负责向应税粮户收缴，州县政府监督，然后交由负责漕运的官兵兑收，整个过程里甲、粮长、粮户、军队各司其职，环环相扣，凡完成出色的州府县直至粮长，都有额外的奖励。由于职责明确，相互监督，相互没有利益侵占，这个方法看样子执行得不错，朝廷的官方文件称是“公私两便”，大家都还满意。这其中粮长的工作最为重要，也是一桩美差，因为粮长本来就是大户，担任粮长无非是自己缴粮时稍带将附近农户的税粮一起收齐，完成得好，可以得到皇上召见；如果再幸运的话，还可以得到提拔升用，所以大家都踊跃担当，正、副粮长还要轮流担任。但是执行这个政策的基础后来在不知不觉中有了变化，成化（1465—1487）、弘治（1488—1505）以后，税赋日重，农村的编户中农民流离逃跑较多，里甲的农户已经远远不足原数，很多土地已经发生了流转，按原数字征粮已经出现了困难，也就是原有的许多户口下土地已经出卖甚至无人可找，新买进土地的人家则不肯承担原有的税粮。这种情况下有关部门不去调整、整编地方基层组织里甲，核实土地流转，而是直接按原计划对粮长强令征收，造成粮长不得不自己设法为逃跑缺编的农户弥补亏空，于是强势的粮长乘机用大斛向粮户征收，转嫁危机，祸害乡民；孱弱的粮长因无法向地方豪强收粮，长期自己弥补亏空，最后无奈破产，甚至株连亲属，粮长也就变成了大家避之不及的差事。于是里正和地方大户勾结，不仅在田亩的数量上作假，而且想方设法让那些无权无势的中户、小户担任粮长，把他们一批批地送上破产之路。

归有光嘉靖四十四年（1565）到任时面对的正是这种情况。当时浙江正在推行一种里递制以代替已经难以实行的粮长制。所谓里递制，就是让地方基层组织的里甲长直接充任征粮者，也就是扮演以往粮长的角色。归有光如果仅仅是普通的、势利的或者务实的官员，他完全可以按照规定或者惯例办事，无非是县里有几个小民破产或者逃逸，成为制度的牺牲品。别人就是这么过来的。但归有光是一个真正的儒者，他看不得那些小民的可怜相，他认为里甲长基本上也都由中小户担当，对于豪强没有任何制约力，这与逼迫小户充当粮长实际上是同一回事。于是他拒绝了上级湖州府甚至是浙江巡抚推行的里递制，他要在长兴恢复、整顿、继续推行粮长制，他将让真正的大户来做粮长。他在一篇告示里说，本县的里甲已经凋敝，大多户口不全，即使仍然在册的人户，也不是多田之家，真正的多田之家，却又想方设法强迫或哄骗贫穷农民为之代行劳役——指充当里递即粮长。结果就是这些里递粮长，往往逃往外地，即使不能逃者，也不过只有一二十亩田地，实在只够一家父子祖孙糊口而已；为了补偿亏空，有的卖儿卖女，有的当街自缢，最后的结果就是里递粮长既倾家荡产，国家的赋税又无法完成。他极力劝说那些真正的大户能够理解政策:“尔等大户，享有田宅童仆富厚之奉，小民终岁勤苦，糟糠裋褐，犹常不给;且彼耕田商贾，大户又取其租息，若刻剥小民，大户亦何所赖，况大户岁当粮长，不过捐毫毛之利，以助县官;若小民一应役，如今之里递者，生计尽矣。如之何不为之怜恤也?”也就是动员真正的大户出来充当粮长，为了国家、为了父母官，当一回粮长，捐出“毫毛之利”，帮助包括他在内的地方官执政。

由于归有光的强势和苦口婆心的劝说，他的政策在长兴算是推行了。当然，归有光心思缜密，他知道这其中公平非常重要，因此对那些大户承诺，粮长由各大户轮流担当，抽签轮值，三年一转。由于广得小民欢迎，加上到任后对待盗贼团伙的铁腕，至少第一年的粮草是顺利收齐了，那些大户不敢直接表现出抵触情绪。今天客观地看来，这一政策在道义上虽然值得称颂，但在政治上却很幼稚，只是一条治标不治本的权宜之计，靠他县令的强力推广也许可以暂时实行，但不会真正解决问题。县里应税的人丁少了，是因为税赋太重，百姓流亡了或者上山为盗了，人丁少了，向朝廷交纳的赋税的总额还是那么多，又加重了人丁的赋税，这已经进入了经济的恶性循环，成为制度性的问题、政治性的问题，远不是一个县的某些措施可以解决的。要求大户带有“捐”和“助”的性质，承担起社会责任，去做必定要弥补亏空的粮长，作用显然只是暂时的。那些被强迫担当粮长的大户，也就是县里的豪绅地主们，当然会对这种改革带有各种反对抵触的情绪，一旦时机合适，就会滋生问题。

让归有光最为头疼的是，他推行的这一套与上级的意图相悖。湖州府对他居然弃置里递制度非常恼火，多次发来公文训斥，但归有光置之不理。后来知府大人甚至派副手同知直接到长兴协调，还是被归有光不软不硬地顶了回去。后来事情闹到浙江巡抚府，归有光已经意识到此举“忤分守道”，但是他还是昂着脑袋，继续坚持。我们实在应该佩服他的勇气，但也应该看到，危机已经埋下了。

吴承恩到任的嘉靖四十五年（1566），秋粮征收仍然按照上一年的规矩安排。到十月间，归有光递了张纸条给吴承恩，上面开列了上年已经担任过粮长和本年应该担任的名单。吴承恩照单指派，还算顺利，上一任粮长虽然心疼如刀绞，但毕竟只有一次，得给县太爷一点面子，新一任虽然视为畏途，但大家轮值，也说不出更大的委屈。

对于归有光的勇气，吴承恩表示了钦佩，他觉得这位老夫子迂腐刻板，但有时也迂腐得可爱。为民请命，是所有由儒生为官者的口头禅，但政务毕竟不同于文事，他自认没有这样的胆识。

祸起仓促间

转眼到了隆庆元年（1567）秋收季节，城外已经是金黄一片，有些早熟的田块已经开镰收割，一年中责任最重大的时期已经到来。

但归有光却烦恼不已，因为有公文通知，明年农历元旦在京城觐见的名单上有他的大名。明代制度，每年的元旦皇上要亲自接见地方官员，外任的府、州、县正职官员则每三年轮流一次，在元旦前赶到京城，集中朝见皇上并接受训勉，同时向上级汇报、述职并接受考查，当然也会利用这样的机会，就各种公私事宜在京城走走关系，因此朝觐向来都被视为一件大事。然而，由于离任长达三五个月，照惯例要由上级也就是湖州府委派他人代理，这位代理的官员通常被称为“摄令”或“署印”。在归有光出发之前，新任署印已经到位，归有光烦恼的正是这位大人。

十月初十，一个普通的官员休息日，只是因为被刻在石碑上而让我们记住了它。这一天上午，归有光早早来到县衙后面的梦鼎堂，备好茶具，便让人去请县丞吴大人。

梦鼎堂在县衙的后院。归有光两年前到任时，偌大的县衙已经破败不堪，几乎找不到一间体面的厅堂。皆因本县的前几任县令和县丞都是来去匆匆，政务几乎全由胥吏把持，胥吏未必都是恶人，但是他们的利益点很小，或者说太专注鼻尖下的利益，往往会表现出贪婪油滑的鼠性，长期失去约束，鼠性就会蜕变为狼性，被一群滑吏把持的县衙如果能有一种整肃庄严的气象，倒是奇迹。归有光到任后，用大约一年时间，整修了县衙的前后办公场所，第二年又将后院拾掇一番，增加了一些廊庑亭台，他毕竟是大家出身，所见多，所闻广，经他手安排，后院虽不豪华但清雅，闲来邀三五文友小坐，谈点风雅的事，也不失情调。其中这座由耳房改成的梦鼎堂刚刚落成，尚未命名，归有光有心把它布置成书房，要与吴承恩商量此事。不过这也只是一个由头而已，他有更重要的事要向这位县丞交代。

稍候不过片刻，从家乡带来的洞庭碧螺春刚刚入盏，吴承恩就匆匆赶到，他以为有公务要办，所以特意穿上了官服。归有光连忙拱手，让吴承恩落冠换装，道："实在是在下疏忽，今天品茶，请方便，请方便。"

入座，略作寒暄，归有光直入话题："这座小小耳房已经完工，想请吴大人题名。"吴承恩微微一笑："如果在下猜测不错，归大人的《梦鼎堂记》一定已经有了腹稿，不妨请大人诵读共赏。"这一说还真让归有光不好意思，直是嘿嘿干笑。原来，当初修葺这座耳房时，归有光梦见此耳房中有一只三足鼎，鼎为国之重器，本是好兆头，但归有光梦中的这只鼎有缝隙，他于是请工匠修补如新。后来，本年乡试，长兴居然有三名学子榜上有名，归有光非常高兴，认为这就是梦见三足鼎的原因。谁知数日之后，又有榜单送到，本县再有一名学子补录成功，归有光更认为他补鼎有先见之明，因此说过耳房落成后要取名梦鼎堂，并表示要写一篇文章为纪念。既然已经说破，归有光便不再矫情，直言确实想题名为梦鼎堂，并且记文也确是有了腹稿，但要请吴承恩书写上石。

吴承恩当然不会谦虚，一笔以二王风格为本，以虞世南帖为用的好字是他的骄傲。归有光铺开纸墨，略一沉思，写下了《梦鼎堂记》。吴承恩仔细看过，心中默念片刻，然后提笔，点画分明，也算一气呵成。他内心对归有光的这篇记并无多少赞扬，认为其中虽然用了上古三代的典故，但骨子里并无多少古意，在他看来，这就是他们唐宋派推崇“宋学”的矫情之处。但这种意思显然不适合在这种场合表达，所以他努力摒弃了杂念。之后，十分正规地落下了“隆庆元年十月十日吴郡归有光撰淮阴吴承恩书”的题款。顺便，又将归有光不久前写好的另一篇《圣井铭并叙》一并抄出，当即唤来工匠，吩咐选石开斫。这两块碑后来在县衙后院矗立了四百多年，至今仍被珍藏。

折腾一番，已经是中午时分，归有光早已准备了些许酒菜，还算丰盛。吴承恩顿时有点感动，归有光请他书丹其实他早有准备，这不奇怪，虽然文学上的交往有点障碍，但毕竟政见还算一致，大家都还保持着谨慎的礼貌和尊敬，甚至还有些交往上的默契——从吴承恩这面说，既然归有光擅文，那他碰到这类文字应酬就少伸手；而从归有光这面说，既然吴承恩善书，那么绕开他似乎也不合适——但是今天这位县令备了酒菜，着实难得，吴承恩知道归有光生活十分简朴，桌上有酒有菜的几率并不高。

酒过三巡，归有光开口：“吴大人，朝觐的事你是知道的，我准备早点动身，在京城各衙门走动走动，把县里挂在那里的几件疑难事情办了。”吴承恩点头，这是朝觐官员的惯常做法。归有光顿了顿，继续说：“湖州府派来的署印已经到了，交接并不顺利，这你知道。这位大人看来不好相处，还望吴大人万事看在归某的薄面，不必太过计较。”这话说得还算诚恳，在性格耿直自傲的归有光已经难得，吴承恩不由认真点了点头，说：“归大人您也不必牵挂，吴某率性随缘。就是有何纠葛，也不过三五个月而已。不必牵挂，但愿一路顺风就是了。”

谁知归有光斟起一杯酒，竟离座欠身敬到了吴承恩面前。吴承恩大感意外，连忙回应：“归大人不必，不必！有话请讲。”归有光饮完酒，重新落座，才慢慢地把话说到了今天的主题，道：“其实，县里公务并无多少疑难，但我担心这位署印另有所谋。”原来前数日与署印交接时，署印的话题始终不离征粮一事。归有光一再表明，三年一轮的粮长早已排定，到时只要照单收缴就是，但署印似乎并不买账，口口声声说要禀报知府大人。归有光联想到全浙江只有长兴仍然在他的坚持下保存着粮长制度，湖州知府甚为恼火的前因后果，不由得担心湖州府在委派署印这件事上有什么预谋。“吴大人，你来长兴后已经经历过征粮，想来知道粮长制未必不可行，今年也照旧制办理即可。我所担心者，署印也，署印安定则无事。万一有变，还望吴大人代为圆通，此为长兴要务，百姓攸关，所以特别拜托。”说完，掏出一张纸条交给吴承恩，“本年的粮长，吴大人已经知道，但未必知道原委。这是长兴大户名单及圈定各户担任粮长的安排，我已留了一张给署印，这份请你收留备用，万一署印有所变更，只要吴大人仍按此名单安排，此事便无虞。”

向来严肃刻板不苟言笑的归有光忽然如此动作，真让吴承恩看不懂。他知道归有光与湖州府有些过节，但从归有光的这张名单上看不出任何端倪，也弄不明白署印为什么让归有光如此不安。但他此时毫无退让的空间，只能接受归有光意义不明的拜托。他经常私下嘲笑归有光迂腐，但归有光对政务的认真和缜密，他吴承恩远不能及。

数日之后，归有光走了。经过一个多月的跋涉，到达京郊的北河落脚。这个地方是京杭运河的最北端，南方来的官员基本上都在这儿住店，所以此地除了一般码头所不能及的繁华之外，还有一个很吸引人的特点，就是消息灵通。就在朝觐的日期渐渐临近时，一个晴天霹雳般的消息传来：长兴出事了——署印与县丞勾结，枉法贪赃，已经被湖州府拘捕下狱。

归有光五内俱焚。他气愤，他对署印的刁难有所预感，但没想到有如此严重的后果；他恼火，他低下身段拜托了吴承恩，但完全没有想到他会与署印合伙贪赃。

此后归有光与吴承恩再也没有见面。等他回到长兴时，那位署印已经被押解湖州，吴承恩已经转任湖北蕲州荆王府纪善，而无论是在湖州还是长兴，所有的口水都唾向了他归有光。他只能一处处地解释辩白，所以在我们现在可见的归有光的信件中，充满了对署印和县丞的怨恨。后来他被贬到河北邢州任职，路过淮安，可能想到这是吴承恩的家乡因此有感而发写了一首诗《淮阴舟中晚坐写怀二十四韵》，称：

蝇勉小县吏，奔走大府衙。
循己常黯黯，看人方呀呀。
何地栖鸾凤，并处混龙蛇。
世途行益畏，吾生固有涯。
万事已如此，一官岂足赊！
行矣归去来，莫使微名污！

说的是他在长兴县的遭遇，虽然没有明确提到吴承恩，但如果不是耿耿于怀，他在淮安重提旧事干吗？

自首的县丞

长兴县衙中究竟发生了什么？

署印是事件的导火索。署印原是湖州府的吏员，掌文书档案，乃是浙江巡抚的内亲，由巡抚安排到湖州历练，以图出身，但明代以吏入仕者，升迁非常艰难，非有极大业绩者不能得到知县或者县丞的实缺职位，所以到湖州已经三年有余，尚无值得圈点的功劳。此次湖州府委派他为署印，一来是希望利用归有光觐见的机会，在长兴推动以里递充任粮长的制度，拔掉这颗钉子，二来也是给这位摄令一个伸展的机会。

这位署印已经年过五十。此公工于心计，十分明白湖州府的意图，所以到了长兴之后，对其他各项政务毫无兴趣，弱水三千，只取一瓢，就是盯住征粮，以致归有光早已有了不祥预感。而吴承恩并不知道这其中的前因后果与是非曲直。到目前为止，除了归有光临行前的一番交代留下一丝阴影之外，他算是比较成功地回避了为政的那些烦恼，保持了悠闲淡定的心态。

十月十日后不久，也就是归有光离开长兴后，署印找到了吴承恩，他的品级比吴承恩要低，但他现在是署印，代理县令主持政务，所以他对眼前年龄比他长了一截的县丞也就不需要有多少尊重了：“吴大人，眼下已届秋收，不知为何对征粮不见安排？”在他的内心，眼前这位留一绺山羊胡须的县丞应该也是归有光的余孽，内心自然就有了一份敌意。

吴承恩尽管阅人甚多，虽然有点惊讶于他的语气，但仍是很客气地回答：“哦，此事是在下的职责，何劳署印大人牵挂。征粮的票单已经颁发，师爷和书办正在安排粮仓漕船，不日即可收粮。”

“吴大人是否有点擅自做主？”署印阴阴的，“本县似乎并未批核，不知吴大人如何就发出了票单？”

“大人言重了，在下岂敢。票单归大人早已签署，业已在开镳之前通知各户。此事妥帖无虞，还请大人宽心。”吴承恩听出了话中不善的意味，但想到了归有光的交代，还是耐心解释。

“你吴大人恐怕有点糊涂，现在是本大人在任，如何还是一口一个归大人？”署印的口气直接转为训斥，吴承恩这才感受到归有光焦虑的有些道理，但此时他放在案头的粮长名单还有意义吗？署印搬出了浙江巡抚的公文，又传达了湖州知府着令改正迅速实行里递征粮制度的训令，吴承恩的抗争完全无效。

新的征粮告示与票单即刻引出了轩然大波。问题并不仅仅出在那些今年要承担责任的里递们身上，他们都很明白自己遇上了一劫；吵闹声最响的是去年或者前年已经担任过粮长的大户，尤其是那些今年再次被派负责征粮的大户。县衙里的滑吏趁机鼓噪，拿出了挑拨离间、浑水摸鱼的惯用伎俩，所有的怨气都指向了缺席的主谋归有光和他的帮凶吴承恩，甚至有状纸告到了湖州府。

署印似乎有点得意，他觉得很轻易地就经营出了一个有可能会由他自己来填补的空缺，无论县令还是县丞，这两个糟老头总会被挤出去。

但很快他就发现自己失算了。明制，江南各县缴纳的公粮入仓后，需要在规定的时间里装船起解，由卫所兵丁押送北上进入运河然后在指定的地点缴入国家粮仓，长兴县被安排的启程时间是十二月初一。这个时间通常不能变更，因为押船的卫所兵丁的安排不是地方官员可以通融的。当县里大户、里递加上一伙滑吏为究竟谁应该征粮的吵闹声越来越响时，署印突然意识到漕船启程的日期已经一天天地临近，而长兴的粮仓还空空如也，本来自鸣得意的他不由从脊梁里冒出一阵阵的冷气——

耽误征粮可是一桩杀头的大罪！

在得到湖州府的高人指点之后，署印披头散发，穿起囚服，跪上湖州府的大堂，声称自己贪赃，现在受神明惩罚，前来自首。

吴承恩蒙了。署印这招叫金蝉脱壳，贪赃罪可大可小，且先要调查取证，到头来还可能查无实据，但这样一来，征粮就与他无关了。显然，署印捅下的娄子就将要由吴承恩来承担责任，老夫子与署印同样明白，这可是要掉脑袋的。这时，一直冷眼旁观看这场闹剧的徐中行在他耳边说："你不是也曾敲诈了我十两银子吗？"

于是，吴承恩在徐中行的陪同下也到湖州府自首了，罪名同样是贪赃，同伙就是署印，提起讼告者即徐中行。湖州知府想了想，吩咐一起收监。

特别的辩白

在长兴的经历既是吴承恩生平中的一件大事，又关乎吴承恩清誉，所以我们觉得需要声明一下：此事真实可靠，细节略有虚构。最重要的问题其实就是吴承恩究竟贪赃了没有？

今天的研究者和读者大多毫不犹豫地称吴承恩系"蒙冤"下狱，其实并无根据，更多的是出于强烈的个人感情。因为大家不愿意看到在《西游记》里对黑恶势力表现出那么犀利的批判精神的吴承恩，在生活中却是一个黑恶社会体制内的受益者。

但这不能意气用事。吴承恩究竟如何被卷进这场风波的？是否确实受到了诬陷因而蒙冤？这个问题在几百年后对于吴承恩本人来说已经不那么重要，你看他老人家在事后的近二十年生涯中对此绝口不提，完全是一副人生风波经历多了，一切都能泰然处之的淡定风骨。但对于我们，却是重要的，这是有关吴承恩人格人品的重大关节，所以还是需要做一点比较严肃的学理上的辨析。

吴承恩以“贪赃”罪名入狱，虽然仅见于归有光一人的叙述，没有其他任何旁证，但归有光在多次叙述中反复向他人提及，因此基本可信。遗憾的是，我们始终无法从归有光断断续续的叙述中清理出整个案件清晰的轮廓，也弄不清他屡屡提到的“滑吏”“署印”与吴承恩“贪赃”究竟有何关系，显得非常诡异。我们现在要问：

第一个问题：吴承恩会贪赃吗？这个问题有较强的主观性可能会被认为缺乏说服力，但分辨人物精神状态的主导倾向仍然是必要的。

前面说到吴承恩在长兴的心情是健康阳光的，所有考订确实的诗文都能说明他相当淡定、平和和悠然自得，尤其是在自我抒情的诗歌中使用了原宪贫病、阳城政拙的典故，这种表白没有任何外力的压迫，完全是内心世界的真诚展示。我们相信读者都能接受这样一个观点：即以吴承恩一个穷乡僻壤小县丞的身份，还远不到坐在家里即有大把贿银送上门的地步，如果心有贪恋，一定需要有那种通俗小说里经常出现的“鹭鸶腿上剔肉，蚊子肚里刮油”似的刻薄盘算和蝇营狗苟，那种卑劣很难与欣赏青山绿水的意趣在精神状态上真正相融。署印在长兴至多两个月时光，如果这么短的时间吴承恩就与他勾搭成奸，并且实施了贪赃行为，那他的人品一定极为不堪。这与我们事实上见到的、创作出名著《西游记》的吴承恩有了太大的人格反差，可能吗？

第二个问题：吴承恩有可能贪赃吗？

明代官员的薪俸不高，确实容易使人产生贪念；但明代官员受理学的影响也较大，心底有道德的底线，比如著名的清官海瑞就与归有光、吴承恩生活在同一时代；归有光本人也是一个受理学影响很深的儒者，他的生活如何呢？归有光在《乞休申文》中讲到了他自己在长兴的生活状况：

> 今县之可以为利穴者，不过人命、强盗、粮长、徭役。如前所云，毫毛可烛，职于此不为利，他亦无可为利者矣。职家世宋、元以来，号称钜族。室中所奉，相承亦不菲薄，而职自用极俭陋。衙内日取百钱，令卒出市，日不过斤肉蔬菜。去家三四百里，二子守庐舍读书，间岁来省，绝不与外交接。居二三日，便去。去自头小舟，肉不过二三斤，米不过一斗，衙前人共知之也。日常纸赎，多听告免。

说做官的如要取利，不过在人命、强盗、粮长、徭役这几项上，我在这几项上不谋利，其他还有什么可以谋利的呢！我的老家是望族，收入不薄，但我在长兴生活极为节俭，每天不过简单的肉食与蔬菜。离家有三四百里，两个孩子在家乡读书，偶尔来此探望，也决不与外界交往，住上两三天即回，回程自雇小船，备上一点伙食而已，这都是大家知道的。这几句话说得很真切，如果我们相信这段话，那吴承恩绝对贪不起来，换句话说就是，有归有光这样的主官，根本就没有机会贪，归有光容他不得！

第三个问题：看他人的评价。

最有价值的第三者评价出自徐中行，他对事件的完整经过以旁观者的身份看得一清二楚，有完全的发言权。他相信吴承恩是冤枉的，做了归有光改革的牺牲品，因此对吴承恩心有敬意。他后来官做大了，路过时特意在淮安逗留了，表面上拜访的是淮安知府陈文烛，但他最想看到的还是退休在家的吴承恩。他对陈文烛盛赞吴承恩品德高尚，堪称“高士”，要陈文烛悬榻以待。“悬榻”的故事出自《后汉书》，说陈蕃很钦佩高士周璆的人品，为了显示接待高士的隆重，陈蕃特意为周璆专制了一张榻，周璆走了，榻就被悬挂起来，不再招待他人。后来的《长兴县志》给予吴承恩个人道德的评价似乎要高于归有光，称他“丞廨浮沉，绝无攀援附丽，其贤于人远矣”，这恐怕也受影响于徐中行等第三者在各种场合的极力剖白。另外陈文烛在吴承恩逝世后为他的《花草新编》作序时，盛赞他“平生恬淡自守，廉而不秽”，这也是非常有分量的评价。当时的陈文烛是一个正在仕途上发飙的才俊，应是四品以上的官秩，他无须低头哈腰恭维一个离任的八品小吏。所以，我们也应当相信他的话。

第四个问题：看案件处理的迅速。

至多也就是两个多月后，吴承恩已经在湖北蕲州的荆王府内出现，出任纪善一职。纪善八品职衔，理论上与县丞同级，但实际出任这样的清闲职务可以看作是一次微小的升职，因为帮助他谋到这个职位的当朝首辅李春芳，曾经在为他的老师六十寿辰写的一篇文章里提到，他的老师“以选贡丞嘉兴，五年政声茂著，迁益府纪善”——也就是说李春芳的老师任嘉兴县丞五年，因为政绩优异才升迁为益王府的纪善。显然，吴承恩荆府纪善的任命可以视为是一次公开的平反和名誉补偿。相反，由于归有光与上司的矛盾尖锐，他在朝觐完毕回到长兴后不久，就被调往顺德府任通判，负责繁难的马政，后来友人在评价此事时说，明朝历史上从没有过进士县令调任郡府副职的，这实际上是严重的贬抑。一贬一褒，都有深意。

鉴于以上理由，我们相信吴承恩的“贪赃”在事实上无法成立，一定是为了两害相权取其轻的掩饰行为，掩饰什么？最严重也最现实的就是延误征粮。

意外的援手

不管有多少主动成分，当时吴承恩确实卷进了长兴摄令的贪赃案，根据归有光所说的一句“察院蒙访逮”看，他已经事实上被批捕关进了大牢。古代的大牢岂是儿戏之地！不仅肮脏不堪，饮食无着，且进了大牢的人只要失去身份的保护，马上就成了各种不入流的衙役小吏眼中肥美的鱼肉。之前不远，也就是七八年前的嘉靖三十九年（1560），吴承恩的挚友，状元出身、官居九卿之一国子祭酒之职的沈坤下牢不过两个月左右，便“瘐死”于大狱之中。所谓“瘐死”，意味着案情可能还未经审问或判决，疑犯便或病、或饿、或受各种虐待而非正常死亡。死了也就死了，在大牢里是很普通的一件事。

好在湖州有徐中行关照，吴承恩不至于受太大的委屈，但他之逃过这一劫难，另有异数。

若干年后，一位文坛领袖李维桢评价吴承恩，说他的诗歌文章，独具匠心，绝不傍他人门户篱落，以钓一时声誉，又说他的人格也令人敬佩，虽然仕途仅仅跨上县丞这一台阶，但绝不攀援附丽，也就是不为某种目的投机钻营，夤缘结交。《长兴县志》也有几乎同样的评语，说他“丞廨浮沉，绝无攀援附丽，其贤于人远矣”。但不知道吴承恩周围的人是否了解，这个时候的他，在某种意义上，却有非常强硬的背景。

考虑再三，在去湖州府自首之前，吴承恩给李春芳写了封信。李春芳在吴承恩到任时已经又升一级，加大学士入阁，成为人们通常说的宰辅，相当于今日的副总理；而新皇帝隆庆登基后，对风头太盛的前朝首辅徐阶似乎颇有微词，据说皇上已有要他退休的意思，平日沉默寡语比较低调的李春芳倒是挺对皇上的胃口，因此朝中有风声说下一任首辅应是李春芳无疑。

吴承恩在信中大致说了自己将去湖州府自首的因由。在微微的烛光下，他对老朋友慨叹一声：你费了若干周折总算把我推上了仕途，但我本天资愚钝，却自恃甚高；有心为民驰驱，却不懂为官之道，悲夫，命也！无可奈何者。他没有对李春芳提出任何请求，他的那点傲气和自尊心还在作怪，求救二字实在难以出口，但他其实也明白，此时任何字面上的请求都属多余，无语更胜有声。

他没有直接告归有光的状。但作为刻骨铭心的教训，他提到了离开浙江巡抚府师爷提到归有光时吞吞吐吐的神态，说到现在才明白，在归有光这类可敬可佩的儒学信徒周围，有无数的陷阱——他太正直、太清白，与世道格格不入，又太有名、太坚强，而别人难以撼动，所以往往会在无形中把社会加诸他的压力转移到他人身上。动情之处，吴承恩甚至回忆了当初与李春芳一起神侃的情形，说不虑天下，枉为儒生，但天下虽大，却不容一句真言，倒还是神仙世界可以伸张正义。信的末尾，他抄录了一首旧诗《句曲》：“紫云朵朵像芙蓉，直上青云度远峰。知是茅君骑虎过，石坛风亚万株松。”这是他在南京国子监读书时，去句曲茅山时留下的写照。李春芳祖籍句曲，句曲有茅山，因神仙茅氏兄弟在此得道而得名，被称为道家“第一福地”“第八洞天”。当年他们一起神侃时，李春芳怀念祖籍故地，对茅山充满眷恋，还经常弄一些从道士那儿学来的小道术，所以吴承恩后来有机会便去了趟茅山，写了这首诗，算是对李春芳关心的一点回应，当然也带点恭维的意思。这首诗吴承恩给李春芳抄过，现在旧事重提，显然有可能唤起李春芳的怀旧，这是吴承恩的真情，也是一点求救的小技巧。

信写好了，天也大亮了，徐中行陪他去湖州的车已经备妥。吴承恩将信用官衙的信皮封好，沉思片刻，写上“石麓公亲启”的字样，唤来书办，吩咐随公文寄送京师。石麓，李春芳的字，以字相称，大体上是一种亲切或平等的称呼，而“亲启”二字，则几乎是家人的用辞了。书办低头看看，又抬头看看，啧啧一声，走了。

长兴署印与县丞吴承恩被捕的事传得很快，不久京师就知道了。当事人虽然都是不值一提的小官，但这事热闹，因为二位都是自首，很少见。

吴承恩的信当然会更早一些到达。作为宰辅，李春芳的名声并不太好，主要因为他有“青词宰相”之称，往往被人不屑，有说他为好道的嘉靖皇帝写的祭天用青词颇受宠爱，因此后来六次重要的升迁都出自皇上的特简，也就是由皇上直接提名而不经吏部讨论，是嘉靖年间恶劣政治环境的最大受益者；有的论者说他是一个庸才，尸位素餐，碌碌无为，前不如徐阶，后不如张居正。但其实对李春芳应该宽容一些。当时有“青词宰相”之称的并非他一人，包括严嵩、徐阶一共有九位，在嘉靖朝，不会写青词就不能升迁，这是一个历史环境。致力于写青词的人有两种，一是借此曲意奉承，欺上压下，如严嵩；一种就是恰恰碰巧会写这玩意儿，老实人走了狗屎运，如李春芳。

其实李春芳的秉性本质上挺好，《明史》本传对他有褒有贬，褒扬的自不必说，那些暗藏贬抑的词无非也就是说他谨慎、怯懦，不敢任事，这些甚至包括那些唾面自干的笑话，未必就不可以当作褒扬来看。李春芳在嘉靖二十六年（1547）举进士第一后，知道现在自家的地位顷刻间发生了大翻地覆的变化，已经不比往日了，于是马上写了一封家书，对他的祖父、父亲和所有家人说：我们家如果就此骄奢淫逸凌辱乡民，那就是自取其祸，而且祸及子孙。当今要务，最重要的是不苟取他人钱财，不替人嘱托关说，希望族人及子弟，决不可仗势欺人。他不仅说了，而且做了；不仅当时做了，后来一直在做，他甚至告诉儿子，不要在家乡参加乡试，以免占用地方上有限的名额，说你们考不上还可以申请荫职，天地比那些地方上的学子宽多了。任何时代的人能做到这点，都很不容易。

又因为他脸上戴的面罩太厚，所以通常都知道李春芳为人不肯多事，但却少有人知道他重友谊、重感情、重然诺。愿不愿意帮助他人，其实是一个很抽象的问题，关键要看对象是谁，对官场上的势利小人、利益纠葛者，他恐怕确实不愿多事，打一个哈哈就应付过去了；但对于他认可的朋友，无论职位高低，他其实很是热心，敦促吴承恩继续来京谒选并实际帮助完成是一个无可猜疑的例子；另一个例子也与吴承恩有关。吴承恩嘉靖四十三年（1564）进京谒选时，曾带去了一份淮安大户丁忍庵的资料，这丁忍庵七代同堂，和睦相处，十分不易，所以吴承恩希望李春芳为这位老先生写一篇传记。李春芳答应了，一直无暇完成，但到退休后还是补写了一篇《忍庵丁翁传》。现在，受到他保荐任职的吴承恩到任仅一年多，就受到如此牵连，李春芳当然不能不问，既是为了为数不多的知己朋友，同时也关系到他本人的清誉。只要他肯过问，办法多得是，官场上的一套，李春芳比吴承恩谙熟得多啦。

长兴县的那位书办有意无意间也帮了点忙，他惊讶地把吴承恩给宰辅大人写信用“石麓公亲启”的消息马上捅到了湖州府，这等于给湖州府提了个醒。明代官场流行一条潜规则——其实任何时候都是——那就是凡有贪赃、渎职之类的丑闻，首先被推出水面的都是府通判、州同知或者县丞、书办之类的小官，他们是早已准备好的牺牲品，就是准备让你打的“苍蝇”，而如果风声不紧或者这些牺牲品有强硬的靠山，那就会有背后的大老虎解脱他们。解脱也很容易，湖州府本来就不准备追究署印的责任，现在既然知道吴承恩的人脉背景，那就干脆做个顺水人情，对状告吴承恩索贿一案，用了极轻的遣词，大约说不过私人间的纠纷，无关官德;浙江巡抚更是官场老手，随手报上一份材料，称经查实，本无可惩处案情，建议吏部另行任用，这就把球踢给了李春芳。

不久，吴承恩调任荆府纪善的文书到了湖州府。此时的他灰头土脸，心灰意冷，急切地想回到温暖的家，但已然犯案，眼下更需要名誉的补偿，李春芳为他弄来的这个纪善，是人所皆知的清闲职位，但却也是八品，不低，其实就是为他做公开的平反，吴承恩没有理由、也不可能拒绝，他理应到任。

第九章 荆府顿悟

不管前方的残阳如何惨淡，吴承恩必须走一趟蕲州。他需要彻底洗刷自己的无辜罪名。

在经历了一种醍醐灌顶似的恍然大悟之后，他内心的雾霾一扫而空，终于在百无聊赖中找到了自己的寄托。

湖北境内，著名的黄州赤壁以东不远处，有一座依江而建的古镇蕲州，临江近水，背北面南，山水四围，麟踞凤飞，用勘舆家的话说，这就是祖坟冒烟的风水宝地。州城内的麒麟山上，有一座规模宏大、连绵参差几乎占了半个州城的荆王府，朱家龙子龙孙中的一支在此传承了十代八王。

隆庆二年（1568）初春，吴承恩在长兴贪赃案中得到李春芳、徐中行的帮助侥幸逃脱之后，直接就去了蕲州荆王府。他从长兴西出，沿浙西至湘赣的一条官道经广德、宣城到芜湖，再转长江水路，一路上寒风凛冽，道路崎岖，虽说可以享受沿途官驿的照顾，但仍是艰辛，尤其是沿途年节气氛的映照，更让他倍感凄凉心酸，此时的家中只有两个女人，老母已将近八十，叶夫人也到了花甲之年，家计算来不易。但不管前方残阳如何惨淡，暮鸦如何乱舞，蕲州这一趟他必须要走，他必须彻底洗刷自己的无辜罪名。

大约十五天之后吴承恩出现在了荆王府。王府的官员也就是他日后的同僚为他办了一场隆重且又亲切随意的接风宴，这才使他的心情渐渐好起来。

吴承恩新的职务是“纪善”——蕲州荆宪王府纪善官，八品衔。

蕲州的王府与纪善

吴承恩享有一份殊荣，他是迄今为止唯一一位保存了真容的历史文化名人。据说，这样的名人曾经另有一位，一九五〇年代国家整修明十三陵时，曾对明神宗万历皇帝朱翊钧的定陵进行了试掘，取出那位皇帝的头骨复原了真容，但可惜在不久以后的“文革”中，被复原的雕像和头骨一起被毁。

这纯粹是历史留给吴承恩的微笑。

一九七四年底或一九七五年初春的一个夜晚，淮安马甸乡的几位农民悄悄地盗挖了村头的一座古墓。这些农民并不是专业的盗墓贼，只是由于穷，想弄点意外之财补贴家用。他们村在城东，看样子曾经是古人的一个集中墓葬区，那种不大不小的墓发现了很多，据说古人喜欢把祖先安葬在城东，说风水好。墓葬都不是深坑，农民们用两三米长的铁钎在地里随意插几下就能找到，当时正在“文革”中，对挖墓这种事管得也不是太严，都是睁只眼闭只眼看见就问问看不见就拉倒的状态，所以半夜挖墓的事也算是常有。农民们挖墓的目的很简单，能有金银首饰最好，否则挖几块棺材板也能卖几个钱，古人讲究厚葬，棺材板的料质都不错，即使埋在地下几百年，挖出来照样能做桌椅门窗。

四周一片漆黑，一片宁静，只有飒飒风声和他们自己弄出的动静。

几个人点一盏小油灯照明挖了大半夜，但结果显然不太满意，古墓里没有财物，只有三口棺材，而临近的一口墓穴甚至连棺材都没有挖到，只有两块石碑。这种碑他们过去常见，方形，两块大小一致，为一合，放在棺木前的土中，石碑上往往有字，但对于农民们来说，那些字没有任何意义。后来，石碑被一位姓郭的农民弄回家，他家正在起屋，石碑有字的一面被打磨过，他就将石碑做成了台阶。

说来也巧，姓郭农民的孩子在当地学校念书，他们的语文课本里选有《西游记》“三打白骨精”的片段，老师说：“《西游记》的作者吴承恩是我们淮安人，我们感到非常自豪！”这姓郭的孩子忽然想到，自家用作台阶的石碑上不是也有“吴承恩”吗？于是他拉上老师去看。老师到底比学生高明，他马上看出碑石是吴承恩为他父亲写的墓志铭，一块是盖石，上面有“明吴菊翁之墓”六个篆字，另一块是铭文，有密密麻麻的小字，大致是吴承恩为父亲生平所作的记录。老师很惊讶，于是与学生一起将这事报告了政府。这里要特别说明一下，通常墓志铭都是请人写的，由于古人的称呼有姓、名、字、号之分，在不同的场合甚至在不同的句式里都要分别使用，一般人很难一眼分清是什么人写的、究竟写给谁，但现在在郭家的这块石碑很特别，他是吴承恩自己为父亲写的，因此落款上直接有“孤小子吴承恩泣血”字样，这就让那位中学老师和他的学生能直接看懂。这种格式的墓碑非常少见，天意！吴承恩一生有很多不幸，但在数百年后，终于有了一次幸运，真正的幸运，一次足矣。

话说那位老师在学生家里找到了《先府宾墓志铭》并报告了政府，当时南京博物馆来了几个人把吴承恩为老父写的《先府宾墓志铭》收走——但其他的说法可就没有了，当时在“文革”中，这样处理也不奇怪。

“文革”结束后，文化上的事又有人关心了，一九八一年当时的淮安县政府组织了对吴承恩故居和墓地的调查。根据这块墓碑的线索，调查组推测当年那座有三口棺材的墓穴可能与吴承恩有关。他们找到那几位农民，千方百计启发他们回忆一切细节。农民说，棺材板上有字，这让调查组很是兴奋：“棺材板呢？”“卖了，卖给了中学。”挖墓人又补了一句：“做了门窗。”

调查组到了学校，校方证实确有其事。学校的老师都觉得稀罕，围了一屋子人，没课的都来凑热闹，说没想到一堆破烂棺材板还有人找。在当地群众眼里，棺材板是不吉利的东西，只有学校因为经费紧张，才想到用这东西改善一下教学条件。当时见过棺材板的老师们说，有一块上面确有一行字，其中有一个吴字，其他的则可能是死者的官职，但棺材早已被改制为门窗。

线索似乎就要中断时，旁边一个姓吴的木匠插上了嘴，原来他长期在学校做活，就是用这块棺材改制门窗的当事人。他说：棺材买来时，因为上面有吴字，所以有人开玩笑说是我们吴家的老祖宗，我便信以为真，将用剩的半截前档板也就是有字的那部分拿回家藏了起来。真是巧得不能再巧。吴木匠找来那半截档板，果然有字，阴刻，是“荆府纪善”四个字。木板的出现，又引起了老师们的回忆，他们说下半截可以肯定是“射阳吴公之柩”这几个字。其实，下半截是否有这几个字已不重要，只要“荆府纪善”得到确认已经足够了。纪善这个官职为明代特有，只出现在各藩王府中，非常少见，淮安历史上出任过荆府纪善也只有吴承恩一人，仅凭这一点，墓主是吴承恩已可以确认无疑。

调查组后来重新清理了当年被盗挖的吴承恩墓穴，这是一处合葬墓，还存有一男两女三具头骨。显然，他们就是吴承恩和他的两位夫人。

很少会有人意识到这具头骨的珍贵，但专家知道。中国科学院古脊椎动物与古人类研究所著名考古专家贾兰坡教授告诉大家，这具头骨能够历经波折保留下来，真是难得，根据它就能复原出吴承恩的真容。复原真容的技术现在虽然已经成熟，但能找到的历史文化名人的确切墓葬却为数不多，而其中头骨保存完好的更是凤毛麟角。此前新中国历史上历史人物的真容复原只做了明神宗万历皇帝朱翊钧的雕像一件，当年北京十三陵修复工程中，经中央政府批准从定陵中取出朱翊钧的头骨制作了一件真容塑像。但很可惜，万历皇帝的头骨和雕像又在“文革”中被毁了。

一九八二年，由贾兰坡教授主持，张建军先生以雕塑手法复原了吴承恩的头像。据介绍，以当时八十年代的科技水平，对复原像的准确度，可以把握到百分之七十至八十，也就是说人的容貌的基本轮廓可以确保无误，差别只在一些软组织如发型、眼睑、耳垂等部位。这种相似度，对于做一个神形兼备的艺术雕像，已经足够了。完成后的吴承恩石膏塑像，年龄约在六十岁左右，皮肤肌肉略显松弛，但精神矍铄；神态略显冷峻，似乎强调性格的倔强以及一种与世俗抗争的精神；蹙眉凝神，好像已经进入幻想，正与他笔下的人物一起遨游于超自然的世界之中。鉴于这座雕像的尺寸较小，石膏材质也不宜长期保存，因此二〇一〇年中国西游记博览馆邀请雕塑家华龙宝先生，重新制作了一件真人尺寸的青铜雕像。这座新的青铜像也是写实风格，更为细腻逼真，站在这座雕像前，恍如穿越时空与吴老先生进行了一次心灵的对话。中国古代文人绝没有第二位享有如此哀荣。

“荆府”，是明代荆宪王府的简称。第一代荆宪王是明仁宗朱高炽的庶六子朱瞻堈，也就是明宣宗朱瞻基的同父异母弟弟，朱高炽在确定了太子之后，便将其他的儿子都封了王，官方正式的说法叫“封藩”；朱瞻基即位后，随即便安排他的弟弟们，也就是包括荆宪王在内的各位藩王赶快到自己的封地去生活，藩王去自己封地的正式说法叫“就藩”；藩王在自己的府邸坐上王位，就叫“开府”。

第一代荆宪王朱瞻堈最初建府于江西建昌，但开府不久的某一天，竟然发现有一条大蛇盘旋于王座之上，荆宪王认为是本地的神祇不悦而示警，不吉，于是上书朝廷向他的兄长宣宗申诉，宣宗同意另择蕲州吉地重新起造。后来在宣宗的儿子，也就是荆宪王的侄儿明英宗正统十年（1445）时，荆王府终于移藩蕲州。

第二代荆王朱祁镐，称荆靖王。

第三代荆王起初由荆靖王长子朱见潚嗣任，但朱见潚弑母、杀弟、奸弟媳，又图谋不轨，先被贬为庶人后被赐死。王位由其弟朱见溥的儿子朱祐橌嗣为荆王，后世称为荆和王。

第四代为荆端王朱厚烇。此人被《明史》称为“性谦和，锐意典籍”，有贤王声名。

第五代为荆恭王朱翊钜。因朱厚烇长子朱载墭早卒，故荆王王位由朱厚烇之孙朱翊钜嗣。朱翊钜于嘉靖三十二年（1553）登上王位，于隆庆四年（1570）去世，有三子。

由于子子孙孙不断繁衍的原因，从荆王系统的第二代起就有了支系，第三代又有新的支系，就像大树不断分杈一样。支系也封王，但尊贵程度渐逊，到后来也就与普通百姓差不多了。在荆王府，第二代有了都昌王支系，第三代有了樊山王、都梁王支系。

明代的封藩制度，曾经发生过戏剧性的变化，前后期藩王的作用与地位，完全不可同日而语。明朝初期的王，有权有势有军队，在朱元璋夺天下治天下的过程中，他的那些儿子起过重要的作用，在夺了天下的最初时期，他把那些儿子都封了王，安插在各个军事经济重镇地区，凌驾于地方政府之上，比如在比较容易动荡的北方，朱元璋就把他最喜欢的四儿子朱棣封为燕王，掌握半壁江山的军政大权。但朱棣以亲王的身份夺了侄儿建文帝的皇位以后，当然就不会允许这种情况再次出现，此后明朝重新建立了一套王府的管理制度：各亲王在太子即位后必须尽快去自己的封地就位，可以享受当地的税收，可以尽情吃喝玩乐，但不可以蓄养军队，不可以干预国家政治和地方政事，不得到皇上亲允不可以随意进京，不可以兄弟们私下串门见面，必须接受朝廷派出的官员，其事务受这些官员的指导和监督。说明白些，实际上就是朝廷把所有不做皇帝的朱姓子孙都像猪一样圈养起来，王爷们可以关门做一切想做的事，但不得开门管大门之外的任何事务，派去的官员就是监视者。

朝廷对藩王的有效控制，标志措施就是系统地任命王府的官员，并通过任命的官员对藩王进行有效的监察。朝廷设在藩王府的管理机构称长史司，设左、右长史各一人，正五品，按照《明史》记载，长史的职责是“掌王府之政令，辅相规讽以匡王失，率府僚各供乃事，而总共庶务焉。凡请名、请封、请婚、请恩泽，及陈谢、进献表启书疏，长史为王奏上。若王有过，则诘长史”。长史司之下有若干职能单位，如审理所、典膳所、奉祠所、典宝所、纪善所等等。纪善所设纪善二人，正八品，“纪善掌讽导礼法，开谕古谊，及国家恩义大节，以诏王善”“凡宗室年十岁以上，入宗学，教授与纪善为之师”，职能相当于朝廷的礼部和国子监一类部门，具体工作是在国家或王府大典时确认应有的仪礼，平时向王爷讲解孔孟圣人之道、国家礼仪大法，介绍古今忠臣孝子，并与从九品的教授一起负责宗室子弟的日常教育，也就是负责王府的教育，做小王子的导师。

从我们查到的嘉靖九年（1530）《蕲州志》所记录的情况看，荆王府确实是按照以上标准规格配置官员的，“纪善”也在事实的配备之中。明穆宗隆庆的最初几年，荆王府的纪善应该就是吴承恩。他侍奉的王爷就是第五代荆王朱翊钜和樊山、都梁两个支系的王爷，而当时这几位王爷的子孙们，都是他的学生。

人生的感悟与选择

蕲州四面环水，水中有山，山外又有水，以麒麟山为中心，鳞次栉比，层层叠叠，很紧凑也很繁华的一座古镇。

下了船，在码头上就可以看到荆王府，吴承恩下意识地正了正衣襟。王府坐落在麒麟山上的，围墙屋顶都使用一种只有皇家才有的明黄色，格外显眼；因为是去王府，所以也不需要知会当地官府办一系列复杂的手续，他吴承恩直奔那些黄顶大屋去就是了，不会有错。

纪善理所当然地占有一间书房。现在这间书房暂时属于吴承恩的私人空间，他放下行李，把室内室外仔细端详了一遍，内心的忐忑稍见平息。毕竟是王府，处处都能透出大气和皇家特有的建筑风格，他所在的院落虽然偏在一处不知名的宫殿后面，有点背阴，但颇为精致，尤其是窗下的一块太湖石，虽然不大，但瘦漏通透，搭上几株斑竹，极有韵致，很对他的口味。室内文房四宝自然少不了，仔细看，都是精品，他刚从长兴来，长兴与湖州近在咫尺，而湖笔天下闻名，即便如此，王府的羊毫比他随身携带自用的还是要高出一个等级，显示王府的品位不低；案头架上有不少书匣，翻翻，竟然有若干戏文宝卷之类的小杂书，这让吴承恩嘿嘿一乐，看来他的前任也是一位不务正业的“混账东西”，心头顿时轻松了不少。

首先需要正式拜见长史，交上任职的公文。

长史是王府里朝廷官员的总负责人，官居五品，比吴承恩要高出一截，但年龄却要比吴承恩小一截。这位年轻的上级很客气，在完成一系列的登记交接手续，安排了面谒各位王爷的种种事务后，便按照文人交往的惯例尊称吴承恩为射阳先生，并说王府的朝廷官员不多，大家以后除了正式场合，平日就不必拘礼了。最后，长史告诉他，明日中午为他接风，同僚们见个面。

蕲州的街上有很多茶馆、酒楼，围绕在王府周围，除了呼酒猜枚的喧嚣之外，扇窗里不时也会飘出哧哧浅笑、淡淡歌声。但最好的酒楼在城外，城外更靠江边还有一座小山与麒麟山相对，叫凤凰山，山上有酒楼，叫凤凰台，长史所说的接风宴就摆在凤凰台上。

王府里的官员都到齐了，长史一一介绍。他们的官职名称与州府道县不同，基本上按照宫廷的体制设立，如审理、奉祠、典宝、典膳，犹如朝廷的六部九卿，只做过县丞，只习惯与知府、县令打交道的吴承恩着实有点不太适应，不知究竟应该行何种礼节，未免有点张皇。

长史大约知道一点吴承恩的底牌，但他并不急于捅破窗纸，而是在呷了一口酒后慢慢地说起了自己的身世。原来长史是嘉靖二十六年（1547）李春芳的同年进士，中进士时三十不到，也是当地有名的“大才”；因名列二甲，本可以留京等候部选，也就是进入六部任职，但他年轻气盛，上书要求外放贵州为县令去实践自己为天子牧民的理想，然后凭政绩民望连续三届九年考绩均为优等，擢升时任首辅严嵩的家乡、江西分宜县所在的袁州府知府。但在知府任上，屡次因为处理严氏族人横暴乡里案得罪严嵩父子，加之性情迂执，看不惯权贵当道，于是托人谋了一个王府长史的职位，算是隐居了吧。后来严氏父子被当道清除，朝中有人提议调其回京起用，但被婉言谢绝。末了，他说：“这王府其实很好。朝中视王府任职为畏途，那是因为王府无权、无势、无钱，如果真的看透世事，不去想那些昧心的事，无权、无势、无钱未必不好。

我等自幼受圣贤教导，理当为天子分忧，为百姓谋福祉，但既不甘于与奸佞同流，又无力救小民于水火，那就寻一块清静之地，也不失安身之道。”长史的语调淡然而略带忧伤，酒宴一时寂静。但不久就有人哄然响应，原来诸位同僚都是失意者，失意的原因虽不一样，最后被冷落到王府的结果却一样，对人生仕途的这一结局，他们都已习惯，已经不再将失意视为一种负面的生活状态。

吴承恩用眼角瞟了长史一眼，长史向他灿烂一笑。吴承恩这才明白长史隆重接风的深意，显然是要安慰他让他尽快从纠结中走出。他不由得从内心里感谢这位年轻的上司，忽然间又想到把他安排到荆府岂不也是李春芳的精心设置！

各位同僚已经开始斗酒。当吴承恩有了一种醍醐灌顶似的恍然大悟之后，他内心的雾霾便一扫而空。既然同病，便当相怜相惜；而相怜相惜之时，友情便已经生长。他端起酒杯，向周遭一揖：“承蒙各位看重，吴某便敬大家一杯。”一饮而尽。

长史喝声彩，道：“王府官员，虽然他人不尊、不贵、不重，但我等却须自尊、自贵、自重。王爷对于我等，就是如天之君；我等之于王爷，就是左右将相，为何不自贵重！”

轮到吴承恩喝彩。

酒酣耳热，吴承恩挥毫作诗答谢，诗云：

梅花融雪丽香台，仙旅凭高锦席开。
山水四围龙虎抱，云霞五彩凤凰来。
客乡喜入阳和侯，尊酒叨承将相才。
独倚东风番醉墨，遍题春色对蓬莱。

这首诗无论从哪个角度看，都算不上好诗，拘谨，落俗，应酬的色彩太浓厚，看不到吴承恩诗中惯常有的才气横溢、轻灵飘逸，也看不到他骨子里的傲气，只有文字的花哨有点像，但诗意无疑正符合吴承恩初到荆王府的心情。

诗的首联以“梅花融雪丽香台，仙旅凭高锦席开”开篇说事，谓高雅的宴席开在高高的凤凰台上，推开酒楼的窗扇，便有一阵略带柔柔春意的江风吹来，东面稍远的龟山和鹤山，背阴处还残存一点冬雪，这正是蕲州的应时之景“龟鹤梅花雪满坡”——蕲州八景之一。颔联“山水四围龙虎抱，云霞五彩凤凰来”写蕲州的形势美景，用了凤凰台的典故，据说这凤凰台乃是因为南宋时曾经落凤而得名，这里荡开一笔，以为下文张目，是作诗的不二法门。“客乡喜入阳和侯，尊酒叨承将相才”是关键的一联，吴承恩自谦刚入他乡，以客人的身份接受别人的欢迎，自是应该喜悦，“将相才”是他刚刚悟得的王府官员的生活真谛，此刻便被用来恭维了大家。最后一联“独倚东风番醉墨，遍题春色对蓬莱”则可以看作是吴承恩面对即将开始的新生活时的一种心情。

关于这首诗还需要多说一些。有人怀疑这首诗作在南京，并试图落实在南京中华门附近著名的凤凰台，这是没有仔细阅读和考订原作的原因。首先，南京的凤凰台虽然因为李白的《登金陵凤凰台》而出名，但它在中华门附近的城墙内，虽然称台，其实不算太高，看不到城外的山。其次，南京虽然有虎踞龙蟠之说，但那所指的范围实在太大，远不与一桌应酬的酒席相适应，王安石《桂枝香·金陵怀古》、高启《登金陵雨花台望大江》、毛泽东“虎踞龙蟠今胜昔”，都曾说到金陵形胜的龙虎之势，但他们都是一本正经地登高望远，展示郡国心胸的怀古发奋之作，吴承恩如果与同僚吃顿饭喝喝小酒也用“虎踞龙蟠”，岂非故意搞笑！而在蕲州的凤凰台上，所谓的“山水四围”都是实实在在能看到的景致，非常符合文人卖弄一下文采、恭维一下主人的诗兴。再次，为吴承恩接风的主人是谁？“将相才”三字已表露无遗，这并不是一个随意可用的形容词，以吴承恩当时的年龄，更不会随意给别人戴一顶“将相才”的帽子。但王府的官员尽管品秩不高，却恰恰可称为“将相才”！明代马中锡《赠汤纪善序》中记载了秦府纪善易潜的说法：“始吾之舍家食而游上国，以事吾君也。身不得厕鹤班，名不获缀于象魏，束书西迈，执笔藩服，则藩服之于吾，固吾君也。”——也就是说，王府的官员自尊自重地认为，藩王对于自己来说，就是君王；自己官职虽低，执事虽闲，但在王府也犹如出将入相。吴承恩在拘谨、客套的应酬中一本正经地称对方为“将相才”，不是已经明确地表示，对方——也就是为他接风的人——是藩府官员吗？所以即凭这一条，就可以断定此凤凰台非金陵凤凰台也。

在接下来的时光里，吴承恩很真切地感受到了王府的惬意。但是，说实在的，他的周围没有像朱曰藩、何良俊那样的高手，所以这种惬意并没有很好地激发他的诗才。若干诗文中，似乎只有一首《送人游洞庭》比较出色，承袭了这位老先生绝句诗中清新飘逸的一贯风格和宁静淡定的意境。诗云：

横天玉露鹤翛翛，夜半龙吟月上潮。
净洗银波三万顷，满船星斗卧吹箫。

蕲州这地方素有“右接洞庭，左控匡庐”之说，摇一叶扁舟入长江，溯流而上然后进入洞庭水道，是许多当地文人传统的休闲方式，嘉靖年间游走于官府与江湖之间的山人比较时髦，洞庭就更成了山人们喜欢标榜的洞府。吴承恩对洞庭本就不陌生，在很多志怪中洞庭君山就是神秘莫测的神仙老家，当年的学中好友汪云岚也曾经在洞庭湖口的巴陵任过县学教授，为其送行时他曾留下过“洞庭湖波摇绿烟，辰陵矶柳吹香绵”的诗句，说来洞庭在吴承恩的心目中不仅占有一席之地，而且留下的是那种宁静悠远，如世外桃源一般的印象。他现在的这首诗写了月光下如洗的万顷湖面，银波中飘然而至的翩翩鹤影，摇荡于夜半星斗中的小船，气定神闲与天地相融的夜游人，堪称高明。本来夜空应该是宁静的，但诗中的银光、水面、修鹤、游船、箫声，却都是动态的；而所有的动态，又都在衬托宁静的天地，尤其是游人心田的宁静。

另外值得注意的是《白燕》二首。《白燕》其实已经不能算某一首诗的诗题，而可以称为一种诗体，其成名起于明初的才子袁凯。当年袁凯的《白燕》诗全用燕的典故却绝未见“燕”字，含蓄隐晦地表达了故国飘零、人是物非、环境险恶、寥落无主的感情。这种技法受到了后世文人的喜爱，群起仿效，而且都以《白燕》为题，借咏白燕表达自己心田深处不宜直接表述的一点情思。吴承恩也是如此，他的《白燕》诗之一如下：

映日浑疑带月归，卷帘遥认是耶非？
省中秋色初惊鬓，洛下风尘不染衣。
舞近梨花微影动，相亲鸥鸟定忘机。
何当剪取银河水，散作青天雪片飞。

不管诗里有没有白燕，这种诗的诗题都叫《白燕》，而且写这种诗的格局就是在写景描摹中间接隐晦地表达某种情感。吴承恩的这首《白燕》诗大体看来有客居他乡的意味，其中“相亲鸥鸟定忘机”与陆游《登拟岘台》中“更喜机心无复在，沙边鸥鹭亦相亲”、元好问《寄希颜二首》中“动色云山如有喜，忘机鸥鸟亦相亲”的诗意一脉相承，表示的都是对一种宁静、温情生活的欣赏与羡慕。

这首诗中包含了一些重要信息。“省中秋色初惊鬓”一句，这是吴承恩任职王府的证据。“省中”指宫禁之中。汉制，王所居曰“禁中”，诸公所居曰“省中”；唐代中枢机构为中书省、尚书省、门下省；宋代中央机构与唐代不同，设立了平章政事的宰相，中央机构也仍然称作“省中”。明代诗文中的“省中”往往借指中央机构，任职刑部尚书的王世贞也写了《省中有感》的诗歌。吴承恩是岁贡生出身，并无中央机构任职的经历，如果用“省中”，那一定是说王府。“洛下风尘不染衣”，典出于陆机《为顾彦先赠妇二首》的“京洛多风尘，素衣化为缁”，吴承恩声言自己在京洛风尘之中不曾染衣，出污泥而不染，他何时有了这种资格？当然是就任于荆王府以后了。

王爷的无心与有意

王爷都是龙子龙孙，王府生活基本上仿照朝廷的格局安排，不过简单一些，或可称为简化版、微缩版。到嘉靖年间，荆王府已经繁衍为一个大系统，历年扩建了若干宫殿，又因为已经有了若干子系统，每所宫殿便里便有一位子系统的承袭王占据。

在玉华宫，吴承恩首先拜见了第五代荆王朱翊钜。玉华宫是荆王府的主宫，虽然不能像京城皇上栖息的谨身殿那么辉煌，但也少不了一种庄严凝重的气象，坐在龙椅上的朱翊钜显然对接见吴承恩郑重其事，特意身着明黄龙袍，照例训勉一番，也照例有点赏赐，这给吴承恩留下了很好的印象，他这时更感觉到同僚们自比将相的心态，未必全部来自调侃。

其实，各王府的王爷们照礼仪认真接待一位朝廷八品官员的情况并不多，大多数情况下王爷没有这份耐心，朱翊钜的这份表现，与荆王府的一段隐秘的家史有关。因为父亲早逝，朱翊钜的王位直接承袭自祖父，而祖父也就是第四代荆王、是《明史》中点名表扬的“贤王”，说他知书达理，锐意典籍，顾念“先世兄弟失和声誉全毁”，能以礼让训饬宗人，人尤以为贤，使王府出现了一派新气象。这所谓“先世兄弟失和声誉全毁”，说的就是他们荆王府的一段惨痛旧典。

前面说过，自永乐之后，各藩王就被好食好料地圈养了起来，但王爷们未必都甘心过一辈子饱食终日无所事事的日子，有的难免会有些不守本分的异样想法。弄得动静比较大的如宁王朱宸濠，举兵谋反，兵败被杀；有的则将人性中的贪欲发挥至极致，如福王朱由崧封在洛阳，有田数万顷，搜掠天下财富号称有国家之半，后来明朝亡国与这位爷不能说一点干系没有。荆王府第一代荆王叫荆献王，第二代叫荆靖王，传承无话。第三代由荆靖王的长子朱见潚袭了王位，两个弟弟见溥被朝廷封了都梁王、见濍被封了樊山王。但朱见潚横暴无度，与社会上的一批流氓地痞混在一起，强夺民财民女；认为母亲偏爱弟弟见濍，便将母亲关起来不给吃喝活活折磨死，将弟弟召入后花园打死，再将弟媳强奸；见到堂弟妻子貌美，起了淫心，便用当时牢狱里的一种叫捶杀的酷刑——即用大土袋子压死——无声无息地要了堂弟一条命；又与儿子合伙，私造弓弩，图谋不轨，因而受到朝廷的严惩，先是与儿子一起被贬为庶人，接着又被朝廷赐死，荆王封号也被取消，由他的三弟朱见濍的儿子朱厚烇顺位继承，做了第四代荆王，称荆和王。这第四代荆王的王位来的虽然正当合法，但不算顺畅，纠结难免，好在这位荆王深明其中关窍，而且深知如果不能处理好其中的关系，自己的王位很有可能得而复失，因此在处理兄弟关系上，在对朝廷的礼仪礼节上尤其注意，因此博得了广泛的好评，这对于他的孙子，也就是吴承恩面对的第五代荆王有很大的影响。

就在例行公事即将结束的时候，第三代樊山王朱载埒到了，他是朱厚烇的小儿子，也就是当今荆王的叔叔。原来荆王定于本日接受新任朝廷官员的拜见后，也通知了王府角角落落里的各路支系王——当然，压根也没指望他们到场，不过例行公事而已，但朱载埒居然在仪式即将结束时来了，令人奇怪。这位爷身着五彩道袍，头戴纯金道冠，腰上别一把桃木剑和一只洒金葫芦，一边捋着飘至胸前的长须，一边踏“鹤步”数“龟息”，慢慢踱上了那把本来属于他的座椅。吴承恩完全没想到王府竟然有如此奇葩活宝，但他不能有任何失礼，连忙躬身行礼。

这位王爷居然盯上了他。原来吴承恩来王府的时间虽然还不长，但已经以通三教、汇九流而混得声名鹊起。这正是樊山王希望网罗的人才，所以特意找了过来，否则他在自己的朱紫宫里呼吸吐纳，哪有兴致来见什么纪善之类的小官员。

明代的王府，有相当优厚的待遇，比如第一代亲王可以享受一万石的俸禄，如果与当时皇上的血缘较近或者皇上看去比较顺眼，还会有大量额外的恩赏，作为他们不能过问政治的补偿。王爷们既然不能轻易走出大门，那就在自己的大院里找点事情干干吧，所以大部分王爷都有一点兴趣爱好，有的嘲风弄月，吟诗作词；有的意存风雅，练字习画；有的修仙炼丹，求佛问道，其每一类都有人成为被后世认可的著名人物。比如第一代宁王朱权，当年曾经拥重兵于边塞，军权被剥夺之后很知趣，便把聪明才智倾注于文学，成为青史留名的戏曲大家；再比如明中期之后在王府中兴起一股刻书之气，由于有富裕的资金，藩王刻书用料与做工都十分考究，代表了当时当地的较高水准，为与市面上坊间良莠不齐的各种刻本有所区别，后世藏家便将出自王府刻工精良的统称为藩府本，有人甚至直接说明代刻本当中，刻印最好、校勘最精者，应属各地藩府本。又由于藩王刻书纯为爱好，所以藩府本中有不少古代特有的生活类科技书，如医学、棋书、音乐书、茶谱、花卉、法帖等，甚至有一般文人不入眼的戏曲唱本等等，这些版本都很珍贵，为后人所重视。

荆王府的这位樊山王不那么喜欢附庸风雅，他属于好道、好神仙之事的那一拨，史料称他“闻古有淮南八公、梁四公，慕之，折节名士”。淮南八公、梁四公都是与神仙方士、王爷清客有关的著名典故，吴承恩的间接朋友、与徐中行交好并同列“后七子”的吴国伦与这位王爷很熟，曾经写过一首《奉答樊山王》的诗：

老病龙钟卧北园，思君何日奉清言。
真风好与神仙近，雅道谁知帝子尊。
石上彩云流锦席，松间白鹤引华轩。
平台受简多宾从，不必狂生更在门。

这首诗活灵活现地写出了这位樊山王的日常生活，说他家里平时宾客盈门，各种各样的“狂生”奔走于王府内外——就是那些放浪不羁的文人、逍遥江湖的山人、邋遢肮脏的丹客和仗剑游走的侠客，就像当年淮南王身边有八公、梁武帝身边有四公一样。

宾客之所以聚在哪儿，都是因为有人招。樊山王就是那种招人的爷，就像吴国伦诗里说的，他平时身着五彩斑斓的道袍，打扮得就像个神仙，根本看不出有王爷的风范，行事也常常出人意表。据说，蕲州有位姓顾的学者，对老庄之学多有心得，被这位樊山王粘上了，一定要拜其为师。顾先生并不太想招惹王府的爷，对樊山王的多次招呼显然不热心，每次都让王爷不软不硬地碰个钉子，这套把戏文人谙熟得很。于是这位王爷也不打招呼，直接带上从人，把玉帛、盐篋径直摆在了人家厅堂的香案上，把顾先生着实吓了一跳。这玉帛、盐篋都是古代祭祀的大礼，顾先生在典籍里读过，但哪见过王爷到他门上行这种大礼的阵势，连忙婉言谢绝。然而樊山王居然扑通一声跪下，匍匐于地，吓得顾先生也跪地不敢起身。

当然，樊山王身边不会有比吴承恩更有魅力的人物。吴承恩未必是个好官员，纵有孔孟道义，但政治理念不如归有光那么明确，也就是说不能一本正经地把圣贤之道贯彻于仕途官身。但论三教九流，他绝对是无可比拟的绝才，可以做一个绝好的清客——王府官员侍奉王爷天经地义，而且官员们都很知趣也很自觉，清楚地知道王府的一切仪典不过形式而已，王爷们各有所好，唯一不喜欢也不敢喜欢的就是政治，他们这些官员又何必鼓噪骚扰呢？陪王爷作诗、填词、唱唱曲子或品茗纹枰、敬佛修道才是正当的日常功课。因此，进王府与其说是做官倒真不如说做了王爷的清客。

但吴承恩又不是王爷那样的道徒。王府的深处，有一座荆王家庙，那里现在已经被樊山王独霸了，建了一座坛，又支了一座丹炉，就在那儿打醮、炼丹，等待某一天会突然到来的白日飞升。如果王爷召唤，吴承恩会去陪陪，偶尔也会指点一番，帮王爷疏通一些学理，他不喜欢天师道整天香烟缭绕的气氛，因此有时会引导王爷去接触一些内丹修炼的方法，当时号称可以修内丹的“金丹大道”法已经比较流行，吴承恩觉得这种修炼比较安静，至少还有些养生的功效，比起天师道的喧嚣似乎更容易接受一些。但总体上他还是十分明确地让自己保持一个旁观者的身份，对他而言，道学，还有佛学，包括所涉的仪轨方术，尽管无所不通，无所不精，但那些都只不过是人生一艺，仅供雅玩，他并不想用作人身依附的工具或者平步青云的阶梯，这点骨气和傲气自认不缺。

六月，梅雨季节过后，就迎来了蕲州的二郎祭赛。

按旧俗，四周的乡民都要将本乡供奉的二郎雕像请出，游行一番，街上的店铺也都会挂上二郎像和猎妖图、搜山图之类的法物，以驱邪秽，因此这一天是蕲州传统上最热闹的节日之一，周遭路远的山民甚至在前一晚上便会动身前往蕲州。对二郎真君，吴承恩再熟悉不过，他知道就本源而言，二郎原指蜀中太守李冰，他首创都江堰治水工程，为蜀中百姓带来一方平安，但在民间流传的这个故事是道教版，说二郎是嘉州太守赵煜赵二郎，以伏魔降妖著称，不仅治水中的妖怪，山上的魔头也管，因此被百姓敬为“清源妙道真君”。吴承恩当年在《二郎搜山图歌》中曾挥笔写下“少年都美清源公，指挥部从扬灵风。星飞电掣各奉命，蒐罗要使山林空”，说的就是赵二郎的事。在他的心目中，二郎便是道义的寄托，做了他想做但做不到的事，“胸中磨损斩邪刀，欲起平之恨无力。救月有矢救日弓，世间岂谓无英雄？谁能为我致麟凤，长令万年保合清宁功”。家乡淮安民间祭二郎活动曾经也很盛行，但可惜已经淡漠，如今他倒真想在古风尚存的蕲州看看二郎祭赛，所以早在数日前王府同僚相约时，他便兴冲冲地扮了一回跟屁虫式的老顽童。

这天一早，众人梳洗整齐上了街，周遭转转，看了看街面上琳琅满目的桃木剑、平安符之类的法器，然后便在一处酒楼临街的窗口落座，要了一壶上好的蕲产毛尖，等候祭赛的队伍。座位是早就订好的，这酒楼正处在蕲州州衙面前的十字街口，临窗便可以看到各路赛队。

二郎像被抬着，不管木雕还是石刻，都像人一样坐在轿子里，前有锣鼓开道，后有护卫随行，各乡各村一路一路地从楼下经过。沿街的店铺会在门口设一香案，有二郎经过，老板便上香，燃鞭，然后躬身行礼，再取备好的托盘，献上一只捆缚的鸡和一串铜钱，自然有人接过去放在二郎驾前。前导收钱的一般都是厉害角色，精瘦，又裹一块不知什么东西的皮在身上，像个猴子，如果店铺老板的神色不恭，或者鸡太小，钱不足，便会有一番呵斥，交涉不成，手里的棍子便向货架横扫过去，丁零哐啷的破碎声几乎一定会引出老板的哀号和乡民的叫好。

前导的猴相似曾相识，但吴承恩始终没有想起在哪见过。他问身边的同僚，“齐天大圣啊！”同僚麻溜地回答。

天！齐天大圣原来竟是这副流氓相。同僚见他不甚明白，于是告诉他，这里有祭拜齐天大圣的传统，大圣是恶神，山民都怕，而大圣只服二郎爷爷，所以当地山民赛二郎顺便就拜了齐天大圣，散点钱财，也是期望大圣不要祸害的意思。“原来如此。”吴承恩似乎有点明白，元人杂剧里二郎曾经降服过一名叫齐天大圣的精怪，所以这齐天大圣就成了二郎的爪牙替他收钱，想到这里，不禁莞尔一笑。这种齐天大圣在淮安并不流行，所以吴承恩只在那些元曲唱本《二郎神锁齐天大圣》、《二郎神醉射锁魔镜》里看到，约略知道这位齐天大圣的名头，知道他不仅偷，而且抢，不仅抢财物，还抢人家女子，今天算是看到了这活色生香的恶棍大圣。想想大圣虽然被二郎爷爷降了，但还是浑身痞气，山民们不怕才真是怪了。

看完祭赛，回到他自己的办公场纪善所，樊山王爷已经坐在那儿静候，讨债。吴承恩让座，自然还要上茶。王爷炼丹，内火大，因此嗜茶如命，到哪儿都得有好茶伺候，吴承恩等也就半真不假地去宫里偷了点王爷喜欢的茶，留待他登门时沏上。只要对胃口，王爷也不是刻薄之人，其实他知道各位大人的茶都来自他的朱紫宫。

王爷来讨文债，这事挺让吴承恩觉得有点头疼。

自吴承恩到任以来，王爷一直要他讲《道德经》《素女经》和《抱朴子》这类仙道丹诀——王爷是这样认为的，吴承恩是纪善，有责任帮王爷读书，虽然该读的是四书五经，但谁也没说王爷就不能读老庄，不能习丹道，何况王爷刚刚过世没几年的堂叔嘉靖皇帝就好这一口。吴承恩从《列仙传》《神仙传》里选了些章节，隔三差五地讲些王子乔、阴长生的故事，王爷倒也听得津津有味。这些故事其实不稀罕，但能看的人虽然很多，能像吴承恩讲得那么活灵活现就难了，所以王爷经常不耻下问，亲自跑到纪善所陪这位他颇为看得起的射阳先生上班，有时把他的儿子也带来。近来，又迷上了内丹，一定要吴承恩为他讲什么“锁心猿”“擒意马”“劈破旁门”的功法，吴承恩实在有点烦了。

“王爷看了赛二郎吗？”

“看了。”

“很热闹啊，王爷何不让他们进府来演一场？”

“切！”王爷一脸不屑，“他们那套把戏，不就是踏火堆、上刀山？我的徒弟都会。我要你来点新鲜的。”

真是难缠。好不容易把王爷送出门，许诺过几天一定来段精彩的。但下次真来又怎么对付呢？吴承恩简直有了心事。他总觉得今天看到的齐天大圣有点怪。他看过很多唐僧取经的故事，知道唐僧有个随行的徒弟叫孙悟空，本是佛教大神毗沙门天王麾下护法的神猴，拎根棍，有点神通，一路降妖伏怪，最后修成正果。但这里还有个山妖齐天大圣，而且也是只猴，倒是新鲜。他又想，这位齐天大圣虽然是个恶神，身上故事着实不少，而其最后被二郎收伏，也算得道升仙。成，下次就把这事给王爷扯扯。

第二天，他去荆王的玉华宫回复王爷的咨询，前几天荆王派人问过小王子读书的事，王子们绝不需要把读书作为谋生的出路，但王爷还是希望他们肚里有点墨水，能安静一些，不要整天晃荡惹出麻烦。他有意在樊山王爷的朱紫宫门口绕了一圈，果然就被王爷捉住了。

他先讲唐僧取经的事，王爷爱听。这故事以前王爷听过，他也讲过。王爷听过，他讲的时候就必须添油加醋，弄点玄虚，他的办法就是扯一点内丹修炼。其实唐僧取经本来是和尚佛门的事，不知道为什么修道的人都喜欢扯到道家的内丹上去，吴承恩也不明白能修炼出什么名堂，但既然王爷喜欢，那就扯吧。现在他又扯上了齐天大圣，把蕲州赛二郎现学现卖也扯上。王爷果然欢喜。吴承恩则很及时地来了个“且听下回分解”，溜了。不仅是在王爷面前要卖点关子，还因为他的新故事也就仅此而已。

但王爷不会放过他。

身后的痴话留人猜

在王爷面前，吴承恩已经是黔驴技穷。半夜醒来都在想这事。

远处已经有鸡鸣声隐隐传来，看着月光在窗格上慢慢游走，他觉得厚厚的蚊帐幔着有点气闷，干脆坐了起来。

他在想取经的唐僧。他向来敬佩大唐的玄奘大师，大师有勇气去印度，其情操已经超越了佛教经义的藩篱，经常让他这个以经世救民为目标但却一事无成的业儒者觉得情意不堪。虽然现在市面上的那些平话俚曲，已经把唐僧涂抹成一个手无缚鸡之力甚至有点迂腐的角色，但这又何妨！那不过是说唱艺人吸引看官茶客的小把戏，他吴承恩深谙这行。取经离不开唐僧，一片精诚令人高山仰止，这就是精魄；看官茶客能关心唐僧的生死磨难，牵肠挂肚，就是筋骨；其他的不过热闹噱头而已，皮毛。无妨，无妨。

他在想齐天大圣。细细想来，这猴他知道，元人杂剧里有他，只是江淮一带没有祭祀大圣的习俗，所以他印象不深，现在想来，应该就是淮水水怪无支祁一类的精怪。他觉得这猴虽然可恶顽劣，有若干不法前科，但天不怕地不怕的脾气倒是可爱；乡民们虽然怕他，但年年祭祀，求他保佑，也还是有点敬他的意思。

由猴子想到古怪的王爷，在他看来，这王爷看似肮脏邋遢，但其实冰雪聪明，他是用这种方式掩饰自己，以求自保——他的哥哥早逝，本来第五代荆王的位置传给他也并无不可，但是父亲直接传给了长孙，他就只能做王叔了，而且是一位有点尴尬的王叔——这点吴承恩能看得出来。王府与朝廷一样，也有争斗，加之荆王府上一代人之间你死我活的残杀与王位继承的微妙，所以这位王爷必须谨慎，他必须明确地表示无意于王位的纠纷。

由王爷想到自己的落拓，吴承恩就有无尽的酸楚，王爷虽然对他不错，但他自己的济世救民愿望却的的确确落空了，只做一个王爷宠爱的清客，在嘲风弄月、酒肉甘腴的生活中耗尽时光，他实在心有不甘。

但又可奈谁何？内心深处隐隐的痛，他干脆披衣起身，到院里的石凳上坐下。月光如水，虽然已经是下弦，但淡淡地洒下来，仍然天清地白。

窗前的太湖石影影绰绰，犹如人的身形，他以前闲坐时会把它幻想成雅步盈盈、翩然翻飞的天宫仙女，但今天越看越像只猴子。他现在满脑子都是猴，这几天已经为王爷编了十几个猴的故事，有齐天大圣的，也有孙悟空的，还有淮河水怪无支祁的——它也是只猴——简直就像茶馆里说书的先生，每天都要弄一段“且听下回分解”。昨天，还顺便给王爷讲了江流儿的故事，江流儿的故事也发生在家乡海州一带，本来是三官殿里三元大帝出身的故事，江流儿是三元大帝同父异母的小兄弟，现在也被说书艺人安插进了取经的故事，就成了少小的唐僧，荒谬绝伦，但茶客愿意，说书人就讲，现在王爷也愿意，他就跟着扯一扯。

本来在石凳上坐久了，凉意渐生，但忽然觉得有点燥热，似乎隐隐约约有了一种悸动，在内心深处。

他渐渐觉得猴子有点活了，不是月光下的猴影，而是孙悟空、无支祁，还有那位齐天大圣，慢慢地在他脑海里活了。他想到现在还被丢在射阳簃书柜里的《禹鼎志》。神话传奇本是他的最爱，年轻时总想自己编一本唐人《酉阳杂俎》《玄怪录》之类的东西，用来“描摹”世态，“鉴戒”社会，于是就有了《禹鼎志》。当时少年气盛，真是把自己的心血都倾注其中了，虽是刻画魑魅魍魉，却事事直指当道朝政，记得曾经豪迈地说过：像司马迁那样的史官“太史公”他不敢妄想，做一个民间的“野史氏”却不会谦让。“野史氏”者，也是史笔，亦为天地正气也。后来，生活所迫，奔走科场，容颜渐老，豪气见衰，《禹鼎志》丢了，人生理想也就更谈不上了。现在，王爷的催逼，不就是我重拾梦想的契机？

我们不知道那夜吴承恩坐了多久，或许一个值得后世庆幸的决定就在那条石凳上形成了。他的《射阳先生存稿》中有首词非常值得注意，我们怀疑它就是吴承恩动手写作《西游记》的宣言。词云：

玄鬓垂云，忽然而雪，不知何处潜来？吟啸临风，未许壮心灰。严霜积雪俱经过，试探取梅花开未开？安排事，付与天公管领，我肯安排。　狗有三升糠份，马有三分龙性，况丈夫哉！富贵无心、只恐转相催。虽贫杜甫还诗伯，纵老廉颇是将才。漫说些痴话，赚他儿女辈，乱惊猜。

这阕词的词牌“送入我门来”创自南宋，原词描绘春节的欢乐气氛，词调欢快充满梦想，有点调侃意味地表示希望老天爷将一切我所希望的、渴求的，通通借一阵东风送入我门。但在吴承恩笔下，这阕词被写得慷慨苍凉，活脱脱就是一位老人倔强地与命运抗争的誓言：

“玄鬓垂云，忽然而雪”，是老夫子说自己已然满头白发，但尽管岁月荏苒，时光逼人，却绝不允许就此丢弃自己人生追求的“壮心”。

“严霜积雪俱经过”，是老夫子主诉三十年考场蹉跎，长兴任职之羞辱，“俱经过”，涵括一切人生酸楚。

“安排事，付与天公管领，我肯安排”，是老夫子下决心不再考虑的身后清誉即“不务正业”“自甘堕落”之类的名节问题，这个纠结在他的心中已经若干年头，现在当是下决心做出抉择的时候了。

“狗有三升糠份，马有三分龙性，况丈夫哉！”终于激起了内心的激荡，毕竟自己有过杜甫那样的志向，有过廉颇那样的傲骨。从头做起，未必就那么艰难。

“漫说些痴话，赚他儿女辈，乱惊猜”，必然是酝酿已久有点惊世骇俗的东西。他在词中大动干戈，既不甘心命运又不服清贫，还要加上丈夫气概、老倔脾气，表示一定会让儿女辈“乱惊猜”，您认为这会是吟诗填词么？吟首诗、填阕词算什么，张口就来的东西，还用得着拿杜甫、廉颇相比吗！

这“痴话”一定是《西游记》！人到晚年，吴承恩已经打磨掉了性格的棱角，大概不会再发愤青式的牢骚；但他对命运的抗争没变，倔强的本性没变，“狗有三升糠份，马有三分龙性，况丈夫哉”，只不过选择了自己擅长的，也更圆通可变的方式——“痴话”。

这“痴话”是幽默，是戏谑，是逗乐，是“游戏”，是“玩世”，但又是吴承恩人生世道的激奋，是彻骨痛心的无奈，是幡然醒悟之后的悲极而歌。吴承恩知道这会不容于世，所以他已经做好了藏之名山、传之后世的准备，让后人去做评价吧！

当年吴承恩在《禹鼎志序》里有一句为自己开脱的话“斯盖怪求余，非余求怪也”，说并不是自己不专心于科举功名，实在是那些古怪精灵总是找上门来，弄得我也没办法。这句话如果让他的老父、恩师听到，一定会大耳刮扇过去：混账东西，一派胡言。但在今天看却是一个无可挑剔的定律：文学精神、人生道义的种子一旦在心田播下，迟早会生根发芽，所等待的只是一点契机。

不专明鬼，时纪人间变异

“不专明鬼，时纪人间变异，亦微有鉴戒寓焉”，这是吴承恩在《禹鼎志序》里说的另一句话，说他描摹那些故事，并非刻意专注于魑魅魍魉的故事，而只不过是借此记录社会的变异，其中包含着他自己对社会的鞭挞针砭。

这是一句至理名言。任何文学作品，不管是古代的传奇志怪，还是现代的魔幻穿越，如果期待在时光的淘汰中幸存，就必须要具备两个必须的构成因素：基于道义的灵魂和超群卓绝的描绘。

在王府那个夜晚吴承恩做出的决定，究竟如何影响了后来数百年的文化进程，如何成为在戏谑中嵌入道义的典范，我们可以通过《西游记》的几个故事来展示。

道士是一种政治标签

《西游记》说唐僧师徒经过一个比丘国，这是个人间国度，所以有城，有城门，有百姓，满大街看去，也算人物清秀，衣冠整齐，不像是有妖怪的地方。但进了城之后，怪事就来了——这个国家的人家，家家门口都有只笼子，还用五彩绸缎罩着。这引起了唐僧师徒四人的好奇：这是干什么用的？八戒打趣说，今天想必是个好日子，办喜事的多，家家都要出礼随份子啦！孙悟空童心大发，变个蜜蜂儿，钻进鹅笼去看，原来这鹅笼里坐的都是小孩，这小孩坐在笼子里干什么？太奇怪。问了，但是没人肯说。到了驿馆也就是现在的国宾馆，大家住下来，唐僧与负责接待的官员套了半天近乎，才知道原来这个国家三年前来了一位老道士，带一个十六岁的绝色美女，献给国王。从此美女就叫美后——后妃，老头就叫国丈——国王的老丈人。现在国王病了，国丈有个益寿延年的秘方献给国王，但要用一千一百一十一个小儿的心肝做药引，街上各家门口的这些小孩就是选出来备用的药引，只等第二天午时开刀，取他们的心肝制药。

请注意老国丈的身份——道士！一个骄横跋扈的道士。大家应该有这样的印象，《西游记》中的佛教人物，那些佛爷、菩萨、罗汉，都是正面人物，也就是我们常说的好人，即使他们手下的童子，或者屁股底下骑的畜生，偶尔出来行凶闹事，也都经过主人允许或者默许，或者干脆说就是佛祖、观音事先安排好考验唐僧的，一般说来，那些童子、畜生不会做得太过分，最后还会被主人骂上几句，以示谴责。但道士则不同，《西游记》中的大部分道士都是丑角、坏人，除了太上老君、太白金星、镇元子大仙等等几位道教高层的领导人物以外，那些下层的道士与妖魔基本没有差别，或者本身就是来路不正的道士。尤其是国王身边的道士，都是为非作歹、残害生灵的妖道。

是吴承恩的宗教倾向上有问题吗？他因为信佛而对道教有成见？如果是，倒是容易理解，道教与佛教在某种意义上是天敌，只要信佛了就一定会对道教有点微词。但吴承恩是一个儒生，儒生崇尚的是修身、齐家、治国、平天下，一般不信佛也不信道，用孔夫子的话说，叫“子不语怪力神乱”——我们不谈不信那些神仙鬼怪的事。即使退一步，他们懂一点佛信一点道，那也是作为一种哲学的或者文化的赏玩，多数不会卷入佛教和道教之间的江湖恩仇，苏东坡就是这方面的典型——他的一生，朋友很多，既有和尚，也有道士，他既与和尚谈禅机，也和道士讲修仙，但他本人说到底还是个儒生。

既然吴承恩在佛、道之间并没有明显的信仰倾向，那为什么《西游记》里国王的身旁经常会出现妖道？其实，吴承恩对道教的不恭，并不是一种宗教行为，而与他所处时代的政治背景有关，道士，就是一种政治标签。

吴承恩十六岁那年，正德皇帝去世，明朝改元进入了嘉靖朝。这一次改元，并不是仅仅换了一个皇帝那么简单，应该说整个宫廷的宗教气氛都彻底地变了：正德皇帝礼佛，而嘉靖皇帝好道。

嘉靖皇帝好道，一生乐此不疲，狂热程度堪称前无古人，后无来者。中国的皇帝，多多少少都与佛道两教有些瓜葛。有的是迷信，有的是盲从，有的是利用，有的是被利用，大多数都属于权谋、权术，或者权宜之计，真信道、真信佛的并不多。而嘉靖就属于那些为数不多的真好这一口的皇帝之一，而且好得离奇。他当上皇帝以后，首先将宫中和尚做法事的一套全部清理掉，史书上叫毁佛，然后到处建道士做法事的坛，再然后就是三天两头安排各种各样的祭天祭神的仪式，有资料说当时宫中的祭神仪式或者隔天举行一次，或者一天举办几次，还有的日夜相连，宫中烟雾缭绕，灯火通明，文武百官敢于进言劝谏者轻则削职为民，重则当场大棍子打死。他起初宠幸一个叫邵元节的道士，不仅把天上下雨下雪都算作他的功劳，而且荒唐到把自己生儿子这样的事也记在他的功劳簿上，为此加封邵元节礼部尚书，一品职衔，这简直有点不可理喻。邵元节死后，嘉靖不去想一想道士既然自称已经成仙得道为什么也会死，反而又宠幸上另一个道士陶仲文，不仅将陶仲文也封为一品职衔，而且加封少师、少傅、少保，这意味什么？这已经可以用四个字来形容：位极人臣。一个道士承受这样的荣誉，空前绝后。历史上宋徽宗也是著名的道教皇帝，但他给道士的封号也不过正四品而已。

而且，事情并未到此为止。明代有一本著名的史料笔记《万历野获编》，其中记载说每当道士与皇上相见时，皇上会率领群臣相迎，然后便安排道士坐在自己身边的椅子上——古代叫“绣墩”上；分别时，皇上也是要送的，而且是要送到门口握手话别。我们都说中国是礼仪之邦，礼是什么？现在我们所说的礼是礼貌、礼节，但古代的礼是秩序，是规矩，臣子必须向皇上三跪九叩，这就是礼。和尚道士究竟需不需要向皇上行叩拜礼，曾经是一个很有争议的问题，但至少和尚得行合十礼，道士得行稽首礼，这才让满朝的文武大臣看得下去。现在道士们不但不向皇上行礼，倒是皇上要带领群臣迎送，要握手话别，这事就成了士大夫知识分子们关心的大问题。相信儒学是治国之本的读书人，岂能容忍道士如此猖狂。因此不断有大臣上本启奏，反对皇上宠幸道士。嘉靖处理这事的办法也很简单，关了一批，打死一批，凡是反对的，或下狱，或流放，或被大棍子打死。

吴承恩没有职位，他没有被打死的资格，但他关心这件事，他会用自己能够做到的方式关心这件事，也就是他会用文学映照社会——这种方式，古人不会说，但是会用，就是吴承恩说的“微有鉴戒寓焉”。《西游记》里皇帝身边总会有一些行凶作恶的道士，原因就在这里。

请看《西游记》的比丘国对道士国丈的描写，国丈出现时：

> 只听得当驾官奏道：“国丈爷爷来矣。”那国王即扶着近侍小宦，挣下龙床，躬身迎接。……那国丈到宝殿前，更不行

礼，昂昂烈烈，径到殿上。国王欠身道：“国丈仙踪，今早喜降。”就请左手绣墩上坐。

这种情况其他任何一朝都没有，也不会有，但在嘉靖朝有。其中细节，都与史书的记载一模一样。

再看那国王的宫殿叫什么？《西游记》里写得很清楚：“谨身殿”！谨身殿，是紫禁城的三大殿之一，也就是今天故宫的保和殿，建于明初永乐年间，毁于嘉靖三十六年（1557）火灾，重修后改叫“建极殿”，清代又改称保和殿。可以看出，这谨身殿实际上是明代独有的一个名词，而且在嘉靖之后也就不用了，不会有任何重名混淆的问题。这是吴承恩明明白白地告诉读者，他说的这个比丘国昏君就是高坐明堂之上的嘉靖帝。

嘉靖皇帝在位四十五年，其中大约有超过一半时间不上朝。不上朝干什么？也没闲着，他要炼丹、制药、修不老之术。后来这位皇帝觉得又要上朝，又要参加各种祭天仪式，又要炼丹合药，太忙，影响自己的修道。于是他在嘉靖十八年（1539）宣布把管理国家的责任交给儿子。这时他的儿子多大？四岁。虚四岁。

我们知道道教与佛教有很大的区别，佛教追求的是来世幸福，为了来世幸福，因此今世要苦修，以消除罪孽；而道教追求的是现世也就是今生今世的幸福，终极目标是长生不老，羽化登仙，而且最好还是一人得道，鸡犬升天。怎么才能长生不老？办法当然是有的，这些办法就称为法术，修炼法术就可以做到长生不老了。各种各样的法术中，最受欢迎的有这么几种：

一是灵药——就是《西游记》里说的蟠桃、人参果、交梨火枣等等。这些东西效果最好，吃一口甚至闻一闻就是几千几万岁，但可惜这些东西是找不到的。

二是丹药——就是《西游记》里太上老君八卦炉里炼的仙丹。这些丹药说起来好听，但其实很多都是重金属的化合物。而当时的人不知道什么是化学反应，看到各种原料在炉子里变来变去，都觉得很神奇，就认为它一定有神效，但可惜实际效果是要死人的。

三是房中术。房中术现在有人称其为古代原始的性科学，但其实更多的是伪科学，它本质上是迎合了中国这种制度下上层社会纵欲淫乐的需要。房中术的核心内容叫采补——也就是采阴补阳，要采女子的阴气补自己的阳气。如何采？当然是从女人身上采，不仅采是必要的，而且数量上没有限制，多多益善；而且还要采美女、童女、处女的阴气；而且还有采出什么“九浅一深”之类的花样，这显然就是将人性中、人的本能中那些本来难以启齿的阴暗心理合法化，而且包装得那么崇高，所以它很受某些人的欢迎，嘉靖皇上就是。在儒家的理论框架里，皇上为了子嗣后代，多几个嫔妃是可以的，但也得有节制，超出了限度也是要受批评的。而在道教的理论里，纵欲不仅合法而且多多益善，可以无限制地奸淫宫女，而且可以得道成仙，长生不老，一箭双雕，鱼和熊掌兼得，哪能不受欢迎？嘉靖皇帝不理朝政，躲在后宫，就是干这三件事：服药、炼丹、采补也就是修炼房中术。但修炼房中术时会有一个问题，不管道士们如何说得天花乱坠，采阴补阳是要本钱的，就是身体得顶得住。为了能顶得住，房中术又发展出一个重要的分支，就是壮阳药。

我们来看比丘国的国王。据说国王有了病，为了治病才从民间征集了一千一百一十一个小孩，用他们的心肝。国王生的什么病？按照《西游记》的描写，很显然是纵欲过度的症状。从医学上说，对类似国王的这种症候有两种治疗方案，一是温补，滋肾养阳，禁欲，做到了，身体自然会慢慢恢复；二是恶补，图一时痛快，用壮阳药，立竿见影，但进入恶性循环。在这两种医疗方案面前，那些行为已经变态、心智已经失衡的所谓修炼者，比如嘉靖皇帝等等，则必然地会走后一条道。

也许有人会怀疑，滥用壮阳药当然不好，但未必就很残酷吧？那是没有弄清楚宫廷里的壮阳药是什么货色。道教所说的和宫廷里用的壮阳药并不是我们通常所了解的人参、鹿茸、锁阳、肉苁蓉一类的纯中药，而是五花八门，闻所未闻。我们还是拿嘉靖皇帝说事吧，因为比丘国王就是他的影子。

嘉靖皇帝喜欢的壮阳药有三种：一种叫含真饼，就是婴儿出生时嘴里含的那一团血块；一种叫秋石，就是用童男早晨的第一次小便提炼出来的一种黄白色粉末；再一种叫红铅，也叫红丸，就是用小女孩第一次月经合成的所谓仙丹。这三种东西，不管人们如何嫌弃，但你得承认很难找，所以道士们就拼命地夸张它们的神奇效果，弄得云山雾罩。然而这几件东西对一般人来说很难办到，但对皇上来说，却正是显示特殊身份、特殊优越条件的地方，因为他能办到，所以嘉靖对这几件东西尤为钟情。

最喜爱的还是红铅，因为这种东西在宫中可以形成一个往复循环源源不断的流程链条：

首先，女孩的月经尤其是第一次月经这种原材料皇上可以找到，皇宫里有大量的宫女，都是小女孩；其次，用月经炼成丹药后，需要用清晨的露水冲服，这也不是难事，让那些宫女去收集就是了；第三，丹药服了之后，当然会上火，那就在小宫女身上尽情地发泄，用道士的话说，她们是皇上炼内丹的天然“鼎炉”，用现代语言说，她们天生就是皇上的性奴。

在这个流程链条中，皇上的每一种欲望都得到了满足，这就难怪嘉靖喜欢了。请注意，这个流程链条，是以大量十几岁的小宫女为环节构成的，皇上的所谓长生不老，是以她们遭受的非人道折磨为代价的。

她们几岁时就要离开父母家人进宫，具体说最小的年龄是八岁，最大的也只有十四岁，这是有据可查的事实。进宫之后为了取她们的月经，会有人给她们服活血的药。这是非常不人道的，我们知道女子来月经的时候只能用收敛的药，减少她月经的量，但是这些小女孩在宫中服用的却是活血化瘀的药，因此会有大量的经血。在大量失血的情况下，生命是很脆弱的。为了皇上服用丹药，她们又得凌晨去收集甘露，也就是顶个盘子在寒风中静静地等，等所谓的甘露从天而降，为了几滴甘露，她们得饱受风寒，宫中曾发生过成百的宫女一起病倒的事件。最后，皇上服了丹药，火气上来了，她们幼小孱弱的身躯又随时可能成为泄欲的工具。

在皇宫修炼的整个流程中，嘉靖只需要做一件事：找到足够的宫女。这对他当然不是一件难事。究竟找了多少？确切的记载是从嘉靖二十六年（1547）至嘉靖四十三年（1564）这十七年间，宫中分四次从民间选进一千零八十名年龄八岁至十四岁的少女。其中仅仅在嘉靖三十一年（1552）至三十四年（1555）这三年之间，选取进宫的女孩就有四百六十名。老百姓根本不可能想象到，这几百名女孩被选进宫，就是由于皇帝要用她们的月经炼药，这些孩子将来会因为皇上的需要被抽干鲜血，会因在风霜中为皇上收集甘露而憔悴，还会成为皇上随心所欲发泄兽性的工具，这和比丘国国王用一千一百一十一个小儿心肝做药引还有什么区别？

嘉靖二十一年（1542），宫中发生了一件惊天大案。一个叫杨金英的宫女，把她周围的小宫女纠合起来，形成了一个十六人的团伙，竟然要谋杀嘉靖帝。她们趁朱厚熜熟睡，用绳子套在他脖子上然后两边猛拉，朱厚熜挣扎，于是又有人跳上龙床，死死压住。但很可惜这些女孩把绳子打了死结，气力又小，以致朱厚熜迟迟不能气绝，终被救出。这件事史称“壬寅宫变”，最后判宫女以谋逆罪全部凌迟处斩结案。

但古今史家对朝廷的正式结论多不认同：十几位宫女不顾生死谋害皇帝，史无先例，任何理由都解释不通，最有可能还是由于嘉靖帝炼药而对宫女们实施的惨无人道的摧残，导致宫女们不惜一死而与之拼命，据说当时司礼监审问宫女的口供记录中，有“咱们下手了罢！强如死在他手里”的话。因此相当多的研究者认为这件事很可能与嘉靖帝炼制长生不老丹药有关。

这件事可以作为比丘国故事的注脚。

吴承恩笔下的比丘国，看似荒唐，但本质上却非常真实，他以一个读书人的本能良知，让我们记起还有那段残酷的历史。这就是他的道义。

神仙为何不吃唐僧肉

“唐僧肉”如今已经成为社会熟语。按照《西游记》的说法，唐僧是如来弟子金蝉子转世，已经十世修行，只要吃他一块肉，就可以长生不老。对于女妖精们来说，消息更加振奋——吸其元阳，就能修成太乙真仙。于是大大小小的妖魔，都做了精心的准备。

神仙为什么不吃唐僧肉？——问。神仙有金丹仙桃，吃唐僧肉干吗！——答。

一问一答，虽然简单，但吴承恩就是用这个十分简单的比喻，为我们讲解了中国古代财富分配的原则。

财富积累是所有的人共同追求的目标，但求得的方法却有所不同。就如长生不老是《西游记》中所有神与魔共同追求的目标——可以比作社会财富，玉皇大帝苦历过一千七百五十劫，每劫是十二万九千六百年，即使坐上了天宫第一把交椅，还要太上老君为他炼丹；五庄观主与天同寿，神通大到孙悟空根本不是对手，可对延年益寿的人参果还斤斤计较；天上地下的小毛神、小毛精当然更要求长生——但求得的方法也不同是同样的道理。

细细看，天上的神仙分为几类：玉皇大帝、西王母、太上老君、观音、三星，还有那个镇元子大仙等，是天上世界的主宰者；太白金星、托塔天王、哪吒、巨灵神及天宫文武百官，是天上的食禄者；各路散仙、十万天兵等是天上的百姓；妖魔则是神仙中的不安分守己者、落草为寇者、败则为贼者。不用说，世上人也分几类：真命天子、皇亲国戚是天下的主宰者；公侯将相、大小官吏是人间的食禄者；绿林好汉、地痞恶霸、鸡鸣狗盗之辈，则和妖魔相等。

求长生，太上老君有金丹、西王母有仙桃、福禄寿三星有交梨火枣、南极寿星有紫芝瑶草、镇元子有人参果，这些又随时可供玉帝享用——就像人间的帝王拥有天下，何处何物不为我所有？至少享用赋税是天经地义的；天上的食禄者，虽然自己没有仙桃、金丹，但在效劳的过程中，也有机会参加“仙桃会”“御酒会”“金丹会”等活动，所以长生不老也是不成问题的——就像人间的官吏，也会从社会财富中分得一份，有自己的一份俸禄一样；天上的各路散仙，为了长生不老，则要自己修炼，打坐、炼气，等等不一，各炼所宜，若干年修出一个变化，再若干年修出一项神通，积少成多，慢慢走完漫漫长生路。这条路也能走通，但是太慢、太长、太费力，而且总要勤勉——就像人间的百姓须自己劳作一样；至于魔，天上和人间的一样，都是想取不义之财者，想走捷径。走捷径就是想歪点子，像比丘国的鹿精国丈，要用一千一百一十一个小儿心肝不知炼什么东西。而走捷径最好的办法，就是吃唐僧肉，效果既好又省事——这就难怪那些神通不太大的小妖魔对吃唐僧肉趋之若鹜了。就像平顶山银角大王所说：“若是吃了他肉就可以延寿长生，我们还打什么坐，立什么功，炼什么龙与虎，配什么雌与雄？只该吃他去了。”比照人间，总有人不甘心于种田经商，不甘心于俸禄，于是就有了偷盗行窃、坑蒙拐骗、敲榨勒索、卖官鬻爵的行为。这都属于想吃唐僧肉一类。

岂不知，唐僧肉哪有那么好吃，近处有孙悟空师兄弟护着，远一点有六丁六甲、五方揭谛看着，再远一点有观音、如来掐指算着，妖魔吃个把凡夫俗子就算了，唐僧岂能让你动得！——经不起诱惑，贪得不义之财，就已堕入魔道；堕入魔道者岂会有好结果！所以神仙不吃唐僧肉。

这就是《西游记》理解的社会秩序。

唐僧为何不用“紧箍咒”

如果没有“紧箍咒”约束，把孙悟空这样的徒弟，放在唐僧这样的师父身边，的确让人有点不放心：一个神通广大，一个无力缚鸡；一个刁钻凶顽，一个绵弱偏执；一个徒弟当得实在有点勉强，一个师父来得也太容易……所以观音菩萨在孙悟空还没有闹出大乱子之前，在他头上加了个“紧箍儿”。这在情理上说得通。

但唐僧怎么念“紧箍咒”却又让人不放心。从他后来使用这法宝的情况看，还是错的多，孙悟空着实让他冤了几回——唐僧让人讨厌，也正在于此，斩妖除魔，本是孙悟空所长，但唐僧肉眼凡胎却偏要瞎掺和，惹出多少麻烦。然而，麻烦还不是最坏的结果，如果——我们假设——唐僧哪天改变了主意，说不去西天了，让孙悟空为他抢一个民女、霸一处寺院、占一份国土，由于这“紧箍咒”的威力，孙悟空不也要乖乖地去吗。这里虽然是假设，但应当承认至少在理论上这种可能还是存在的。

对唐僧为什么不用“紧箍咒”约束他的权力？就因为唐僧是观音信任的好人？

吴承恩在这里已经触到了中国封建制度的一个弊病：权力的缺乏制约和人治因素。

首先，使用权力的规则不明确。古代的中国，皇上（朝廷）——当然不仅仅限于皇上——对下的权力是无限的、绝对的，就像拥有“紧箍咒”一样，想要治理那些不听话的小人物，真是太容易了，非得使你“痛得竖蜻蜓，翻筋斗，耳红面赤，眼睛发麻”；而使用权力的规则是什么？仅“随心所欲”而已，一切忠言逆耳、刚愎自用、自以为是情况的发生，都不意外；甚至滥用权力，为非作歹，也不用承担任何责任。就像唐僧使用“紧箍咒”全凭自己意愿一样。就在吴承恩生活的时代，屡有官员因上疏劝告嘉靖帝不要听信道士之言，话，都是忠言；人，也是尽职，但却被下狱拷打致死或当廷杖死，这不是很好的注脚吗？

其次，对权力的制约不健全。观音把“紧箍咒”教给唐僧，但并没有交代哪些事不可以让悟空去做，显然观音信任唐僧的道德水准，省略了一个环节。中国古代的权力体系中，恰恰也是如此。对官员的道德教育，即教导他们如何做一个好官，从来都没有忘记，孔孟学说中都是这方面的内容。但如何防止制约官员滥用权力，却从来没有好好研究，以至于官员的道德一旦发生变化，做起坏事来毫无拘束。就像唐僧，假如某一天不想取经了而想做一些坏事，就凭“紧箍咒”指使孙悟空，有什么做不到哩！而要想做个好官，就得像唐僧一样，凭自己的真修养功夫，经受住九九八十一难的考验——也真是不容易哩。

阿傩索贿与官员收入

唐僧师徒历经千山万水终于到了西天，看到灵山，老远便整理行装，唐僧特意换上一路舍不得穿的锦襕袈裟，内心的激动可想而知。又听如来做了一番东土众生如何愚昧、孔氏之说如何不周的训示后，终于得到了“将我那三藏经中，三十五部之内，各捡几卷与他，教他传流东土，永注洪恩”的准许。然而，就是在藏经阁里，师徒四人的信念受到了一次沉重打击。

看守藏经宝阁的是阿傩和伽叶两位尊者，这两位在佛教中都大有名头，是释迦牟尼“十大弟子”中的两个，但在《西游记》里，事做得却不太漂亮。他们公开向唐僧索贿，在书中说得较为婉转点，叫“要人事”，否则经是取不到的。唐僧可能以为他们在开玩笑，只是不断解释：路途遥远，不曾备得。孙悟空心直口快，嚷了起来：我们告诉如来去。二位尊者似乎是怕了，但给的却都是无字经。唐僧师徒全然不知，捆起一堆白纸便放马还家。

取经人历经一十四年，行程十万八千里，从东土赶来，肩负着在东土传播佛法的重任，即便对如来而言，对灵山而言，也是庄重大事，灵山也未必天天有取经人来。但阿傩、伽叶竟敢当作儿戏。而这一切，如来都是知道的，那些菩萨、罗汉也都心知肚明。唐僧回头换经时，大家拱手相迎，笑道：“圣僧是换经来的？”如来不但不斥责阿傩、伽叶二人，反而讲了一通不能轻卖的道理：

> 他两个问你要人事之情，我已知矣。但只是经不可轻传，亦不可以轻取。向时众比丘圣僧下山，曾将此经在舍卫国赵长者家与他诵了一遍，保他家生者安全，亡者超脱，只讨得他家三斗三升米粒黄金回来。我还说他们忒卖贱了，教后代儿孙没钱使用。你如今空手来取，是以传了白本。

唐僧无法，只得把一只从东土捧来，当作饭碗的紫金钵盂交了出去，这东西一路上没被妖精抢去，倒是葬送在西天。这让沉浸在取经的庄严神圣中的读者实在有点不可思议：西天灵山，佛祖眼皮底下，居然有这等大胆贪墨；万里取经，何等庄重，竟容如此亵渎，真是不可思议。取经也要收钱，而且是出自佛祖之口。如来已经如同一个大官商，阿傩、伽叶是他的七品门奴，经也成了交换或某种交易的筹码。

这段插曲让取经的庄严大大地打了个折扣。唐僧大概也觉得意外，回到东土的时候，又把这事原原本本地向唐太宗讲了一遍。

不可思议吗？吴承恩就是借这不可思议的故事向我们介绍了一个很现实的问题：宗教并不神圣——宗教就是一个利益集团，是利益集团就得参与社会财富的分配，是分配就得有法则，法则又是用钱来表示的，所以取经也要收钱，天下没有免费的午餐。换句话说，天上的神仙可以吃自产的仙桃金丹，地上的和尚道士可得每日花钱，不向信徒们收取你叫他自己变出来？自古以来，东西方都是如此——西方，中世纪的基督教可以花钱买一种叫作“赎罪券”的东西，以换取未来的幸福；东方，无论佛教、道教，做道场诵经，都是要对方“自愿”地捐一笔香火钱，价钱没谈好是不出场的。

佛教的聚敛有方，是不争的事实，中国历史上，佛教从东汉传入中国，迅速扩大，“南朝四百八十寺，多少楼台烟雨中”，这遍地的楼台，都是社会财富，《西游记》中描写的寺院，也都是金碧辉煌，一派壮观气象，而这气派、辉煌还是表象，本质上大大小小的寺院，聚敛了大量的土地、大量的劳力，而且以修行为借口，不交税不服劳役。有时这种过度的敛财，甚至对皇室的统治、对社会的安定构成威胁，所以中国古代既有崇佛的时代，也有不少毁佛的时代。毁佛，某种意义上就是一次社会财富的重新分配。

吴承恩还借这个故事，向我们展示了明代官场的收入制度。

过去皇帝身边的京官，向来比较“穷”，明代尤其如此。正规的收入，根本无法维持开支，我们前面提到的长兴县令归有光曾经在书信中说到，他这位七品县令，正式的收入大概只够一家温饱，想多吃点荤腥都是很困难的，所谓师爷、跟班等等的费用只得另谋来源。说来外官虽然正规的收入不高，但捞钱的方法多，不必说敲诈勒索的黑钱，就说可以公开的比如所谓的“火耗银子”，就是一项不菲的收入。“火耗银子”指的是地方官从百姓那儿征税征费，会收到大量的散碎银子，这些银子经熔化后铸成大锭上缴国库时，会产生一些损耗，叫火耗。火耗是要加到百姓头上的。开始时加收火耗还遮遮掩掩，是一项不算很合理但大家都认为合情的一项非正式制度，后来也就是在明中叶——吴承恩生活的那个时代稍前，朝廷明文规定在赋税之外另收火耗，使之合法化。收多少？朝廷的规定从来没有被认真执行，官员们总是要在标准之上再加一些，几乎是公开的；加多少，凭官员的良心，多出来的都是他自己的，有的黑心官员要加到百分之二十至三十，少的也要加到百分之十左右。所谓的“三年清知府，十万雪花银”，就是指这一类的并不十分违规的进项。

既然外官有这么多的好处，那京官为何不能分一杯羹？所以，京官利用手中的权力向外官伸手，外官为办事方便向京官贿赂，冬天送炭敬、夏天送冰敬——意即冬天送些烤火费，夏天送些冷饮费，也就成了常例。严重时下级官员想见上司，不备足送给看门人的“红包”，怕是连领导的面都见不到。和吴承恩同时期的文人宗臣，在著名的《报刘一丈书》中，就描绘过朝中一些佞臣，为了要见一见权相严嵩送上寿礼，不得不低声下气地向门人送钱的情形，与阿傩索贿如出一辙。吴承恩嘉靖二十九年（1550）在京师谒选时，大概也曾饱尝其中滋味。朝廷对此种风气了如指掌，但官员的俸禄和他们的开支，和他们的消费实在不成比例，风气已成，没有高薪怕是养不出“廉”来；而朝廷又支不出或不愿支出高薪，就只好睁一只眼闭一只眼。这样看来，阿傩、伽叶向唐僧索要“人事”，还奇怪吗？难怪如来不加责备。这是一个制度性的问题。

《西游记》可以粗粗地看，神仙妖魔，一掠而过，也值得细细地看，它就是一部中国古代社会的百科全书。

第十章 淡泊晚景

吴承恩淡定地走完了自己的人生旅途，就像他悄悄来到人世一样。当我们五百年后回眸历史时，才发现那一瞬间原来划过了人类智慧的一道灵光。

在麒麟山麓的荆王府，吴承恩过了一段清闲淡定的日子。利用这段水波不兴的人生时光，吴承恩抚平了在长兴被深深刺伤的心灵，也趁势完成了自己的心愿。说实在的，今天我们回头看他的人生旅程，完成《西游记》的愿望可能在他的青壮年已经孕育，《禹鼎志》不过是小试牛刀，但科举的压力、仕途的颠簸耗费了太多的精力和时间，特别是总不能给他一种安宁的心境，以致他自己都已经不再奢望，荆王府的经历真是一段充满惊喜的意外。

梁园虽好，却不是久恋之地。隆庆四年（1570）春，荆王去世——正式的说法叫薨。整个王府一团忙乱，吴承恩觉得自己在任已近三年，再待下去也没有了意味，于是抓紧结束了案头的《西游记》，然后向长史递交了一份告老还乡的辞职报告，请他转呈吏部。像他这种小官，这把年纪，辞职绝无不准的道理，所以也不用等什么批复，自己收拾好行李，就可以动身了。

行前，他把案头的《西游记》书稿仔细清理了一遍，找了张油纸仔细包好，交给了樊山王。这东西虽然寄托了他的夙愿和才思，但毕竟不是正经文人所应该做的事，对他而言也就是游戏笔墨而已，只有交给樊山王，才算去了该去的地方，也许樊山王会兑现曾经许下的诺言，出资把书刻出来。

见到辞行的吴承恩，王爷也有点黯然，神色正经了许多。但行事仍然让人意外，他召来一名婢女——在王爷府也叫宫女，说："也没什么好赏你，就这丫头吧。这丫头从小无父无母，进宫已经十几年了，一直侍候小公主长大，本王待她也就跟公主差不多了，你要善待。记住，她重阳那天生日，名字就叫重九。"然后，转过屏风，走了。随即就有人搬来几只大大的木箱，说是王爷为重九准备的妆奁。

不管吴承恩如何迷茫惊讶，命运在瞬间就定格了。王府毕竟不像京城皇宫那么森严，因此重九吴承恩以前见过，很本色的一个孩子，在小公主周围的一圈宫女中像个管事的。也许那有意无意的一瞥就被王爷看在了眼里。

重九低眉顺眼，脸上有泪，但已经擦去了，仅剩泪痕。她不能回宫了，她只能随吴承恩登上东去的小船。孤帆远影，碧空无尽，为了安慰一脸无助的重九，吴承恩写了一首诗，诗题也叫《白燕》：

海外新来识者稀，水晶宫殿弄朝晖。
风微斜透珠帘入，泥熟香沾柳絮归。
玉剪疑裁江练破，香奁惊化宝钗飞。
梅梁镇日无人问，绝胜金笼闭雪衣。

诗意仍然一如所有的《白燕》诗那么朦胧，但可以看出吴承恩在描绘他心目中的白燕，并告诉她说：虽然跟我回乡没有锦衣玉食，但我会呵护关爱你，岂不胜过在王府的樊笼生活？！

谋生之道

回到打铜巷，吴承恩的身份已经是致仕乡绅。朝廷对退休回家的官员除了免除徭役和发放少量的津贴之外并没有特别的待遇，但由于他们经历过科举，又在官场上走过，有丰富的社会阅历和人脉资源，因此都会得到当地官府和商贾财东的敬重，有些还会成为社会名流。

七月，族叔公叶荃七十寿辰，有柬来请。吴承恩理当到场，这是他回归乡里后参加的第一个公共活动，提前几天，他写了一篇《贺笛翁太丈七十寿障词》，誊好裱起送至叶家。前曾说到，叶荃，号笛溪，是吴承恩夫人叶氏的本门叔叔，虽然仅长吴承恩五岁，但吴承恩得称其为“丈”；而比照小辈的身份，就得称其为“太丈”。这篇障词完全是私人定制，说笛翁：

> 小子则以翁之所履有三：处则为贵公子，出则为贤士夫，倦而归也则为乡耆俊。而平生之节，则又有三变，何也？

其中“小子”是吴承恩的谦称，因为他是晚辈。他用“处”“出”“归”三个词代表了叶荃青年、壮年、老年三个人生阶段，定位为“贵公子”“贤大夫”“乡耆俊”三种身份，然后描述：

> 故方其少也，志意所向，云兴电飞，跃俊骑，鞲名鹰，

雄剑良弓，辉映驰逐。江湖游侠，时候于其门；异端方伎，日列于其前。顾盼指麾，应接有不暇者，人则羡其豪。

既而所之既倦，谢遣故常，悬箔而有琴棋，挥金以收书画；横长笛，撰小词，寻奇春雨之亭，避俗水西之馆，论襟投分，皆海内知名士也；则又豪而变为逸。

及夫世事改矣，夙心灰矣，目前万幻，付之云烟。于是木鸡独全其天，刍狗泛观乎物，我忘冠裳，冠裳忘我；人劳机械，机械劳人，嗒然一室，不知孰为是耶？孰为非耶？则又逸变而为达。

又分别描述了三个阶段相应的生活方式：由于家世显赫，叶荃少小就受荫封有了职位，生活状态是声色犬马，仗剑游侠，因此称“豪”；孟浪过后的中年，生活优裕，以琴棋书画为风雅，以长笛小词为潇洒，因此称“逸”；及其经历世事，阅尽白云苍狗，已经修成了隐士风范，因此称“达”。这种对人物的刻画，实在是精准，入木三分，栩栩如生。叶荃高兴，当即让家人把正堂的一幅寿字撤下，换上障词。吴承恩表示不妥，说寿字乃是山阳县令所赠，据说其人对书法颇为自许，叶荃手一挥：“不妨，这位兄台见到你定是甘拜下风的。”

障词是一类实用性很强、非常商业化的文体，不在诗词歌赋之列，也不入社稷庙堂之内，所以今天已经少见，但在当时的江淮、江南很流行。当时旧风俗，人家凡有添丁、升迁、寿秩等喜事，有赠“贺障”相庆的习俗。贺障，又叫锦障，类似于屏风，可以用布匹，可以用绸缎，也可以用织锦；颜色一般都用喜庆的金、红，然后写几个字表示祝贺。在大户或仕宦人家，贺障就是一件很精致的贺礼，不仅要装裱成屏风式样，还要配上一篇华美的障词。这篇障词通常都极为考究，因为主人会把所有的贺障都放在厅堂展示，一来图喜庆气氛，二来供来宾欣赏，而各路文人包括主人的清客自然会评头论足，因此这个时候就如一场武林大会，言谈之间，就有座次之别。

难得有人能把障词写好，包括那些名噪一时的文人。障词以一阕词为抒情基础，但要辅以大段四六骈文说事为引，大致在三五百字之间。这段文字主要介绍受主的家世和事端，实际上是一种命题定调的作文，有很强的规定性：文字要辞雅意俗，雅俗互见，开阖纵横，汪洋恣肆；气氛要以喜庆称颂为主，要能说得满天花雨、四座皆惊；词牌一般都采用有利于调弄气氛的长调，如醉蓬莱、双头莲、满江红、瑞鹤仙、归朝欢、帝台春和喜迁莺、沁园春等等，要酣畅，要豪放，因此这东西虽然不入庙堂，写起来却难，非等闲之人可以入手。

但吴承恩可以。吴承恩肚里的货色驳杂，释道儒三教皆通，上下九流无一不晓；笔下功夫扎实华美，诗、词、论、表、骚、赋、曲、颂及各种启、跋、铭、诔、赞、序、祭文等雅俗无一不精；棋、茶、书、画、兵、医、佛、道等等，除了赌以外，百事不缺，天生是写障词的上选。早年他介入商业性活动还比较有节制，但在四十岁左右决定舍弃科举之后，已经没有了顾忌，加之要糊口，商业性活动呈爆发性增长的态势，正如后来文献所记载，“投刺造庐，乞言问字者恒相属”（《射阳先生存稿跋》），“凡一时金石、碑版、嘏祝、赠送之词，多出其手”（乾隆《淮安府志》）。其中障词的名声自然也水涨船高，服务的对象，主要是乡绅、盐商和漕运衙门的官员，以致沈石田山水、文衡山草书、吴射阳障词成了当时公认的雅玩三宝。

从一个很俗的例子《贺杨封君七十障词》中，我们可以见识到吴承恩的功力。当时漕运衙门的一位官员要去南京为他的朋友——当然也是官员——的父亲祝寿，找到吴承恩定制障词。官员的老人家姓杨，由于儿子做官曾经得过封号，因此称封君，与吴承恩完全没有往日联系；吴承恩应邀代作贺寿，也丝毫没有了解杨封君的其他渠道，这篇障词如何落笔，本来应该成为一个头疼的问题，但吴承恩举重若轻，轻灵一转身就避开了传统的从老人家履历开始的俗套：

> 兹者华岁开夫曼龄，嘉庆昉于七袠。神明益茂，体力逾康。紫泥绣黻，寓轩冕于山林；玄发青瞳，见神仙于邑里。户对三花，卧游嵩少；门环一水，坐对蓬莱。千岁庄生之树，粤自心生；三公王氏之槐，益徵手植。雀报弘农，环留世世；鹤飞辽海，书寄年年。……玉盏齐挥，欢生绮阁，班衣起舞，光间珠袍。云璈九气，共传世外之音；玉检三章，别有仙家之谱。

不了解杨封君老人家吗？没关系，知道老人家身体康健就行了，人生七十古来稀嘛！老人家是河南人氏，河南吴承恩没有去过，这也没关系，夸奖一下中原人杰地灵就是了，而随之各种稀奇古怪的奇思妙想，信手拈来，脱口而出。老人家黑发童颜，神茂气紫，简直就是一位活神仙；老人家的家自然成了神仙故里，面对嵩山少室，常有三花聚顶；门口大约有口池塘或者有条小河，被形容为东海蓬莱；院子里大约有些树，也成了家世久远、世代官宦的象征，然后玉盏、班衣、珠袍、玉检、雀报、鹤飞、弘农、辽海，纷沓而来。对照一下《西游记》，如果吴承恩不具备作者的资格，谁还有脸面窃踞作者的宝座？

晚年的吴承恩就靠润笔也就是稿费糊口。后来的淮安知府陈文烛曾经记下了他去吴家老宅的印象，说“家徒四壁”但收藏的绘画书法作品不少，甚至包括了一些罕见的古代碑帖。这意味着晚年的吴承恩没有多少资产，但并不很贫穷，因为收藏的花费也是不菲的。我们今天可以在

《射阳先生存稿》中看到障词三十九篇，其中有两篇与当时河下著名的盐商阎氏家族有关，而阎氏后人明确记载说他们的祖先曾经出高价向吴承恩购买过障词。

最后伙伴

河下小巷深处的老宅，此时可能会有一点凋零的感觉，这主要是因为吴家人丁不旺。吴承恩没有子女，几乎是铁定的事实，文献说他“绝世无继”，死后“其稿与所藏，泯灭殆尽，而家无炊火矣”。当时的家庭成员，除了八十高龄的老母外，叶氏夫人可能也还健在，因为吴承恩受母亲督促去长兴任职时，如果没有叶氏夫人操持，无论如何他不能违背亲老不远行的古训。这三位老迈加上可能存在的小夫人重九，这个家庭算是有四口人，但生机不足。

经常在吴家射阳簃走动的还有一个人——丘度。教导他、帮助他是吴承恩晚年生活乐趣的一个重要来源。吴承恩有一个同父异母的姐姐吴承嘉，后嫁入沈家，生一女沈氏，沈氏便是吴承恩的甥女；沈氏嫁丘岚，生一子，取名丘度，字汝洪，即吴承恩的表外孙。俗云长嫂如母，其实长姐也往往是幼小弟妹的半个抚养者。当年吴承嘉倾注在吴承恩身上的关爱，现在吴承恩将加倍回报在丘度身上。他对这个表外孙很喜欢，但单纯根据读书的表现看，这个孩子的情况并不太美妙。丘度生于嘉靖十六年（1537），到吴承恩回乡时，已经三十三岁，出落得一表人才，但仍是个老秀才。后来的几年，吴承恩应该是在他身上下了点功夫，文献说“丘子汝洪，亲犹表孙，义近高弟”，意思说他们之间在祖孙关系之外，另有师生一样的感情。这种关系的形成，除了血缘、感恩之外，还有可能基于丘度是吴家关系圈中不多的业儒男孩，吴承恩移情别恋，爱屋及乌，将自己的梦想寄托于这个读书不甚得法，前景不明但看来很是努力的后辈身上。

万历四年（1576），又是一个乡试年，本年丘度已经四十，就秀才身份而言，已经到了一个危险的年龄。知府邵元哲主持儒学的选拔，取中丘度，给了丘度一个参加乡试的机会。丘度不负厚望，一举登上了桂榜，成为举人；次年春闱一鼓作气，弄了个不太常见的连捷，再登进士金榜，即任南康府推官。邵公对丘度的青睐，又是看了哪张佛面？当然是吴承恩，后来邵知府调任山东时，吴承恩写了一篇文章送别，其中特意就这件事表示了金钱不能代替的感谢。丘度最终官至光禄寺正卿，进入六部九卿部长级干部的行列。退休前后，丘度利用在官场上的交往和在家乡的声望，收集了吴承恩的部分诗文，整理汇集为《射阳先生存稿》并付梓刻印，用这种文人最为隆重的方式回报了他的舅公。

吴承恩晚年生活的一个重要内容，就是与文友的交往，其中特别要提到的是前后两任淮安知府。他们与吴承恩的往来，与他归田县丞的身份有一定关系，但那并不重要，应当还是称他们为文友更好。

最为亲密的文友是前面已多次提到的淮安知府陈文烛。陈文烛，湖北沔阳人，字玉叔，号五岳山人，在明代后期的官场与文坛小有名气，隆庆四年（1570）至万历元年（1573）任淮安知府。在吴承恩的交往中，他算是一位忘年交，因为他生于嘉靖十五年（1536），小吴承恩三十岁，整整相差一个年辈。陈文烛出身世家且好风雅，因此结交文人很多，吴承恩在不同的人生阶段结识的那些文友如李春芳、朱曰藩、归有光、徐中行等都与他有密切交往，似乎命运已经注定他要成为吴承恩生命中的一位小朋友。他与吴承恩的初始交往得之于徐中行的介绍，我们前面介绍过，徐中行隆庆五年（1571）路过淮安时，曾拜访已经在淮安任职的陈文烛并向他介绍吴承恩品德高洁，建议陈文烛悬榻待之，三人在城内韩侯祠内饮酒达旦，谈诗论文；这给他们的交往打下了很好的基础，但陈文烛对吴承恩的特别赏识——应该说特别尊重，恐怕还是因为与吴承恩在文学上的共鸣。吴承恩这一时期与陈文烛的交往频繁，陈不仅坐了官轿往河下吴宅射阳簃探望，接待文友往往还派轿子去河下接吴承恩作陪。若干年后，丘度为编辑《射阳先生存稿》找到陈文烛，陈写了《吴射阳先生存稿序》；后丘度筹划刻印吴承恩编的词选《花草新编》，陈又写了《花草新编序》，都算得了上心、动情之作，为我们保存了极为珍贵的吴承恩生平资料。

另一位重要的文友是陈文烛之后的淮安知府邵元哲，字晦之，号古愚，万历二年至五年（1574—1577）在任。邵知府在淮政声很好，主要是治理了淮安境内的水道，疏去城中积水，深得民心，显见宅心仁厚，这与吴承恩的理念比较合拍。除了前任陈文烛的介绍交代和看重他的才华之外，邵知府厚待吴承恩大概还与当时的风气有关。明代中后期，大约从唐寅、文徵明、祝枝山开始，有一类号称“山人”的文士便很受欢迎。他们大多数都没有功名或者只具有秀才、贡生一类不高的身份，但于诗词书画却有很高造诣甚至堪称身怀绝技；他们平时呼朋唤友，隐居山林，过着自由自在无拘无束的生活，但有时也会过州穿府，游走于权贵门庭，以自身之长技换点银子。而上至朝廷下至府县，都以接待这些山人为时尚，似乎不认识几个山人就算不上风雅。吴承恩虽然没有在山里搭座小房子装模作样，但他的气质才华与那些山人倒颇为接近，当时有名的山人他也认识几位，所以邵知府每到接待山人，要谈琴棋书画时，总是会派大轿去河下的吴家老宅接人。

有了陈文烛、邵元哲先后两任知府的照顾，吴承恩晚年的生活大约无需我们担心了。

还有一位不能忘记的人物是李春芳。嘉靖去世、隆庆改元以来，新皇上对谨慎低调的李春芳非常信任，所以李春芳不仅以大学士的身份入阁，而且很快就担任主持朝政的首辅。最初几年，李春芳辅佐新皇，推行新政的一系列措施确实得到了相当的好评，但到了隆庆五年（1571），内阁的格局有了点变化。李春芳虽然还是首辅，但次辅张居正的风头已经逐渐上扬，此人不是善茬儿，个性刚愎，相当难处，李春芳不堪忍受无穷无尽的倾轧，辞职回到老家兴化，时年六十二岁。吴承恩听到消息后，特意填了《驻云飞》曲牌四阕相赠，四阕为一组，分及第、翰林、内阁、归隐四题，概括了李春芳一生的四个重要阶段，大意说人生的功名富贵，你都已经走到极点，在他人已经望之弥高，万不能及，现在也应该安享晚年了，算是安慰。第二年，李春芳为父母做八十大寿，吴承恩又作《德寿齐荣颂》相贺，并借机在颂文中赞扬了李春芳数十年的德政——吴、李两人相处数十年，李春芳生性谨慎，且在朝中的政治环境一直不是很好，但他还是尽力帮助了吴承恩，这种友谊当然值得怀念。而吴承恩所能报答的，也就是笔墨数行，俗语云“秀才人情纸半张”，即此谓也。

万历八年（1580），一代文学奇才吴承恩溘然长逝，终年七十五岁。他所遗憾的，是最终没有见到《西游记》行世。那不是他生活的全部，但却是他的心血。

但这不一定就是坏事，如果他当年把《西游记》带回淮安，也未必有胆量将其公开，一部游戏的《西游记》、草根的《西游记》也许会把他从致仕乡绅的座位上掀下来。而当若干年后《西游记》风靡天下的时候，已经不会有人打扰长眠于地下的吴承恩了。

绝世惊艳

万历二十年（1592），也就是吴承恩逝世十二年之后，金陵世德堂从王府得到了《西游记》的原稿刻印行世。数年之后，第一个翻刻本出现，而且是上文下图，在当时堪称精美绝伦。这是市场最客观的反映——没有读者的强烈反映，必不会有如此迅速的跟进。再数年，翻刻本已经遍布市场，大小书摊都有刻工纸张良莠不齐的《西游记》。我们现在可以见到的，明刊本至少有六种之多，也就是说，在金陵世德堂刻书之后的三四十年间，至少又有五家书店刻印了《西游记》，而且覆盖市场到了"妇孺皆知"的程度，实属罕见。它覆盖了明代至今能读书的、不能读书的人，几乎所有中国人都是它直接或者间接的读者。四百多年来，放开眼光满世界找，大概找不到可与之匹敌比肩的。

就是在这之后的不久，《金瓶梅》问世，于是以《三国演义》《水浒传》《西游记》《金瓶梅》并称的"四大奇书"一说不胫而走。清代，《金瓶梅》的地位被《红楼梦》代替，于是衍生出今人的"四大名著"概念。其实无论是"四大奇书"还是"四大名著"，其意义都并不限于这几本书本身，更重要的是它们催生了一大类的源源不断的作品。《西游记》所代表的一类神魔小说，其数量有百种之多。在我们文化生活中影响广泛的封神榜、白蛇传、八仙过海、钟馗斩鬼、华光救母、济公和尚之类故事，或多或少都受过《西游记》的影响，其领袖群雄的头面人物公认是《西游记》。

也就是在这之后的不久，《西游记》的续书开始出现，现在所知还在市面上流行的有《西游补》《续西游记》《后西游记》数种。续书是中国古代特有的一种现象，某书成名之后，就会有人接着故事往下写，有如现在电视连续剧的续集，大有把狗尾续貂进行到底的意思。从纯粹的文学角度去看，这些书本身的可读性大都比较差，但在传播的意义上它表示了对原著的一种肯定。《西游补》的作者董说是晚明一位小有名气的文人，他的《西游补》其实是一本有相当深度的历史讽刺小说，其写法也很新颖，被认为是当代曾经流行的意识流小说的先驱，但作者却愿意借用《西游记》的情节，这不能不说是表示《西游记》影响广泛的一个象征。

我们看它文化层面上的影响。

先看文化影响的范围和艺术种类。《西游记》被改编为其他艺术形式的范围和次数，中国第一，涉及到戏剧、曲艺、电影、电视、漫画、卡通，甚至还有杂技、游乐等等，几乎包括了所有的艺术形式且源源不断，甚至与我们文化基调根本不同的美国人也凑热闹拍《西游记》。改编自《西游记》最多的当数京剧，现在保留名目的京剧剧目有几十种之多，只有三国戏、包公戏可与之媲美。

再看文化影响的地域范围和深度。在国内，《西游记》故事早已传入大多数的少数民族地区，这几年发现古代《西游记》传播痕迹的地方不在内地，而是在西域，在甘肃、青海、新疆。在国外，《西游记》至少已被译为英、日、法、德、意、西、世（世界语）、斯（斯瓦希里语）、俄、捷、罗、波、朝、越等十几种语言，世界主要语种和东亚、东南亚的各语种均已有了较为完整的译本。在中国走向世界的几部名著中，唯有《西游记》走得最远，也最具备实际意义。上个世纪八十年代在上海召开的一次国际比较文学研讨会上，一位西方学者在评价世界文学的发展时曾说：我们过去都说，十六世纪的人类智慧之光照亮了西方世界；但现在我们要说，十六世纪时，人类的智慧之光同时照亮了东西方。他指的是西方出现了伟大的戏剧家莎士比亚和伟大的小说家塞万提斯；而东方当时也出现了足以雄视世界的伟大戏剧家汤显祖和伟大的小说家吴承恩。

有资料表明，唐僧取经故事最早见于外文是明代前期的朝鲜文译本，不过那是吴承恩之前的取经故事，与《西游记》不完全是一回事。吴承恩的《西游记》最早传出国门也是去了韩国，时间离世德堂的出版非常之近，应该不会超过二十年。

正式的翻译开始于日文，一七五八年，日本著名小说家西田维则开始了翻译、引进的工作，前后经过三代人长达七十四年的艰苦努力，终于在一八三一年完成了日文版的《通俗西游记》。时至今日，日译本《西游记》已不下三十余种，还有难以计数的改编本。一九八七年十月，日本还将《西游记》搬上电视屏幕。这个电视版本在我们看来未免有点滑稽，和原汁原味的央视版《西游记》当然不是一回事，但那毕竟是外国人拍给外国人看的东西，这样的文化沟通已经相当不易了。

英译本最早的是一八九五年由上海华北捷报社出版的《金角龙王，皇帝游地府》，是现在通行本“唐太宗入冥”一节的选译本。以后陆续出现了多种选译本，由于选取的章节不同，所以书名五花八门，有译为《圣僧的天国之行》的，有译为《一个佛教徒的天国历程》的，有译为《猴》《猴王》的，还有译为《猴与猪：神魔历险记》的。其中以一九四二年纽约艾伦与昂温出版公司出版的阿瑟·韦利翻译的《猴》最为著名。由安东尼（华裔学者俞国藩的英文名）翻译的全译本《西游记》四卷，则是权威的英译本，一九七七至一九八〇年间分别于芝加哥和伦敦同时出版，得到了西方学术界的普遍好评。

英国、美国、法国、德国等国的大百科全书在介绍这部小说时都给予很高的评价，认为它是“一部具有丰富内容和光辉思想的神话小说”，

“全书故事的描写充满幽默和风趣，给读者以浓厚的兴味”。

《西游记》无疑属于世界，无疑属于不朽，吴承恩的在天之灵也不应该感到寂寞。吴承恩出生时没有任何祥瑞记录，但到一五八〇年他贡献出永远不朽的巨著《西游记》之后离开人世时，也许有人看到了天际有一颗巨星陨落。

终极申辩

有一个疑团已经无法解开，就是从吴承恩离开荆王府之后到《西游记》问世这段大约二十年的时间里，王府里究竟发生了什么，以致樊山王没有兑现自己的诺言？这个过程的结果——也就是在书稿上没有任何署名——导致了数百年来对吴承恩是否拥有《西游记》署名的不断猜疑。

当年书商唐光禄花钱购买了书稿，又请了一位叫陈元之的人做了整理。唐光禄没有仔细查询鼓鼓囊囊这一大包书稿的作者，他不需要考虑这个问题，没有署名不会影响销路。倒是唐光禄约请的写手陈元之在《序》里大概地交代了一下书稿的出处：“不知其何人所为，或曰‘出今天潢何侯王之国’；或曰‘出八公之徒’；或曰‘出王自制’。”用现代语言表达，就是：这本书的作者我也不太清楚，有人说出自当今某位王爷府；有人说出自王府的八公之徒；也有人说是王爷自己写的。这是迄今为止对于谁是《西游记》作者的最重要、最可信赖的提示，但稍欠明确。

最明确的记录出现在天启年间（1621—1627），也就是吴承恩去世三十多年之后。在早几年的万历后期，淮安的一批乡绅谋划修订《淮安府志》，此时已经退休但尚健在的丘度宣布了时下流行的《西游记》乃是舅公射阳先生所作的消息，引出一片哗然。虽有批评，但赞叹者还是居多。众人议定，文人写《西游记》虽然有损清誉，但此书雅俗共赏，妇孺皆知，实为非常之例，一定要写进《淮安府志》；为了不违舆情，又议定在府志中增加一个专为吴承恩而设的小栏目。不久丘度去世，大明的年号也改为天启，但修订《淮安府志》的计划仍在进行，新知府也表现出了很高的热情——府志一般都得有知府的署名，功劳会归于知府名下，这实在是一件名垂千古的事，新知府何乐不为！

天启六年（1626），一套崭新的天启版《淮安府志》顺利面世。其中仍然按照原来的议定，在“人物志”卷中增设“近代文苑”，专录吴承恩等二人：

> 吴承恩，性敏而多慧，博极群书，为诗文下笔立成，清雅流丽，有秦少游之风。复善谐剧，所著杂记几种，名震一时。数奇，竟以明经授县贰，未久，耻折腰，遂拂袖而归，放浪诗酒，卒。有文集存于家，丘少司徒汇而刻之。

其中名震一时的“杂记”即为《西游记》，有点含糊。但在另一卷的“淮贤文目”里，再明确不过：

> 吴承恩《射阳集》四册□卷、《春秋列传序》、《西游记》。

按说有上述两条证据，已经可以确保吴承恩的地位，从此吴承恩算是名垂青史了。但遗憾的是，当时的传播条件限制了人们的认知，《淮安府志》的流传范围毕竟有限，事实是当时人们看到的《西游记》没有任何署名，于是各种有意无意的误导随之而来。

进入清代的某天，某山，某洞天，某道士募集资金重新刻印了一套

《西游记》，他别出心裁地把自己祖师爷的名字“长春真人丘处机”刻在了封面上。丘处机实有其人，元代全真道创始人王重阳的弟子，“全真七子”之一，道号长春真人。这个刻本，首创了一个流行长达三百年几乎弄假成真的谎言，后来募资翻刻《西游记》的很多是道士，他们刻书的本意根本就是为了弘扬祖师爷的功业，将《西游记》附会为丹道秘籍，于是谎言一步一步地被描摹为真实。尽管清代的一些学者如纪晓岚曾斥责“长春真人丘处机”的荒谬，但文人意见的传播仍然不能与《西游记》自身魅力抗衡，大众——无可数计的《西游记》读者，仍然很直接地从《西游记》的封面上提取了错误的信息。

进入民国的一九二一年前后，胡适、鲁迅等一批现代作家学者开始了《西游记》研究。他们依据天启《淮安府志》和《西游记》本身透露出的一些信息，确认此书非吴承恩不可为，很果断地把著作权还给了吴承恩，澄清了一桩历史疑案。

其实，终极申辩已经由吴承恩本人提供给了《西游记》的读者。

旧时工匠逢有得意之作，总会郑重其事地留下题款。碰到不适宜留款的东西，也会设法在隐蔽处留一点自己的印记，比如在画卷的山水枝叶里写下自己的名字，在陶瓷器具的里壁敲一个印章——著名的宋画《溪山行旅图》就是根据树叶里隐藏的小字确定出自大家范宽之手；近年在日本发现的《唐僧取经图》也是根据一块石头缝里的字迹确定出于元人王振鹏的画坊。这都容易理解，毕竟是自己的心血。写《西游记》这样的小说，在旧时代绝不是什么值得夸耀的事，不会有任何收益，这点吴承恩很清楚，所以他没有想到把书稿带回去——王爷喜欢就让他去弄吧；回家后也没有向任何人提起这件事——多说无益又何必多说？但在《西游记》中，他还是忍不住把荆王府写了进去，玉华国的故事就是吴承恩留下的暗记。

请打开手边的《西游记》，翻到八十八回。师徒四人离开凤仙郡，走进一座城池：

忽见树丛里走出一个老者，手持竹杖，身着轻衣，足踏一对棕鞋，腰束一条扁带，慌得唐僧滚鞍下马，上前道个问讯。那老者扶杖还礼道："长老那方来的？"唐僧合掌道："贫僧东土唐朝差往雷音拜佛求经者。今至宝方，遥望城垣，不知是甚去处，特问老施主指教。"那老者闻言，口称："有道禅师，我这敝处，乃天竺国下郡，地名玉华县。县中城主，就是天竺皇帝之宗室，封为玉华王。此王甚贤，专敬僧道，重爱黎民。老禅师若去相见，必有重敬。"三藏谢了。那老者径穿树林而去。

入城门内，又见那大街上酒楼歌馆，热闹繁华：

行彀多时，方到玉华王府。府门左右，有长史府、审理厅、典膳所、待客馆。三藏道："徒弟，此间是府，等我进去，朝王验牒而行。"

王爷对这一队师徒很是客气，三个小王子要拜悟空兄弟为师：

当时父子四人，不摆驾，不张盖，步行到暴纱亭……玉华王父子上亭来倒身下拜，慌得长老舒身，扑地还礼。

后来，做样品的金箍棒、九齿耙和降妖杖被妖魔夜间偷走，不见踪影。

正嚷处，只见老王子出来，问及前事，却也面无人色，沉吟半晌，道：“神师兵器，本不同凡，就有百十余人也禁挫不动；况孤在此城，今已五代，不是大胆海口，孤也颇有个贤名在外；这城中军民匠作人等，也颇惧孤之法度，断是不敢欺心。望神师再思可矣。”

我们注意以下几条：

第一，玉华国的名称与荆王府的宫殿一样。荆王府毁于张献忠，据说片瓦无存，但后来有人根据回忆和一些零星资料，整理出一本《荆藩家乘》。其中提到荆王府有七座宫殿，其中一座就叫玉华宫，而且是主宫。

第二，玉华王的身份与荆王一样。玉华王封在此地为王，自称“孤在此城，今已五代”，“也颇有些贤名在外”；玉华王的皇室身份无需再说，到吴承恩任“荆府纪善”的嘉靖、隆庆时，荆王在蕲州也恰是五代。而这第五代的荆王和玉华王一样，有贤名在外，这在《明史》里可以见到的。

第三，玉华王府的“府门左右，有长史府、审理厅、典膳所、待客馆”，这是典型的明代藩王配置。嘉靖《蕲州志》卷四“荆封”说到当时荆王府官员的配置时，前三位就是“长史司”“审理所”“典膳所”，与《西游记》的描述连顺序都一样。王府并非各地都有，王府的制度也并非常识。试想，如果没有王府的任职经历，能有如此精确的描述吗？

第四，玉华王的三个小王子恰与荆王府一致。《西游记》说玉华国有三位小王子，因仰慕而拜孙悟空兄弟为师。说来很巧，第五代荆王朱翊钜恰有三子，常泠、常洁、常盗；同时的第四代樊山王朱载埁——也就是那位好道的王爷，也有三子翊钲、翊镛、翊铏，这也见诸《明史》，吴承恩与他们都应该在一起生活过。

第五，小王子拜师，在《西游记》是故事，在荆王府就是事实。荆王府荆王、樊山王两个系统的三位小王子虽然辈分不同，但在理论上都是“纪善”的学生。前已介绍，纪善的职责是王法规定的，“凡宗室年十岁以上，入宗学，教授与纪善为之师”；不管纪善是否能实际管教，他的老师身份是确定的。这样看来，玉华国三个小王子拜师学艺的情节，也非空穴来风，而这段故事中反反复复地描写王爷父子“不摆驾，不张盖”，也就是不计较身份差别前来拜师，其实就是吴承恩对当年的幸福回忆，受王爷之拜，除了为师这一途，还有其他可能吗？

最后还可以看一看吴承恩对玉华国的态度。《西游记》共写了九个人间国度，国王平生无错作者比较肯定的有一个朱紫国王，“朱紫”被认为是“朱子”即朱氏子孙的谐音，有王府的影子；作者完全正面称颂的“贤王”只有一个，就是玉华国，其余非昏即恶，这充分表示了作者感情的倾斜。联想到作者吴承恩和他的老主人，这种倾斜是不是又很合理呢？

附录一 吴承恩生年简谱

吴承恩，字汝忠，号射阳山人、射阳居士，又自称“蓬门浪士”“淮海竖儒”。“先世涟水人，然不知何时徙山阳。遭家穷孤，失谱牒，故三世以上，莫能详也。曾祖讳鼎；祖讳铭，余姚训导；皇考讳贞，仁和教谕。两世相继为学官，皆不显。”

吴锐“弱冠昏于徐氏”。徐夫人生一女承嘉，适同郡沈山；承嘉之女沈氏，适丘岚；生三子，第二子名丘度，万历五年（1577）进士，吴承恩诗文集《射阳先生存稿》的搜集刻印者。吴锐壮岁时，置侧室张，实生承恩，娶叶氏；生凤毛，曾聘沈坤之女，约十五岁时夭亡；吴承恩中年后有侧室，未见子女记录，通称绝世。

正德元年丙寅（1506） 一岁

吴承恩约出生于本年。

正德二年丁卯（1507） 二岁

陈文烛《花草新编序》云:“生有异质，甫周岁未行时，从壁间以粉土为画，无不肖物。”

沈坤生。沈坤，字伯升，号十洲，江苏淮安人。吴承恩终身好友。嘉靖十年（1531）乡试中式，嘉靖二十年（1541）进士第一，称状元，官至南京国子监祭酒，嘉靖三十九年（1560）受诬被逮，瘐死昭狱。

朱曰藩八岁。朱曰藩，字子价，号射陂，江苏宝应人。吴承恩终身好友。嘉靖十年（1531）乡试中式，嘉靖二十三年（1544）进士及第，嘉靖四十年（1561）卒于九江知府任上。《明史》卷二八六有传。

正德五年庚午（1510） 五岁

李春芳生。李春芳，字子实，号石麓，江苏兴化人，吴承恩终身好友。嘉靖十年（1531）举人，嘉靖二十六年（1547）进士第一，状元。嘉靖四十四年（1565）为礼部尚书加太子太保兼武英殿大学士入阁拜相，隆庆初拜首辅。万历十二年（1584）卒于家乡兴化，谥文定。《明史》卷一九三有传。

正德九年甲戌（1514） 九岁

乡前辈蔡昂以进士第三人及第，授翰林院编修。

正德十年乙亥（1515） 十岁

吴承恩姐吴承嘉之女沈氏即丘度之母生于本年。

正德十二年丁丑（1517） 十二岁

吴承恩在《禹鼎志序》中称，自己“幼年即好奇闻。在童子社学时，每偷市野言稗史，惧为父师诃夺，私求隐处读之”。

正德十四年己卯（1519） 十四岁

本年年底与翌年秋，明武宗南巡两次过淮，吴承恩亲眼目睹了明武宗及随从的骄奢专横，其社会意识的形成应当受到此事的重要影响。

正德十五年庚辰（1520） 十五岁

乡前辈蔡昂因病乞假归淮，吴承恩用孔融“登龙识李”典故拜访而受到赏识。

嘉靖元年壬午（1522） 十七岁

吴承恩进学成为生员似应在本年或稍早。据隆庆间淮安知府、吴承恩忘年交陈文烛《花草新编序》《吴射阳先生存稿叙》和自称“通家晚生”，曾参与《射阳先生存稿》编辑整理的吴国荣《射阳先生存稿跋》等资料记载，吴承恩少年时即已以诗文和制义成名，表现得异常聪慧。曾有督学使者“奇其文，谓汝忠一第如拾芥耳”(《花草新编序》)。

本年撰骚体诗《寿陈拙翁》(《存稿》卷一)。

与朱曰藩订交当在本年或稍早。

与沈坤定交当在本年。

嘉靖三年甲申（1524） 十九岁

嘉靖四年是乡试年，吴承恩应当是在这一年取得首次参加乡试的资格。

吴承恩的声名此时大约已经传遍乡里。吴国荣所谓“射阳先生髫龄，即以文鸣于淮，投刺造庐乞言问字者恒相属”，应当就指本年前后。

大约在本年或稍前，吴承恩结婚，娶叶氏夫人。

嘉靖四年乙酉（1525） 二十岁

曾赴南京。

吴承恩当在本年参加了第一次乡试。不中。

嘉靖七年戊子（1528） 二十三岁

本年是乡试年，吴承恩应该在本年第二次参加了乡试。由吴承恩词《风入松·和文衡山石湖夜泛》得知，乡试之前可能有苏州之行。

嘉靖八年己丑（1529） 二十四岁

三月，与吴承恩关系密切的乡前辈潘埙致仕回淮。

春，撰《海鹤蟠桃篇》（《存稿》卷一），贺漕运总督唐龙母八十寿诞。

葛木以刑部郎中出任淮安知府，创办龙溪书院，承恩肄业其中。光绪《淮安府志》卷二十七“仕迹”称葛木：“嘉靖间知淮安府，性明敏，遇事立断，……尤重学校，毁淫祠为书院以训士子，文教蔚兴。”

吴锐被知府招为乡饮嘉宾，享受耆老的待遇，大约就在此时。

嘉靖九年庚寅（1530） 二十五岁

冬，代葛木作《告先师庙文》（《存稿》卷三）。

嘉靖十年辛卯（1531） 二十六岁

曾赴南京。

秋，沈坤、李春芳、朱曰藩应天乡试中式。

庐州知府周琅承漕运总督刘节意缉《春秋列传》，吴承恩作《春秋列传序》（《存稿》卷二）。

嘉靖十一年壬辰（1532） 二十七岁

三月十九日，吴承恩父吴锐卒，葬灌沟先茔（在今淮安马甸乡二堡村）。吴承恩撰《先府宾墓志铭》并亲自书、篆上石。

葛木迁山东按察司副使离淮。王凤灵补淮安知府，续办龙溪书院。

嘉靖十三年甲午（1534） 二十九岁

曾赴南京，经过镇江。

本年参加乡试，未中。

秋，葛木由山东按察副使升山西布政使司右参议，南归浙江省亲，经过淮安，访吴承恩，未遇。吴承恩此时正在南京参加应天乡试。

未几，葛木由家乡北上山西任所，途经扬州，再派人往淮安探望吴承恩，大约有意携吴承恩赴山西任。时承恩病于家，未能成行。

嘉靖十四年乙未（1535） 三十岁

葛木病卒于山西任所。灵柩还乡时经过淮安，停灵月余，淮之民“罢市而哭，鬻衣而奠”。吴承恩撰《祭卮山先生文》(《存稿》卷三）祭之，显出对葛木十分歉疚。

嘉靖十五年丙申（1536） 三十一岁

嘉靖倭道由本年前后加剧。

陈文烛生。陈文烛，字玉叔，号五岳山人，湖北沔阳人。隆庆四年（1570）任淮安知府，吴承恩自荆府纪善任上回淮后的忘年交。

约本年前后开始编选唐宋金元词集《花草新编》。

嘉靖十六年丁酉（1537） 三十二岁

曾赴南京。

七月，赴南京参加应天乡试，作《露筋祠同朱子价赋》。

九月，丘度生。丘度，字志忠，淮安人，吴承恩表外孙。万历四年（1576）举人，五年（1577）进士，官至光禄寺卿。吴承恩逝世后，丘度整理其遗稿刻成《射阳先生存稿》。

嘉靖十七年戊戌（1538） 三十三岁

作《答西玄公启》(《存稿》卷三)，辞南祭酒马汝骥之聘。《花草新编》或已成稿。

冯焕中进士。冯焕，号南淮，淮安人，吴承恩学友，官刑部主事、德清知县,《淮安府志》《山阳县志》有传。吴承恩有《杂言赠冯南淮比部谪茂名》诗。

嘉靖十八年己亥（1539） 三十四岁

夏，蔡昂奉诏释凤阳高墙庶人，淮安暂留。适章圣皇太后梓宫过淮，吴承恩代蔡昂撰《祭章圣皇太后梓宫文》(《存稿》卷三)。本年二月嘉靖帝为母亲章圣太后去世而南巡承天。吴承恩著名诗篇《二郎搜山图歌》应当完成于本年。

嘉靖十九年庚子（1540） 三十五岁

或去过南京。

八月，张侃乡试中式。张侃，字巽卿，号凤原，淮安人，沈坤的姐夫，亦可称为吴承恩的好友。嘉靖二十三年（1544）进士，官至刑部都给事中,《淮安府志》《山阳县志》有传。

嘉靖二十年辛丑（1541） 三十六岁

三月，沈坤中状元，吴承恩作七律诗《赠沈十洲》(《存稿》卷一）贺之。

十一月，冯焕因郭勋案谪茂名县典史，吴承恩作《杂言赠冯南淮比部谪茂名》(《存稿》卷一）送别。

约在本年前后经张侃介绍与李春芳相识交往，并甚为投合，其基础应当是共同的文学爱好。

嘉靖二十一年壬寅（1542） 三十七岁

约在本年或稍后完成文言志怪小说《禹鼎志》。书已亡佚，但有吴承恩的自序保存在《射阳先生存稿》中，其中自称酷爱“牛奇章、段柯古辈所著传记”。这对他晚年完成《西游记》有重要影响。

朱曰藩曾就《禹鼎志》与吴承恩有过讨论，以诗明志，但二人观点相左。朱诗题为《赠吴汝忠》，吴诗题为《赠子价》。

嘉靖二十二年癸卯（1543） 三十八岁

可能曾赴南京。

吴承恩应当也参加了本年的乡试。

作《贺学博未斋陶师膺奖序》(《存稿》卷二）、七言绝句《柬陶师未斋》(《存稿》卷一）。陶师文，号未斋，系淮安府学教授，与吴承恩私交不错。

嘉靖二十三年甲辰（1544） 三十九岁

春，朱曰藩、张侃、倪润同成进士，冬十一月，沈坤任职满三年且通过功考，得诰封母，适逢沈母于氏六十四岁寿辰，吴承恩撰《介祉颂》贺之。由《介祉颂》“承恩令子之平生肺腑交也，又重以婚姻之谊”可知，沈坤已经将女儿许配吴承恩的儿子凤毛。由嘉靖十一年（1532）吴承恩撰《先府宾墓志铭》时尚未叙及凤毛，再结合凤毛于嘉靖二十九年（1550）未婚而夭亡，因此可以猜度凤毛本年约十岁左右。

嘉靖二十四年乙巳（1545） 四十岁

吴承恩至本年已数次乡试不中，潘埙作七律诗安慰，云:“曾于造化知何补，拟待枚皋笔奏功。”(《熙台先生诗集》卷八)。枚乘、枚皋均为汉代著名文学家，古淮阴郡人，先后得汉帝重用，故里与吴承恩家隔水相望。

嘉靖二十五年丙午（1546） 四十一岁

可能赴南京乡试。

撰《石鼎联句图题词》。

嘉靖二十六年丁未（1547） 四十二岁

本年春闱，李春芳举进士第一人，吴承恩作七律诗《赠李石麓太史》。

嘉靖二十九年庚戌（1550） 四十五岁

曾赴北京。

徐中行中进士。徐中行，字子与，号天目山人，浙江长兴人，官至江西右布政使,《明史》卷二八七有传。明“后七子”之一，吴承恩任长兴县丞时结识，义气相投，成为终生好友。

吴承恩春夏间以岁贡入都。作于入京途中的诗篇有:《古意》，登泰山;《太白楼》,登济宁太白楼;《杨柳青》,实写天津杨柳青。

独子凤毛夭折,吴承恩在六月得报后急行回淮,临行作《庚戌寓京师迫于归志呈一二知己》。

嘉靖三十二年癸丑(1553) 四十八岁

在淮参与潘埙编纂《淮郡文献志》。

嘉靖三十三年甲寅(1554) 四十九岁

往返南京、淮安间。

五月,沈坤以右春坊右谕德署南京翰林院事,奉母于氏至南京任上。吴承恩随行至南京入国子监读书。

自本年开始,吴承恩开始了与何良傅、何良俊、文彭、文嘉以及朱曰藩、沈坤等"白下风流"长达数年的密切交往。

《鸡鸣寺》当作于本年。鸡鸣寺是南京国子监的所在地,吴承恩登临观赏,诗中有好奇心,故可以定为本年初到时作。

《金陵有赠》可能作于本年。诗中显示吴承恩脱却科举压力的轻松愉快心情,此时他已不屑于再去读那些已经不知嚼了多少遍的《四书》《五经》之类,去谈什么替圣人立言;而是在新结交的朋友中,很是痛快地展示了被压抑的才情。

《金陵客窗对雪戏柬朱祠曹》可能作于本年或稍后。这是一首想象力丰富、艺术性很高的作品。朱祠曹即朱曰藩,李春芳《贻安堂集》卷十有《简朱祠部子价》可证。

《围棋歌赠鲍景远》有"去年我客大江东"因而见到鲍景远的话头。"去年"不可确考,但是在南京坐监期间无疑。这首诗描写生动有趣,是吴承恩南监生活的又一写照。

嘉靖三十四年乙卯（1555） 五十岁

往返南京、淮安间。

年初，作《淮郡文献志后序》。

夏，在南京国子司业朱文石宅，与朱文石、何良俊，文嘉等人赋诗。八月，在南京何良俊宅听李节鸣筝，和文嘉、黄质山诗，作七绝诗三首，统题为《金陵何太史宅听小伶弹筝次韵》。

十月，在淮安代人撰《寿熙台潘公八衮序》，并作《寿熙台潘公八衮障词》，贺潘埙八十寿诞。

嘉靖三十五年丙辰（1556） 五十一岁

往返南京、淮安间。

二月，沈坤升南京国子监祭酒。八月，沈母卒，沈坤奉柩还淮。十月，沈坤葬母，吴承恩为其父母撰《赠翰林院修撰儒林郎沈公合葬墓志铭》，并为书丹、篆盖。

嘉靖三十六年丁巳（1557） 五十二岁

往返南京、淮安间。

二月，吴承恩外甥女沈氏卒，时年四十三岁，其子丘度二十一岁。夏，倭犯宝应、淮安。沈坤丁母忧家居，练乡兵抗倭。五月，朱曰藩、吴敏道避倭由宝应来淮暂住，吴敏道赠吴承恩诗四首。七月，吴敏道、朱曰藩回宝应，吴承恩答赠吴敏道七律诗一首。

嘉靖三十七年戊午（1558） 五十三岁

往返南京、淮安间。

春，何良俊辞去南京翰林院孔目职，并撰有述怀诗。承恩和之，撰五言律诗《何柘湖太史大壑祠曹相继解官俱有述怀之作奉和》一首。

嘉靖三十八年己未（1559） 五十四岁

往返南京、淮安间。

春，丁士美中状元。丁士美，淮安人，官至礼部左侍郎，《淮安府志》有传。丁士美与其父均与吴承恩有交往。

陈耀文本年任淮安府推官，此后一二年间与吴承恩有文学交往。

朱曰藩任九江知府。

文徵明卒。

嘉靖三十九年庚申（1560） 五十五岁

三月，沈坤被诬，瘐死诏狱。

九月，作《贺金耻斋翁媪齐寿障词》。

嘉靖四十年辛酉（1561） 五十六岁

七月，朱曰藩卒于九江知府任上。以朱曰藩、何良俊为代表的金陵六朝诗派至此消散，吴承恩的国子监生涯大约至此也告一段落。

嘉靖四十二年癸亥（1563） 五十八岁

李春芳本年任礼部尚书，仕途进入快车道。

嘉靖四十三年甲子（1564） 五十九岁

在淮安、北京。

九月，为潘埙去世撰《通议大夫部察院右副都御史潘公神道碑》（《存稿》卷三）。

十月顷，代丁士美撰《祭孙淳斋文》（《存稿》卷三），祭应天乡试主考孙世芳过世。

十月顷，李春芳新丧夫人徐氏棺柩南还，在淮停留，吴承恩代表在淮好友撰《祭石鹿公夫人文》（《存稿》卷三）祭之。受李春芳之敦谕，吴承恩进京谒选。

十一月在京撰《元寿颂》（《存稿》卷一），贺李春芳父母七十二寿诞。在京作《赠裴鹤洲晋列卿兼逢初度歌》（《存稿》卷一）赠大理寺少卿裴天祐。

嘉靖四十四年乙丑（1565） 六十岁

在北京。

春，陈文烛、邵元哲进士及第。邵元哲，号古愚，万历初任淮安知府。

归有光进士及第，除授浙江长兴知县。归有光，号震川，昆山人。著名文学家，唐宋派领袖人物之一，《明史》卷二八七有传。

同窗汪自安约于本年授巴陵县训导，吴承恩在京作七言古诗《忆昔行赠汪云岚分教巴陵》赠之。汪自安，字云岚，淮安人，吴承恩龙溪书院学友。

嘉靖四十五年丙寅（1566） 六十一岁

在杭州、长兴。

本年出任长兴县县丞。夏日赴任时，在杭州谒见上官并逗留。在杭州作七绝《书道院壁》、七绝《醉仙词》（四首）、七古《瑞石山楼望江》。

李春芳改任吏部尚书宫保大学士。

隆庆元年丁卯（1567） 六十二岁

在长兴。

穆宗即位，改元隆庆。李春芳深得信任，加少保、少傅兼太子太傅，又进太子太傅建极殿大学士。

春，承恩在长兴县丞任上，作五律《春晓邑斋作》，七律《田园即事》《长兴作》，六言绝句《长兴》六首等诗。

十月，归有光撰《梦鼎堂记》《圣井铭并序》和《长兴县令题名记》，吴承恩为之书写、刻石。

徐中行上年起丁母忧家居，与吴承恩最善，诗文唱和。惜未见诗作留存。

翌年元旦归有光当入觐，故于本年十月份即将政事交付摄令。冬十二月，摄令与县丞吴承恩因贪赃被捕。

隆庆二年戊辰（1568） 六十三岁

在长兴、蕲州。

吴承恩本年初有“荆府纪善之补”，随即赴湖北蕲州到任。七律《宴凤凰台》应当即是作于本年春天。

隆庆三年己巳（1569） 六十四岁

在蕲州。

本年吴承恩于荆王府任纪善。在荆府着手写作《西游记》，并在约两年的时间内完成。

可以判定作于本年前后的有：七律《宴凤凰台》、七绝《送人游匡庐》《送人游洞庭》《送魏子还江西兼赴省试》、七律《白燕》两首。

隆庆四年庚午（1570） 六十五岁

由蕲州回淮安。

第五代荆王薨，吴承恩也算任满三年，七月前回到家乡。

七月，叶荃七十岁，吴承恩为撰《贺笛翁太丈七十寿词》。

陈文烛任淮安知府，与承恩交往甚密，常至委巷中造庐访承恩，见吴承恩"家四壁立，所藏名画法书颇多"。

隆庆五年辛未（1571） 六十六岁

在淮安，以下年份同。

五月，李春芳致仕回兴化县家居，吴承恩为作小令《驻云飞》四阕。

归有光卒。

隆庆六年壬申（1572） 六十七岁

代陈文烛等作《德寿斋荣颂》，贺李春芳父母本年双登八十岁。

陈文烛本年赴兴化谒见李春芳。

万历元年癸酉（1573） 六十八岁

徐中行本年过淮，与吴承恩、陈文烛三人论诗论文于韩侯祠内。陈文烛《射阳先生存稿序》有记录。

万历二年甲戌（1574） 六十九岁

陈文烛转四川学使。

邵元哲任淮安知府。

万历四年丙子（1576） 七十一岁

本年丘度应天乡试中式。

万历五年丁丑（1577） 七十二岁

丘度中进士，授南康府推官。

秋，郭第来淮，淮安知府邵元哲饮郭于招隐庵，邀吴承恩作陪。作七律《邵郡公邀同郭山人饮招隐庵》。郭山人系徐中行密友。

万历六年戊寅（1578） 七十三岁

徐中行卒。

万历八年庚辰（1580） 七十五岁

吴承恩大约逝世于本年，与夫人叶氏、牛氏合葬于淮安城南吴氏“灌沟先垄”，墓在其父吴菊翁墓西侧。

万历十八年庚寅（1590）

丘度为首搜集整理的《射阳先生存稿》问世。陈文烛作序，吴国荣作跋。今已亡佚。

万历二十年壬辰（1592）

金陵世德堂刻印《新刻出像官版大字西游记》。今传世主要版本。

万历四十年（1612）左右

丘度再次整理刻印《射阳先生存稿》，请李维桢删校作《序》。李《序》称此次重订“病其太繁”，因而有所删削，但据“台北故宫”藏原本观察，重订本系用初刻原版增补，对吴承恩诗文增多删少。今传世《吴承恩诗文集》即此本整理。

附录二 主要参考文献

1.《射阳先生存稿》，吴承恩，台北故宫藏万历丘度重订本。

2.《花草新编》，吴承恩，上海图书馆藏明钞本。

3.《吴承恩诗文集笺校》，刘修业辑校、刘怀玉笺校，上海古籍出版社。

4.《吴承恩年谱》，苏兴，人民文学出版社。

5.《吴承恩小传》，苏兴，百花文艺出版社。

6.《吴承恩论稿》，刘怀玉，南京大学出版社。

7.《吴承恩与〈西游记〉》，刘怀玉，东方出版中心。

8.《西游记研究资料》，刘荫柏，上海古籍出版社。

9.《西游记资料汇编》，蔡铁鹰，中华书局。

10.《西游记的诞生》，蔡铁鹰，中华书局。

11.《西游记的前世今生》，蔡铁鹰，新华出版社。

12.《吴承恩集》，蔡铁鹰，中国社会科学出版社。

13.《吴承恩年谱》，蔡铁鹰，中国社会科学出版社。

14.《〈西游记〉与中国古代政治》，萨孟武，岳麓书社。

15.《20世纪〈西游记〉研究》，梅新林、崔小敬主编，文化艺术出版社。

16.《四百年〈西游记〉学术史》，竺洪波，复旦大学出版社。

17.《二酉园文集》《诗集》《续集》，陈文烛，天启三年（1623）陈之蘧重刻本。

18《山带阁集》，朱曰藩，台北故宫馆藏万历元年（1573）刻本。

19.《贻安堂集》，李春芳，万历十七年（1589）李戴刻本。

20.《花草粹编》，陈耀文编，河北大学出版社。

21.《四友斋丛说》，何良俊撰，中华书局。

22.《何翰林集》，何良俊撰，四库两淮盐政采进本。

23.《天目山堂集》，徐中行撰，山西图书馆藏明刻本。

24.《震川先生集》，归有光，上海古籍出版社。

25. 中华书局出版《明史》《明史纪事本末》《明会要》等基本资料；方志出版社出版淮安文献从刻《淮安府志》《山阳县志》等系列；中国文史出版社《淮安历史文化研究》等系列。

后记

公元一五〇六年，人类的智慧之光惊如迅雷，倏而照亮了淮安古城的那条幽静小巷，就在巷尾一座普普通通的老宅里，一代文学巨匠吴承恩应运而生。没有祥云红光，没有奇异天象，只有家人的欢笑相伴于呱呱婴儿，但就是此时此刻在宁静中诞生的这位小人物，却在若干年后走完自己的人生旅途时，将惊世骇俗的《西游记》留给了世界。

童年的吴承恩，比所有的玩伴都多了一份聪慧，大约十五六岁之时，已经是远近闻名的神童。一位省里来主持考试的官员看了他的试卷后激动地预言：这孩子，将来的功名事业，唾手可得。但这孩子也比别人多了一份奇怪的癖好，那就是喜欢奇闻怪事——古人称为志怪传奇，今人称为通俗小说。他喜欢牵着父亲的手，伴随率性的老父，漫步于街巷坊间，徘徊于寺庙院观，听各种各样的传说和故事；他也喜欢悄悄地躲在僻静处，捧一本父亲和老师眼里的杂书，自己陶醉在惊心动魄的文学世界。正是这些，奠定了他干预社会的人生道义，滋养了他的奇思妙想和无穷灵感，使他更成熟，更深邃，更博大，也正是从那时起，他就把自己与文学联系在了一起。

但是，对于必须要靠科举进入仕途的吴承恩和他的家人来说，这些癖好绝不是什么好消息，科举制度不允许任何一个读书人自由地表达道义释放才情。因此，才华冠绝一时的吴承恩十年寒窗，二十年奔波，七次参加南京贡院的乡试，却始终没能考上一个小小的举人。直到六十岁时，才有机会以岁贡生——也就是相当于举人的身份，在浙江长兴做了一任县丞，在湖北做了一任荆王府的纪善，这两个职位都只是微不足道的八品官阶。

失败的科举之路，曾经让吴承恩度过若干个不眠之夜，经受过无数的屈辱和尴尬。但历史是公平的，时间会荡涤一切虚荣浮尘，当功名荣辱都随着运河水滔滔而去，自己的人生已经步入晚年时，吴承恩却显得更加淡定和从容。

他选择了《西游记》。他孕育了一辈子的创作激情此时喷薄而出，他将唐僧取经这个久远而模糊的故事渲染出绚烂的色彩，将现实社会的剪影浓缩于浩瀚长卷，从而为世界文化宝库留下了一颗璀璨的明珠。

这其中没有偶然，只有宿命。

身前富贵，死后文章，是旧时文人的千古所求，但能同时求得者其实凤毛麟角，通常情况下，死后传世的文章是要用生前的功名富贵去换取的，对那些像吴承恩一样喜爱志怪传奇的读书人尤其如此。一部部我们今天所说的巨著，其实都是他们以舍弃前程为代价换来的。你看，罗贯中“有志图王”，但只留下《三国演义》而未见霸业在何处，长江浪花最终还是淘去了血泪英雄；施耐庵有谋国之才，但只能流窜江湖在水泊梁山挂一面“替天行道”的大旗，以明知不可为之事聊表心中深藏的抑郁；曹雪芹深谙仕宦之家的艰险，无奈中唯有掬一把辛酸泪，说隐去真事的“假语村言”；吴敬梓“家门鼎盛”，为给读书人留下点文行出处而断然与科举分道扬镳，被乡人视为败家子、子弟戒；蒲松龄老先生数度应举不中，两鬓皆白还是幕僚之身，唯有其尽展才华于花妖狐魅的世界；而“兰陵笑笑生”，于世情“诚极洞达”，一本《金瓶梅》骂尽天下诸色，但他的真名实姓却至今隐而不显——“开谈不讲《红楼梦》，读尽诗书也枉然”式的风流，如果显现在他们的生前，该是何等的惬意风光！但，那是春梦。

从新的时代回眸去看，那些“吾侪”“我辈”们具有相同的悲情命运，也有一个共同根基，那就是他们内心激荡不已的人生道义——我们或可称之为大道。这些道义尽管会带来与世道的龃龉，与社会的冲突，会有不可承受之重的后果，但为了梦想或者说为了社会的公平正义，他们都会义无反顾。他们期待用这种方式干预社会，把自己塑造成与太史公司马迁同类的“异史氏”“野史氏”。文学对他们而言，根本就与风花雪月、煮酒品茗无关，因为那份清雅惬意，或者是春风得意者进入主流社会后的华丽附骥，或者只是退隐山林者的一份伪装。他们期待的文学，是纪人间变异，愤世而嫉俗的文学。对道义的坚持，对文学的挚爱，对磨难的忍受，正是铸成文学巨匠的炼狱烈火——在我们看来，这便是他们的人生正果。他们本质上就是那个时代的思想家与启蒙者，当社会进化到现代时，他们便被尊为巨匠。

与那些同龄的、不同龄的“吾侪”“我辈”相比，吴承恩更幸运一些。尽管他生活清贫，尽管他地位低微，但有意无意之间，历史在稍纵即逝的宝贵时光里，为他保留了更多的片断，使他成为明代“四大奇书”中唯一一位我们能够确认身份家世的文学大家。

他创造了《西游记》，也因《西游记》而不朽。

蔡铁鹰

2015 年 9 月

记于淮阴师范学院文创产业研究中心

第一辑已出版书目

1 《逍遥游——庄子传》 王充闾 著

2 《书圣之道——王羲之传》 王兆军 著

3 《千秋词主——李煜传》 郭启宏 著

4 《草泽英雄梦——施耐庵传》 浦玉生 著

5 《戏看人间——李渔传》 杜书瀛 著

6 《心同山河——顾炎武传》 陈 益 著

7 《孤独的绝唱——八大山人传》 陈世旭 著

8 《泣血红楼——曹雪芹传》 周汝昌 著

9 《旷代大儒——纪晓岚传》 何香久 著

10 《烂漫饮冰子——梁启超传》 徐 刚 著

第二辑已出版书目

11 《忠魂正气——颜真卿传》 权海帆 著

12 《花红别样——杨万里传》 聂 冷 著

13 《感天动地——关汉卿传》 乔忠延 著

14 《西风瘦马——马致远传》 陈计中 著

15 《此心光明——王阳明传》 杨东标 著

16 《梦回汉唐——李梦阳传》 泥马度 著

17 《天崩地解——黄宗羲传》 李洁非 著

18 《幻由人生——蒲松龄传》 马瑞芳 著

19 《儒林怪杰——吴敬梓传》 刘兆林 著

20 《史志巨擘——章学诚传》 王作光 著

第三辑已出版书目

21 《千古一相——管仲传》 张国擎 著

22 《漠国明月——蔡文姬传》 郑彦英 著

23 《棠棣之殇——曹植传》 马泰泉 著

24 《梦摘彩云——刘勰传》 缪俊杰 著

25 《大医精诚——孙思邈传》 罗先明 著

26 《大唐鬼才——李贺传》 孟红梅 著

27 《政坛大风——王安石传》 毕宝魁 著

28 《长歌正气——文天祥传》 郭晓晔 著

29 《糊涂百年——郑板桥传》 忽培元 著

30 《潜龙在渊——章太炎传》 伍立杨 著

第四辑已出版书目

31 《兼爱者——墨子传》 陈为人 著

32 《天道——荀子传》刘志轩 著

33 《梦归田园——孟浩然传》曹远超 著

34 《碧霄一鹤——刘禹锡传》 程韬光 著

35 《诗剑风流——杜牧传》 张锐强 著

36 《锦瑟哀弦——李商隐传》 董乃斌 著

37 《忧乐天下——范仲淹传》 周宗奇 著

38 《通鉴载道——司马光传》 江永红 著

39 《琵琶情——高明传》 金三益 著

40 《世范人师——蔡元培传》 丁晓平 著

第五辑出版书目

41 《真书风骨——柳公权传》 和 谷 著

42 《癫书狂画——米芾传》 王 川 著

43 《理学宗师——朱熹传》 卜 耕 著

44 《桃花庵主——唐寅传》 沙 爽 著

45 《大道正果——吴承恩传》 蔡铁鹰 著

46 《气节文章——蒋士铨传》 陶 江 著

47 《剑魂箫韵——龚自珍传》 陈歆耕 著

48 《译界奇人——林纾传》 顾 艳 著

49 《醒世先驱——严复传》 杨肇林 著

50 《搏击暗夜——鲁迅传》 陈漱渝 著

图书在版编目（CIP）数据

大道正果：吴承恩传 / 蔡铁鹰 著. -- 北京：作家出版社，2016. 1

（中国历史文化名人传丛书）

ISBN 978-7-5063-8694-4

Ⅰ. ①大… Ⅱ. ①蔡… Ⅲ. ①吴承恩（约1500 ~ 约1582）-传记 Ⅳ. ①K825.6

中国版本图书馆CIP数据核字（2016）第001645号

大道正果——吴承恩传

作　　者：蔡铁鹰
责任编辑：田小爽
书籍设计：刘晓翔+韩湛宁
责任印制：李卫东　李大庆
出版发行：作家出版社
社　　址：北京农展馆南里10号　　**邮　　编**：100125
电话传真：86-10-65930756（出版发行部）
86-10-65004079（总编室）
86-10-65015116（邮购部）
E-mail:zuojia@zuojia.net.cn
http://www.haozuojia.com（作家在线）
印　　刷：北京汇林印务有限公司
成品尺寸：152 × 230
字　　数：240千
印　　张：19.5
版　　次：2016年1月第1版
印　　次：2016年1月第1次印刷
ISBN 978-7-5063-8694-4
定　　价：60.00元（精）